DES TINO:
DETERMINISMO OU LIVRE-ARBÍTRIO?

Solicite nosso catálogo completo, com mais de 300 títulos, onde você encontra as melhores opções do bom livro espírita: literatura infantojuvenil, contos, obras biográficas e de autoajuda, mensagens espirituais, romances palpitantes, estudos doutrinários, obras básicas de Allan Kardec, e mais os esclarecedores cursos e estudos para aplicação no centro espírita – iniciação, mediunidade, reuniões mediúnicas, oratória, desobsessão, fluidos e passes.

E caso não encontre os nossos livros na livraria de sua preferência, solicite o endereço de nosso distribuidor mais próximo de você.

Edição e distribuição

EDITORA EME
Caixa Postal 1820 – CEP 13360-000 – Capivari – SP
Telefones: (19) 3491-7000/3491-5449
vendas@editoraeme.com.br – www.editoraeme.com.br

DESTINO:

WILSON CZERSKI

DETERMINISMO OU LIVRE-ARBÍTRIO?

Capivari-SP
— 2012 —

© 2011 Wilson Czerski

Os direitos autorais desta obra são de exclusividade do autor.

A Editora EME mantém o Centro Espírita "Mensagem de Esperança", colabora na manutenção da Comunidade Psicossomática Nova Consciência (clínica masculina para tratamento da dependência química), e patrocina, junto com outras empresas, a Central de Educação e Atendimento da Criança (Casa da Criança), em Capivari-SP.

3ª reimpressão – maio/2012 – Do 5.001 ao 6.000 exemplares

CAPA | André Stenico
DIAGRAMAÇÃO | Abner Almeida
REVISÃO | Editora EME

Ficha catalográfica elaborada na editora

Czerski, Wilson, 1955-
    Destino: determinismo ou livre-arbítrio? / Wilson Czerski. –
3ª reimpressão mai. 2012 – Capivari, SP : Editora EME.
    336 p.

    1ª edição : nov. 2011
    ISBN 978-85-7353-472-6

1. Destino, livre-arbítrio e determinismo segundo o Espiritismo.
2. Pensamento dos filósofos antigos e modernos.
3. Pensamento das religiões. 4. Análise espírita de casos reais.

CDD 133.9

Sumário

Preâmbulo 9

A ideia, a preparação e execução 9

O tema 10

Objetivo 12

Capítulo I – O livre-arbítrio na visão dos filósofos 15

> **Pitágoras** (17), **Empédocles** (17), **Leucipo** (18), **Demócrito** (18),
> **Sócrates** (19), **Platão** (19), **Aristóteles** (20), **Epicuro** (20),
> **Zenão** (21), **Crisipo** (22), **Cícero** (22), **Plotino** (23), **Agostinho** (23),
> **Boécio** (25), **Averróis** (25), **Aquino** (26), **Erasmo** (26),
> **Maquiavel** (26), **Montaigne** (28), **Lutero** (29), **Bacon** (29),
> **Hobbes** (30), **Descartes** (30), **Pascal** (32), **Spinoza** (33),
> **Locke** (35), **Malebranche** (36), **Newton** (36), **Leibniz** (37),
> **Montesquieu** (41), **Voltaire** (42), **La Mettrie** (42),
> **Hume** (43), **Rousseau** (45), **Diderot** (45), **Kant** (46),
> **Laplace** (47), **Hegel** (48), **Schopenhauer** (49), **Comte** (50),
> **Kierkegaard** (51), **Nietzsche** (52), **James** (54), **Dewey** (54),
> **Russel** (54), **Schrödinger** (55), **Lacan** (56), **Camus** (56), **Sartre** (56)

Capítulo II – A questão do livre-arbítrio para as religiões 59

> **Catolicismo** (61), **Protestantismo** (65), **Judaísmo** (69),
> **Islamismo** (71), **Hinduísmo** (72), **Budismo** (74), **Umbanda** (74),
> **Seicho-no-ie** (75), **Legião da Boa Vontade** (76), **Rosacruz** (76),
> **Igreja ortodoxa** (78), **Taoísmo** (79), **Xintoísmo** (80), **Outras** (80),
> **Ateísmo** (81)

Capítulo III – Determinismo e livre-arbítrio, destino e lei de
causa e efeito, as provas, expiações e missões, segundo o Espiritismo ... 83

Definições: fatalidade, destino e livre-arbítrio....................... 83

A coexistência e transição do determinismo para o
livre-arbítrio. 88

A origem do mal. O sofrimento. 98

A evolução darwiniana e o Design Inteligente.
A evolução do princípio espiritual. 105

O planejamento reencarnatório.. 109

Provas e expiações escolhidas e compulsórias.
Determinismo social... 113

Progresso intelectual e moral 120

Ação e reação ou causa e efeito? Adiamento,
parcelamento e cancelamento de dívidas morais................... 122

O tema em filme.. 130

Como, onde e quando expiamos... 132

Provas e expiações escolhidas e impostas 142

Missões simples e especiais 148

Causas únicas e múltiplas, mediatas e imediatas,
primárias e secundárias, simples e complexas;
efeitos simples e complexos, diretos e indiretos.................... 152

A Teoria do Caos e o Efeito Borboleta 157

O efeito dominó 159

O fruto maduro. O destino é feito de tendências e
probabilidades. 161

Deus, o supercomputador e a presciência.
Permissão e vontade divinas. 164

Pressentimentos, profecias, precognições e
sonhos premonitórios 168

Viagens no tempo.. 175

Judas 177

O filme "O vidente" 181

Família, casamento e filhos. 183

Influência dos espíritos. A prece. Obsessão......... 187

Doenças. Hereditariedade. Engenharia genética.......... 198

A interferência da TVP, da engenharia genética e
da mediunidade curativa no destino e no carma 203

Homossexualidade 212

As diferenças raciais.............. 215

A fascinante transição chamada morte.
A hora. Antecipações............. 219

Moratórias ou dilatação do tempo de vida 226

Os gêneros de morte............ 231

Os erros médicos. Homicídios e acidentes. Balas perdidas... 235

Mortes coletivas. 238

O Titanic. O tsunami da Ásia.
As torres gêmeas e o 11 de setembro........... 241

As "coincidências" que salvam e as que matam.
O holocausto 246

Capítulo IV – Estudo de casos.......... 251

1. Análise espírita sobre o acidente com o avião da GOL 252

2. A morte da modelo: destino, acaso ou irresponsabilidade?... 256

3. Terremotos: expiação coletiva? 260

3.1. Os terremotos de El Salvador e Índia........... 261

4. Comentários intrigantes sobre o tsunami na Ásia e
as enchentes de Santa Catarina 264

4.1. O maremoto da Ásia........... 265

4.2. A tragédia das chuvas é fatalidade?........... 268

4.3. As enchentes de Santa Catarina na visão espírita 272

5. Reflexões espíritas sobre as investidas
terroristas nos EUA 275

6. Separação das siamesas e a visão espírita 279

7. AIDS: castigo ou lição? 283

8. A morte do dentista Flávio: as explicações possíveis 287

9. Uma (entre tantas) tragédia pessoal 291

10. A menina da Lagoa 294

11. Visão espírita da violência 296

12. A corrupção e a lei de causa e efeito 297

13. Os *serial killers*, as doenças compulsivas e
as obsessões espirituais 297

14. As violências sexuais 301

15. Cúmplices espirituais no assassinato
de casal paulistano 306

16. As questões do destino e da morte 309

17. Tragédia no circo 310

18. O caso João Hélio 312

19. A gripe suína 313

Exercícios 317

Página autobiográfica – destino em minha vida
(à guisa de conclusão) 324

Bibliografia: 333

Preâmbulo

A ideia, a preparação e execução

Os questionamentos relativos ao papel desempenhado pelo livre-arbítrio no destino do homem sempre estiveram presentes na minha mente. Era desejo antigo compreender quais os fatores e como eles influenciam na vida das pessoas, não só nos eventos mais importantes, como local de nascimento, família, aparência física e saúde, profissão, casamento, sucessos ou acidentes, mas também as chamadas coincidências, os fatos inesperados e surpreendentes, a possível influência astrológica, os caprichos da sorte – ou do azar, a fatalidade.

Sem trocadilhos, quase por acaso, pensando inicialmente em recolher informações para satisfação da própria curiosidade ou talvez a elaboração de um simples artigo de jornal, acabei envolvido pela empolgação e constatei que poderia, se quisesse, encarar um grande desafio: escrever um livro todo ele dedicado a este assunto.

E à medida que, sem tempo para trabalhar na empreitada imediatamente, via crescer exponencialmente o volume de informações, não poucas vezes, perguntei-me se estaria, algum dia, apto a realizar a tarefa. Durante um período de cerca de quinze anos, fui acumulando, desordenadamente, tudo o que se referia a respeito. O plano era ocupar-me com aquilo somente quando estivesse profissionalmente aposentado. Nos cinco anos seguintes cuidei de outras prioridades, até que em 2004, finalmente dei o primeiro passo.

Percebi logo, porém, que o que eu tinha em mãos não era nem de longe o que eu pretendia ou deveria utilizar. Lancei-me a muitas outras leituras e pesquisas de quase 16 mil *sites* e artigos na internet. Somente, então, decorrido mais um ano e meio, é que a primeira linha oficialmente foi para a tela do computador. Dela a estas últimas, pois que estes complementos faço-os ao final, outros quatro anos se passaram. Trabalho que foi pegando ritmo aos poucos, sem compromisso com datas, acelerando à proporção que avançava e tomava corpo.

Em 2009 decidi que durante o mesmo eu teria que chegar ao término. Semanas e meses de trabalho intenso e ainda parecia tão distante! Exigiu muita paciência para controlar a ansiedade e não atropelar, de disciplina para não perder o foco e, ao mesmo tempo, de determinação para cumprir o prazo sem afetar a qualidade.

O tema

Os princípios fundamentais do Espiritismo, como se sabe, são cinco: a existência de Deus, a sobrevivência e imortalidade da alma, a comunicabilidade com os Espíritos ou mediunidade, a pluralidade das existências ou reencarnação e a pluralidade dos mundos habitados. No estado atual de habitantes encarnados do planeta Terra, só os quatro primeiros apresentam significativo valor prático. Em compensação, outros três são apontados como de inegável importância. São eles: o perispírito, o conceito de evolução e o livre-arbítrio.

O corpo energético ou psicossoma é o que mereceu mais

atenção de estudiosos, articulistas e escritores. Os outros dois continuam diluídos em meio ao todo doutrinário. Verdade que foram contemplados com muitos artigos em periódicos, tópicos de livros e até de algumas obras bem específicas. Dentre elas poderíamos citar *Evolução em dois mundos*, de André Luiz e Chico Xavier; *A evolução anímica*, de Gabriel Dellane, *O livre-arbítrio*, de Edgard Armond e, mais recentemente, *O código penal dos espíritos*, de José Lázaro Boberg.

Mas, no nosso modo de ver, especialmente sobre o tema "determinismo-livre-arbítrio-destino", sem desmerecer tais produções – até porque também elas nos auxiliaram com valiosos subsídios –, permanecia um imenso espaço de ideias a ser preenchido. Em geral, a abordagem não atendia ao imperativo de um maior aprofundamento que poderia ser alcançado.

Enquanto identificado somente como princípio inteligente no início das trilhas evolutivas, presente nos reinos inferiores da natureza, é governado exclusivamente pelo determinismo externo. Desde tempos imemoriais quando das microscópicas manifestações da vida orgânica, ascendendo depois às plantas superiores e animais mais simples e primitivos, mas com o pensamento ausente, assume mais tarde formas nos animais guiados por instintos, porém já ensaiando a racionalidade pelo pensamento fragmentado.

Finalmente, ao atingir o estado humano das formas, a transição acelera-se, o pensamento contínuo permite a configuração da consciência e com ela surge o livre-arbítrio, a capacidade de escolha e autodeterminação para orientar o exercício pleno da vontade.

Evolução e livre-arbítrio estão de tal maneira intrinsecamente conectados com os demais fundamentos da Doutrina Espírita que se torna imprescindível estudar melhor aqueles para poder compreender os últimos. Uma das questões, por exemplo, é conciliar os atributos divinos de onipotência, onisciência e, principalmente a presciência, às absolutas bondade e justiça, além da origem do Mal, com a liberdade humana.

A imortalidade da alma só faz sentido se ancorada à ideia de liberdade de ação da mesma a qualquer momento para lhe oferecer oportunidade de construção do próprio futuro. É o ato de pensar e querer que lhe confere a distinção de um ser inanimado, bem como o sentimento de autonomia e decorrente responsabilidade tanto para a realização dos atos meritórios que conduzem à paz e felicidade como os equivocados causadores da dor.

A reencarnação é a chave que permite entender um sem-número de situações da vida terrena, mas o conceito de livre-arbítrio, corretamente interpretado é o fio condutor de Ariadne que guia o indivíduo pelos labirintos das intricadas ações humanas não só do passado com reflexo no presente, porém, ainda as novas de hoje, com repercussão no futuro.

Objetivo

Longe a pretensão de explicar tudo ou apresentar verdades completas ou absolutas. Cada capítulo já traz explicitamente ou não a justificativa de sua inclusão. Abrimos o texto bebendo da fonte do pensamento filosófico e seguimos adiante, servindo-nos também das soluções propostas pelas diversas religiões, tudo para dar um caráter de universalidade. A diversidade de opiniões auxilia-nos a ter uma visão mais ampla e cogitar de outras possibilidades que não somente aquelas com as quais estamos habituados a raciocinar.

Naturalmente que o terceiro capítulo é o que nos fala de mais perto. É o mais extenso e aquele que mais nos ensinará. Ao entrar em contato com boa parte do que foi produzido a respeito no Brasil e lá fora, tendo como ponto de partida as obras de Kardec, o leitor irá se deparar com um material riquíssimo.

Concordar com o tratamento que demos a estas informações

e, principalmente, as ilações que delas tiramos e dos inevitáveis e necessários acréscimos que efetuamos não é essencial. Da mesma forma como pontilhamos todo o trabalho por exaustivos questionamentos na busca de respostas nem sempre as mais facilmente disponíveis, sugerimos que o leitor faça o mesmo.

Por isso, no último capítulo, apresentamos vários casos reais analisados sob a luz do que foi estudado nos anteriores, especialmente o espírita propriamente dito, e arrematamos com alguns outros aos quais o leitor é convidado, a título de exercício prático, a procurar soluções explicativas baseadas ou não no que acabou de ler.

Talvez não seja um livro de fácil e pronta compreensão. Não é para ser lido, mas estudado. Entretanto, estamos convencidos de que trazendo-o a lume será de grande serventia para tantos quantos não se satisfazem com respostas simplistas, genéricas e apressadas.

Pensar a vida, pensar o Universo, pensar nós próprios só faz bem. Aprender com os outros é uma comodidade, ganha tempo, economiza energia. Mas aprender por si mesmo proporciona a satisfação da descoberta, da conquista pessoal e da autorrealização.

O livre-arbítrio
na visão dos filósofos

NESTE CAPÍTULO FAREMOS UMA VIAGEM cronológica pelo pensamento humano voltado para dentro de si mesmo, em especial, na busca a respeito da Vida e seus misteriosos caminhos traçados pelo destino, urdidos pelos caprichos do acaso ou impostos pela força do determinismo divino.

Com a palavra os filósofos. Temos muito o que aprender com eles. Não importa tanto em que acreditavam. Vários nem a ideia de um Criador aceitavam. Mas todos tentaram rasgar as sombras da ignorância íntima e romper com os limites anestesiantes do comodismo mental ou das soluções forjadas para atender interesses e conveniências pessoais, de grupos ou de instituições.

Foram todos eméritos pensadores. Muitos deles dedicaram suas vidas praticamente inteiras só fazendo isso, pensando. E depois deixaram o legado na forma escrita. De alguns, como os pré-socráticos, restaram apenas vestígios de seu pensar e o próprio sábio grego, sinalizador de uma nova etapa, só foi possível conhecermos graças aos registros do discípulo Platão.

Um terço dos aqui citados viveu antes da invenção da imprensa por Gutenberg em 1455 e viram-se obrigados ao uso extremamente moroso da pena de ganso para fixar suas ideias no papel. Nietzsche deve ter sido o primeiro a poder contar com o auxílio da luz elétrica para trabalhar à noite. Portanto, somente mais sete do total usufruíram desta comodidade. Todos os outros 80% valeram-se de velas ou lamparinas. E nenhum teve as facilidades do computador para se expressar, muito menos da internet que agiliza a pesquisa e permite o intercâmbio de impressões a qualquer distância de forma instantânea.

Apesar disso, todos conseguiram a façanha de elaborar várias destas obras extensas, frutos do frenético ato de pensar o homem, a natureza e o Universo. Não, nós não podemos desprezá-los, ainda que, este ou aquele, aqui ou acolá, afigure-se hoje, notoriamente equivocado em partes ou no todo.

De certa forma, são mais importantes que as religiões e seus religiosos. Se por um lado, o segundo capítulo, ao tratar dos intérpretes de Deus, estreita-se no exame desta problemática ao delimitar o estudo pelos caminhos da espiritualidade, por outro, também se encerra nos mistérios da fé e na anulação da liberdade de especular, determinada pelos dogmas que tanto obscurecem as trilhas condutoras da verdade. Já os filósofos, mentes abertas e versáteis, destemidos diante da possibilidade de erro, preferem correr riscos e aceitar os desafios oferecidos pela razão desde que em algum lugar possam ser recompensados com a luz da sabedoria.

Respeitemos os filósofos, sejam de que corrente forem. Até porque, também eles, decerto, serviram de instrumentos, como médiuns inconscientes – talvez nem tanto como admite Sócrates com o seu *dâimon* –, de outras mentes amantes da verdade. Foram porta-vozes de grupos de Espíritos associados à mesma preocupação de encontrar solução para os grandes problemas humanos.

Nós, espíritas, valorizamos sobremodo as informações oriundas do mundo dos Espíritos. Mas quem são eles? Um dia também viveram entre nós. Quantos não estarão novamente reencarnados? Afinal, o que somos, cada um de nós, se não Espíritos? Incorreto, pois, descartar a contribuição trazida pelos encarnados de ontem e de hoje.

Antes de passarmos aos breves resumos do que estes luminares pensaram sobre o tema central desta obra, uma observação. A cada página de leitura, especialmente do terceiro capítulo, convém não perder de vista o que se segue agora. Importante confrontar os ensinamentos espíritas com as picadas abertas no caminho pelos filósofos, antigos e modernos. Afinal, o Espiritismo é uma filosofia, espiritualista, como definiu Allan Kardec, além de que o próprio Codificador e os Espíritos Superiores beberam, e muito, desta fonte do saber para nos trazer a doutrina que dá rumos às nossas vidas.

Pitágoras (séc. VI a.C.)

Além da reencarnação e mesmo da metempsicose, acreditava no livre-arbítrio e, no destino, como uma somatória daquele com o determinismo divino. Todas as coisas são de Deus e não podem se desviar dessa ordem, logo não são livres. Todavia, muito se realiza pela volição do homem, por sua autodeterminação. Ao mesmo tempo, ele não pode se furtar a fazer essas escolhas e cada um escolhe aquilo que convém à sua natureza.

Pitágoras teria aprendido com os chineses uma representação geométrica para a questão do destino humano. Este, na forma da hipotenusa ao quadrado seria resultante da soma ao quadrado dos catetos, sendo o maior deles o livre-arbítrio, e o menor, o determinismo da natureza. Traduzindo em números teríamos o valor 5 para o destino; 4 para a vontade humana e 3 para o determinismo divino: 5x5 = 4x4+3x3.

Empédocles (490 a 430 a.C.)

Segundo sugere Nietzsche, possuía ligações com o pensamento pitagórico e também acreditava na reencarnação e seu estado neste mundo na condição de expiação, embora negasse que a criação fosse obra de uma inteligência, atribuindo-a ao acaso pela combinação dos quatro elementos quente, frio, duro e mole.

Leucipo (450 (?) a 390 (?) a.C.)

"Nada deriva do acaso, mas tudo de uma razão sob a necessidade" – escreveu –, razão essa que constitui o próprio determinismo, porém puramente material, pois ao proferir essa frase, tinha em vista a composição da matéria. Leucipo foi o criador do atomismo a que Demócrito deu continuidade.

Demócrito (470 (?) a 360 (?) a.C.)

"Tudo o que existe no Universo é fruto do acaso e da necessidade". Necessidade cega equivalente para o homem ao acaso. Segundo sua concepção o Universo teria tido origem casual, mas não os animais e as plantas. "O céu e os mais divinos seres visíveis seriam obra do acaso". Mas há controvérsias na forma de interpretar Demócrito. Veja-se, por exemplo, o que diz Aristóteles: "(...) parece ter usado do conceito de sorte em sua cosmologia, mas em seus escritos mais especializados afirma que de nenhuma coisa a sorte é causa... outras causas como, por exemplo, achar um tesouro é o cavar ou plantio da oliveira; o de quebrar o crânio do calvo é a águia quando deixou cair a tartaruga para quebrar-lhe a carapaça". Seria uma causa "mecânica", apenas material, talvez, mas não o acaso.

E continua Aristóteles mais ou menos nos seguintes termos: o Universo, segundo os seguidores de Demócrito, teria se originado por acaso de um turbilhão e do movimento que separou os elementos primitivos, mas os animais e as plantas teriam como causa "a natureza ou a inteligência ou alguma outra coisa de tal gênero". E parece criticar a incoerência do acima exposto com a exclusão do "céu e dos mais divinos seres visíveis" como criados, dando-lhes o caráter da casualidade.

De qualquer forma, os sofistas como Demócrito e Tales de Mileto foram os primeiros filósofos a negar a existência do determinismo absoluto.

Sócrates (470 a 399 a.C.)

Ele não definiu o livre-arbítrio. A vontade e a inteligência estariam acima das leis mutáveis, constituindo expressão da lei natural independente daquele. Seria a vontade divina percebida pela voz da consciência. Um conceito-chave no pensamento de Sócrates era o de que *ninguém é mau voluntariamente*, pois quem age mal o faz por desconhecer o bem. Este determinismo divino a que se submete o grego fica explícito na afirmação de que "os que violam as leis estabelecidas pelos deuses, são fatalmente punidos (grifo nosso). Ou seja, seria a presença da lei de causa e efeito, mas de modo inflexível. O destino, segundo ele, não é consequência do acaso porque os deuses não descuidam dele.

Platão (427 a 347 a.C.)

Admitia a existência do livre-arbítrio. "A sabedoria, quando praticada com justiça e moderação, é o caminho da perfeição e da felicidade" que, portanto, precisa ser conquistada. "O homem é um ser que dispõe da liberdade absoluta", para escolher e agir segundo o que já acumulou de conhecimento sobre o certo ou errado ao longo das reencarnações, pois que traz cada vez ao nascer ideias inatas herdadas do passado, "mas o castigo segue de perto o pecado".

Logo, nestas interpolações aos conceitos básicos de Platão, temos explícitas as ideias sobre o livre-arbítrio e a lei de causa e efeito e implícitas as da evolução pelo conhecimento e da reencarnação.

Aristóteles (384 a 322 a.C.)

Também era partidário da ideia de existência do livre-arbítrio humano. Sem esta faculdade seriam em vão os conselhos, as ordens, as proibições, recompensas e punições. Criou a teoria dos poderes racionais, utilizada para explicá-lo entre seus seguidores, inclusive Tomás de Aquino. Para ele, o finalismo – o reconhecimento da existência de Deus pela busca das causas primárias –, razão de ser da existência humana, é alcançado graças ao livre-arbítrio através das virtudes, bem como a culpabilidade só encontra lugar a partir da existência daquele. Além disso, relativamente à noção de causa e efeito, Aristóteles faz distinção entre uma coisa ser causada por outra, de vir depois dela, mas Deus é o primeiro motor imóvel do Universo. Todo o resto são causas secundárias ou motores móveis porque movidas umas pelas outras.

Mas alerta que a ação para ser verdadeiramente livre tem que ser não só espontânea, mas também deliberada. Não basta ser levado a fazer algo. É necessário que o ato seja expressão de sua vontade pessoal. Mais tarde, Leibniz transformaria essa afirmação com um exemplo prático. Pode-se permanecer por livre gosto numa sala conversando com um amigo. Mas poderia mudar de ideia se soubesse que a sala está trancada e, assim, impedido de sair. Mas querer é diferente de vontade. Podemos ter desejo de felicidade, mas sem vontade suficiente para buscá-la.

Epicuro (341 a 270 a.C.)

Entendia que a alma pode fugir da ação da natureza bem como os atos humanos não são determinados pelos deuses, mas só é feliz quem aceita que é governado por certo destino. Logo, trata-se de um livre-arbítrio relativo, pois está subordinado à contingência ou indeterminismo universal, isto é, a uma certa eventualidade. Poderia ou não se materializar.

É bom recordar que Epicuro foi o fundador de uma das vertentes do hedonismo, isto é, a eleição da busca do prazer individual como razão da vida humana. Mas diferentemente da Escola Cirenaica que propunha o prazer sensível imediatista, Epicuro associava o prazer às consequências boas ou más que dele advinham a ponto de quase ser confundido com uma total indiferença à dor. O usufruto das sensações era substituído pelo autocontrole do sábio.

Zenão (320 a 250 a.C.)

Notabilizou-se por fundar o Estoicismo, escola filosófica que propunha o sistema ético mais elevado do paganismo, de grande influência no mundo romano, particularmente em figuras como Sêneca ("O destino ajuda aquele que o aceita e arrasta o que resiste a ele") e o imperador Marco Aurélio. Embora tivesse por base uma concepção panteísta, estimulava a superação das vicissitudes impostas pela natureza mediante as práticas virtuosas acompanhando a evolução inexorável da vida.

Se ao homem não é dado alterar o determinismo da razão cósmica (o *Logos*) que invista na indiferença absoluta a todos os prazeres e a todas as dores, diminuindo suas necessidades e dependência do que lhe é externo. Deste modo, não haveria livre-arbítrio. A felicidade era conquista de quem aceitasse ser governado por certo destino o que implicava a existência de uma razão prévia sem acaso.

Os estoicos não pregavam a resignação irracional ou a aceitação irrestrita e meramente determinista das forças externas. A vida equilibrada diante da natureza implicava numa aceitação ativa, volitiva, deliberada e racional para submeter as paixões mundanas.

O destino de Édipo, com a aceitação impassível do inevitável, exemplifica o modelo de pensamento que prevaleceu na cultura greco-romana, nas dramatizações trágicas e em muitos filósofos, entre eles os estoicos, os epicuristas, os ecléticos e até os neoplatônicos. Já a justificativa de que todo sofrimento e o Mal em si se reverteriam em Bem para o Universo, influenciou, dentre outros, Hume.

Crisipo (280 a 208 a.C.)

Como partidário do estoicismo, o grego Crisipo oscilava entre uma "liberdade que desaparece em um mundo onde predomina a fatalidade" e tentativas de conciliar este determinismo com certo grau de manifestação da vontade autônoma. Dividiu as causas em perfeitas e principais, de um lado, e próximas e coadjuvantes, de outro. O terreno de ação do destino estaria nestas últimas onde é possível mesmo reconstruir os efeitos pela intervenção da autonomia dos agentes livres.

Este destino não seria construído somente depois do efeito consumado, mas também antes disso, durante o processo no qual teria participação. Assim, a predeterminação das causas perfeitas seria algo distinto do condicionamento das causas coadjuvantes.

Para explicar que o determinismo não age de igual modo sobre todas as pessoas, mas conforme a possibilidade de reação delas por força de suas diferenças naturais, Crisipo recorre ao exemplo do movimento de um cone e de um cilindro sobre uma superfície plana. O movimento em ziguezague do primeiro e reto do segundo decorre de suas naturezas diferentes. Mas a eficácia da ação não está sob o poder do agente, apenas a disposição à ação em relação à qual se fixa a responsabilidade. O resultado final do ato importaria pouco, valendo mais a intenção que o motivou.

Cícero (106 a 43 a.C.)

Leibniz adotaria mais tarde, na Teodiceia, algumas das teses do estoicismo retrabalhadas pelo cristianismo, sem se tornar um deles. Já Pierre Bayle (1647-1706) guardaria mais afinidade com os conceitos do romano Cícero. Das três posições possíveis que este examina, ele vai ficar com a segunda na qual não há ação do destino sobre a vida humana. Em oposição a ela, o determinismo ou destino ordenador do Universo, formado pela natureza somada à Providência Divina, aqui, ainda pagã, governaria a vontade, ideia que encontraria simpatizantes importantes como Demócrito, Heráclito e Empédocles. A terceira que ele examina representaria a conciliação de ambas, justamente a dos estoicos.

Em *De Fato* ou *Do Destino*, Cícero descarta a tese estoica e abraça amplamente a da ação autônoma como pré-requisito da existência da moralidade e da responsabilidade.

Plotino (205 - 270)

Da escola neoplatônica, em relação à posse da liberdade de ação, Plotino tinha duas visões distintas. Originalmente a alma era livre, mas deixava de sê-lo ao ser aprisionada pelo corpo físico. Ainda assim, não ficava sujeita a um destino fatal, pois a qualquer momento poderia libertar-se dos desejos e da influência dos sentidos. Esta escolha entre permanecer escravo do corpo ou reconquistar a liberdade só depende do indivíduo.

Agostinho (354 - 430)

As ideias do grande pensador da Igreja estão melhor desenvolvidas no próximo capítulo que trata das religiões. Porém, não poderíamos deixar de fazer referência às mesmas aqui uma vez que o bispo de Hipona foi também um filósofo. Seu pensamento, derivado de Platão, inclusive em relação às ideias inatas constituídas de certos conhecimentos que Deus colocaria na alma e depois seriam apenas recordados; e de Plotino, influenciou profundamente a visão de Deus, do mundo e do homem, principalmente no ocidente.

O livre-arbítrio de Agostinho é condicionado. As opções entre o bem e o mal dependem da graça com a qual somente alguns são contemplados. Os que preencherem este requisito, ou seja, fazer parte dos eleitos e receber a graça – distribuída aleatoriamente, sem esforço e sem mérito –, movimentarão a vontade no sentido do bem e os infelizes não premiados, escolherão o mal.

Já o futuro é visto a partir de causas e prognósticos dotados de existência e, portanto, para quem os vê são presentes e não futuros, pois o fato ainda não ocorreu. Esta percepção é exemplificada pela aurora que antecede o nascer do sol. Podemos fazer aqui uma rápida conexão com o ensinamento dos Espíritos contidos no item 184 de *O Livro dos Médiuns*, também abordado na questão 243 de *O Livro dos Espíritos* e ainda em *Obras Póstumas* – "Conhecimento do Futuro – Previsões". Uma coisa leva necessariamente à outra. Pode ser a causa e o efeito, mas pode ser simplesmente a retomada do pensamento aristotélico com o suceder de uma coisa à outra sem que tenha naquela sua origem.

Para ele não havia o acaso. Na esteira do pensamento de Leucipo, Aristóteles e Crisóstomo (347-407) afirmava que "nada é por acaso, mas nem sempre é fácil explicar isso por esquemas racionais". Agravado pelo seu conceito muito relativo de livre-arbítrio, acaba por tornar-se determinista. Como no decorrer de sua existência, boa parte de suas ideias foram por ele mesmo revistas, tentou, sem sucesso, em certas épocas, conciliar a livre vontade humana, defendida no início, com concepções de submissão quase total às imposições superiores. Seu principal dilema era unir a ideia do livre-arbítrio com a de presciência e perfeição de Deus. Neste ponto contestou vigorosamente as ideias de Cícero para quem a presciência divina era inexistente. E sobre a presciência, isoladamente, explicava que para Deus, na eternidade, nada passa, sendo sempre e tudo presente. Portanto, não há nem passado nem futuro.

Boécio ou Boecius, Annicius Manlius Torquatus Severinus (480-524)

Além de filósofo da escola platônica, foi teólogo, estadista e poeta romano. Dialoga com a Filosofia a respeito do tema na obra *A consolação da filosofia*. Questionada por ele, esclarece que o livre-arbítrio é inerente aos seres racionais. O grau de liberdade que a alma desfruta é diretamente proporcional a sua elevação às coisas espirituais, diminuindo ao permanecer ligada à matéria.

Desafiada por Boécio a conciliar a presciência divina com o livre-arbítrio humano que parecem mutuamente excludentes, falando por ela, Boécio diz que a solução está na diferença de conhecimento entre a divindade e os homens cuja razão é limitada. O conhecimento de Deus sobre o futuro está relacionado com o conceito que temos do tempo. Deus, sendo eterno e onisciente, é o único que possui a capacidade de abarcar todos os acontecimentos simultaneamente e em todo o espaço infinito porque inexistem o passado e o futuro, mas tão somente o presente.

Averróis, Abu-al-walid Muhammad ibn Ahmad ibn munhammad ibn Ruch (1126 - 1198)

Eis o que pensava a respeito de livre-arbítrio um filósofo muçulmano, nascido na Espanha. Aristotélico com nuanças platônicas, Averróis percebia o homem emaranhado em uma teia de causalidades, mas com a presença de um livre-arbítrio ativo enquanto houvesse ausência de conhecimento porque, uma vez de posse deste, necessariamente, só faria escolhas certas, de certa forma automaticamente.

Essa liberdade por assim dizer emersa na causalidade reaparecerá em Spinoza e até em Kant, sempre partindo da mesma base aristotélica. O homem exerce controle total sobre seu destino e nem o destino é completamente predeterminado. Os atos humanos dependem do livre-arbítrio, porém, subordinado ao determinismo cósmico.

Aquino, Tomás de (1225 - 1274)

A explicação inicial constante no tópico de Agostinho vale também aqui. E filosoficamente falando, enquanto aquele se filia a Platão, Tomás de Aquino herdou muito do que foi proclamado por Aristóteles. Como exemplo, temos a ideia do motor imóvel que é Deus, causa última – ou primeira – de tudo. Todo o resto move-se num sistema de causas e efeitos em cadeia através das quais, de umas chega-se às outras e assim sucessivamente, até aquela maior de todas.

Difícil captar o conteúdo de sua concepção de um livre-arbítrio apenas como potência, pois se ela jamais consegue se tornar ativa, é como se não existisse. Bem mais lógico definir Aquino como acentuado adepto do determinismo divino.

Erasmo, Desidério (1466 - 1536)

Mais um humanista do que religioso, embora ex-sacerdote e crítico moderado tanto da facção católica como da protestante, justo, portanto, incluí-lo aqui entre os filósofos. Defendia a ideia de que ao homem é dada a liberdade de escolha entre o bem e o mal por força de sua própria vontade interna. A alma possui um poder de julgar e um poder de escolher. "O pecado de Adão corrompeu a vontade e a inteligência humana, mas não as anulou", escreveu ele em *De Libero Arbítrio*, obra de 1524.

Maquiavel, Nicolau (1469 - 1527)

Apesar de ser execrado pelo fato de desvincular a ética da política e defender que os "fins justificam os meios", Maquiavel não negava a existência de Deus. Era um homem probo e contribuiu significativamente com a filosofia, incluindo, o que nos interessa aqui, sobre livre-arbítrio, fatalidade etc. Acreditava nos médiuns videntes, em profecias e na existência de espíritos benfazejos que, movidos por piedade, avisariam os homens sobre o futuro para que estes pudessem se prevenir e defender.

Utiliza-se dos conceitos de *Fortuna* e *Virtu* de Aristóteles para afirmar que talvez metade das ações humanas seria governada pelo acaso, enquanto a outra metade pela vontade. Para ele a enchente de um rio que leva de roldão tudo que encontra pela frente pode ser incontrolável numa primeira vez por ser inesperada, por não se conhecer o risco. Mas uma segunda vez o homem seria capaz de conjurar, construindo diques ou canais, por exemplo. A *Fortuna* só se manifestaria onde não encontrasse resistência organizada. Seu poder pode ser controlado ou previsto, embora parcialmente, uma vez que existe também o acaso.

No cap. XXVI de *O Príncipe* ele expressa "O que resta fazer é tarefa que a vós compete. Deus não deseja realizar tudo, a fim de não nos privar do livre-arbítrio e da parte da glória que nos sucede". Mas sua atenção está na política. O controle é exercido pela *Virtu* sobre a *Fortuna*, tomando-se a primeira aqui não como virtude no sentido moral como em Aristóteles ou para os cristãos, mas como sinônimo de força física, ação material e poder a ser atingida pela educação, natureza e saber, como entre os romanos. Deus pode intervir pela *Fortuna* ou espíritos benfazejos, mas o livre-arbítrio é uma faculdade emancipadora e Deus se abstém de interferir em tudo, preservando o poder de escolha humana.

Mas a *Fortuna* não é onipotente e não se impõe na forma de fatalismo. Mesmo os fenômenos naturais, com seu grau de determinismo, guardam espaço para a ação humana como no exemplo da inundação. Às vezes toma a feição do puro acaso, cego, imprevisível, mas apesar disso, sempre intencional, sugerindo certa predeterminação ou um finalismo como em Aristóteles. Apesar disso, essa sorte ou *Fortuna* não é uma entidade religiosa nem a causa primária ou destino final do homem. É distinta da ideia da Providência à qual antes era associada. Tanto pode ser uma aliada do homem quando ele faz escolhas corretas e a traz para o seu lado, como pode ser sua inimiga.

No exemplo da inundação, a atuação do livre-arbítrio é mais passiva, de contornar e prevenir um efeito nefasto. Mas em outro momento, Maquiavel incita o agente humano a se tornar ativo quando, mediante a força e a inteligência, torna-se capaz de conquistar os favores de uma mulher. Ou seja, o otimismo, a fé, o trabalho consciente seriam capazes de arregimentar os recursos propiciadores de conduzir à felicidade.

A coexistência dos opostos se faz na força causal que há nos homens junto com a influência imperiosa do determinismo arbitrado pela *Fortuna* apresentada como fatalidade, destino ou acaso. Entendida mais como ausência da *Virtu* do que uma entidade com existência própria, abre espaço para a ação humana. Se o homem falha nas suas escolhas, ela o abandona à sorte ou ao acaso.

Montaigne, Michel Eyquem de (1533 - 1592)

O francês admitia várias origens para as ocorrências da natureza e da vida do homem menos o livre-arbítrio. Passeava indiscriminadamente por termos como fatalidade, destino, determinismo, acaso, sorte e azar. Entendia que tais influenciam e até mesmo determinam sobre projetos, na morte, na hereditariedade, nas "tendências e pensamentos", na parentela e relações.

E para completar concedia existência às causas e efeitos porque o ser humano assemelha-se e pertence também ele à natureza. Em relação ao determinismo, especifica tratar-se daquele imposto por Deus e cita Manilio: *uma força superior nos domina... dita nossos atos*; bem como Platão: *O castigo segue de perto o pecado*. Para ilustrar suas ideias, menciona Ésquilo que teria sido advertido de que morreria na queda de uma casa, embora dormisse num campo de trigo e, apesar disso, foi esmagado por uma tartaruga caída das garras de uma águia em pleno voo. E a morte do papa Alexandre VI com vinho envenenado apenas por ter chegado em casa antes do filho Adriano a quem a bebida era destinada. Embora sobrevivido na hora, o próprio criminoso compartilhou da mesma garrafa julgando não se tratar da que preparara.

Daí a concluir que o destino provoca o incidente, mas cabe a nós, pela vontade, determinar a qualidade dos seus efeitos. Isto é, o determinismo aponta as linhas gerais dos acontecimentos enquanto o livre-arbítrio definirá os detalhes.

Lutero, Martinho (1483 - 1536)

Também este importante personagem encontrará mais espaço no próximo capítulo, figurando aqui apenas por uma questão de cronologia dos filósofos. No Catolicismo ainda há lugar para o livre-arbítrio de alguma forma. Não, porém, aqui, com os protestantes. Deus, por ser onisciente, já sabe de antemão quem será salvo e as virtudes presentes no indivíduo são indicativas de sua eleição. As causas e as virtudes são efeitos. As obras devem se originar na fé da qual são seus frutos. Elas não salvam nem têm recompensas. Devem ser espontâneas e gratuitas. Ao definir a salvação como decorrente da graça divina, não há espaço para o merecimento ou a justiça, comprometendo irremediavelmente qualquer sistema moral ou legal pela impossibilidade de se atribuir responsabilidade aos atos humanos.

Bacon, Francis (1561 - 1626)

Para o empirista Francis Bacon só o acaso governa o pensamento do homem naquilo que ele realiza e nos acontecimentos de sua vida, incluindo as descobertas mais nobres e a criação artística. Da sua própria obra diz que deveria ser atribuída mais à sorte do que à habilidade, fruto mais do tempo do que do talento.

Hobbes, Thomas (1588 - 1679)

Nascido duas décadas depois, Thomas Hobbes, igualmente não aceitava o livre-arbítrio o qual julgava como sendo uma ilusão para ocultar a ignorância das verdadeiras causas das decisões tomadas a cada momento. Mas diferentemente de Bacon, não atribuía os acontecimentos ao acaso, mas sim a Deus. Todos os atos humanos são predeterminados por Ele. Este enquadramento pressupõe a existência no Universo, incluindo as ações humanas e seu destino, de uma série de causas e efeitos puramente mecânicos e inexoráveis. A vontade, que dentro do racionalismo clássico obedecera à razão, para Hobbes não passaria de um desejo. O determinismo mecanicista regeria não só o universo material, mas também a atividade psicológica do ser humano.

Descartes, René (1596 - 1650)

De todos os pensadores aqui mencionados Descartes, ao lado de Aristóteles, Agostinho, Crisipo, Leibniz foi um dos que mais contribuiu sobre o tema. Pertencente ao Racionalismo Dogmático, admitia a capacidade de autodeterminação do ser humano mediante o uso da vontade apenas parcialmente, vigorando sempre acima dele o determinismo divino, infalível e imutável. A interferência do homem só seria possível naquilo que *o decreto eterno prevê permissão para ser alterado. Nada ocorre que não seja fatal,* chegou afirmar, ao mesmo tempo que recomendava que só devíamos desejar as coisas que dependem exclusivamente de nós. Quis se fazer entender a respeito com o exemplo de um indivíduo que pela análise racional opta por seguir um determinado caminho que julga mais seguro, embora no tal decreto divino esteja previsto que será nele que o caminhante será roubado.

Manifestou-se também sobre o destino que seria as imposições recebidas das outras pessoas. Mas, a rigor, estas mesmas influências de uns sobre os outros não seriam a predominância do livre-arbítrio do mais forte sobre o mais fraco, física, intelectual, social ou moralmente, por exemplo, mas uma manifestação da própria vontade de Deus à qual todos fatalmente estão submetidos.

Mas em outro momento Descartes enaltece o papel do conhecimento para a aquisição da liberdade de ação humana. Diz que se somos indiferentes ou não capazes de escolher entre duas opções é devido a nossa falta de conhecimento para avaliar as consequências de cada uma delas e que, caso soubéssemos, agiríamos exercitando nosso livre-arbítrio e seríamos *totalmente livres*. Primeiro, pois, viria o saber e depois a determinação da vontade. Caso contrário, cometeríamos *enganos e pecados*.

Curioso também o que ele pensa a respeito do remorso e do arrependimento. Para evitá-lo, duas ações. Primeiro buscar conhecer tanto quanto possível a questão para evitar a escolha errada e suas consequências e, segundo, assumindo conscientemente que se tentou o melhor embora talvez não o seja. Isto pode evitar ou depois liberar o indivíduo do sentimento de culpa e difere do arrependimento no qual claramente ele verificou ter cometido erro.

Há quem veja em Descartes, tanto quanto em Newton, um partidário do determinismo causal, causalista ou absoluto, portanto, mecanicista, onde causas e efeitos são válidas apenas para os fenômenos materiais e uma vez iniciadas as primeiras, os últimos seriam inevitáveis. Mas para outros ele afirma radicalmente o livre-arbítrio expresso na possibilidade de se recusar o bem e a verdade, ainda que sem caracterizar o determinismo finalista ou relativo de Aristóteles que prevê um objetivo claro para a existência humana. De qualquer forma, Descartes diz que Deus não é culpado pelos erros que cometemos através do livre-arbítrio que Ele nos deu.

Em suas *Meditações*, deixa claro que a indiferença diante das escolhas não é indício de liberdade. Na verdade, quanto mais inclinados por uma das opções, ou porque sabemos que é o bom e o certo ou porque Deus assim organizou nosso pensamento, tanto mais livres seremos. Não é o poder da vontade, a qual é ampla e extensa, nem o poder de entendimento as causas dos erros, mas justamente porque os limites da vontade excedem aos do entendimento, provocando escolhas não bem avaliadas. Poderíamos dizer aqui que, do ponto de vista espírita, "a organização do pensamento" a que se refere, equivale ao conceito de voz da consciência segundo a Q. 621 de *O Livro dos Espíritos*. E que os erros nas escolhas por falta de entendimento teriam duas causas: uma, a ignorância em si, natural e própria da imperfeição dos espíritos em fase de evolução e, outra, o orgulho do homem que pretensiosamente pensa saber muito mais do que efetivamente sabe e, por isso, lança-se, muitas vezes, leviana e irresponsavelmente em aventuras cujas consequências desconhece ou despreza em nome do prazer imediatista.

Como se vê, René Descartes é muito rico em termos do palpitante tema, além de ter afirmado que a glândula epífise ou pineal era a sede da alma ou da consciência e consequentemente a base física do próprio livre-arbítrio e talvez das ideias inatas cuja existência ele também afirmava.

Pascal, Blaise (1623 - 1662)

Defendeu os jansenistas, partidários de uma seita católica, inspirada em Santo Agostinho, que alimentava os conceitos da graça distribuída aos eleitos e com ausência de livre-arbítrio.

Spinoza, Baruch (1632 - 1677)

Usa um meio termo: o homem possui livre-arbítrio, mas só até certo ponto. E tenta explicar. Podemos mexer um dedo por força de nossa vontade, mas seus movimentos estão limitados à sua natureza ou leis maiores de forma que estando o braço abaixado, nosso dedo, sozinho, não pode apontar para o céu. Num outro raciocínio fala também sobre as limitações externas e dá o exemplo. Uma árvore frutífera só produzirá bons frutos se o solo onde ela for plantada for fértil (causa externa), porém, além disso sofrerá a limitação de sua natureza (lei maior) e só poderá oferecer frutos de sua própria espécie.

Um homem pode aspirar à liberdade de viver sem pressões externas, mas nunca chega a ter livre-arbítrio e Deus, que não é uma dessas causas porque se manifesta pelas leis na natureza, não nos oferece liberdade de ação e escolha ampla e irrestrita, pois são os nossos valores que regem a vida. Diz-nos ele "somos causa inadequada de nossos afetos quando, passivos e passionais, somos conduzidos por causas externas e causa adequada quando ativos e livres, causados pelas potências inteligentes".

Diferencia destino, cuja existência não admite, de necessidade ou certo determinismo divino, bem como livre-arbítrio de liberdade. Enquanto esta seria a necessidade intrínseca ou determinação a que o indivíduo se sujeita em virtude de sua própria essência, livre-arbítrio seria a faculdade de decidir a favor ou contra algo em determinada situação hipotética em que o agente possa estar colocado. O homem julga-se livre porque tem consciência de sua vontade e desejos (apetites e ações), mas ignora as causas de ambos que nada mais são do que os valores internos.

Diante do conhecimento espírita, poderíamos lembrá-lo de que esses mesmos valores a que se refere são construções milenares do espírito imortal à custa da experiência nas diversas etapas reencarnatórias em tentativas de erros e acertos, desencadeados, principalmente a partir de certo estágio de desenvolvimento, mediante deliberações do livre-arbítrio. Se estes valores prevalecem no governo de nosso presente aparentando determinismo, são consequências da vontade do passado.

Há quem faça uma interpretação psicanalítica do pensamento de Spinoza sobre a religião. No panteísmo de Spinoza, o homem seria composto de duas partes. Uma divina, com poder determinante representada pelo superego ou ego transcendente de Jung que supera o Id freudiano e o ego de Adler. Possui livre-arbítrio; é a *natura naturans*. Mas há a *natura naturata*, de natureza existencial e que não deixa o homem totalmente livre. Isto só ocorreria se ele fosse consciente do que faz.

Mas o filósofo que nasceu judeu e depois se distanciou da religião, compartilha da opinião de Descartes e, antes dele, de Sócrates e Platão, a respeito da importância da sabedoria como processo para se atingir a liberdade. Quanto mais conhecermos o funcionamento de nossa natureza e de todas as coisas, pensava ele, mais livres seríamos. É a típica expressão da máxima de Cristo "conhecereis a verdade e ela vos libertará". E associa a necessidade do conhecimento à virtude aristotélica. Quanto mais a alma goza do amor divino, mais compreende e tanto mais poder tem sobre as afecções, sofrendo menos o impacto daquelas que são indesejáveis.

Exposto isto, afirma que o homem não pode ser livre porque não é uma substância, mas um modo de Deus e expressa "de maneira certa e determinada a sua essência". A ação do homem só é possível dentro dos limites impostos do que ele é, mas adverte que a conciliação entre liberdade e predestinação está além da compreensão humana. Enfim, adota um pouco do estoicismo quando afirma que "ser livre é seguir o que determina a necessidade da natureza, conhecer a causa necessária das coisas e agir de acordo com essa necessidade".

Locke, John (1632 - 1704)

Empírico como Bacon e contrariando vultos anteriores como Platão, Agostinho e Descartes, para ele todo conhecimento é fruto da experiência adquirida através dos sentidos. Para ele não há princípios práticos ou regras morais inatas. Opõe-se, mesmo, diretamente ao que nos seria ensinado na Codificação Espírita, como na questão 221 de *O Livro dos Espíritos*, em relação ao sentimento instintivo da existência de Deus que, embora sempre presente, pode ser sufocado pelo orgulho humano.

Por outro lado, ao acompanhar as reflexões de Locke sobre o acaso, parece que estamos diante de Allan Kardec quando afirma que as causas fortuitas não podem provocar efeitos inteligentes, pois um acaso inteligente já deixaria de ser acaso.

Radicalizou em torno das causas e efeitos, vendo-os apenas como fatos que se sucedem uns após outros. E não admitia o livre-arbítrio porque a própria necessidade de se fazer escolhas já é um determinismo. Além do mais, na linha de pensamento de Hobbes, este se manifesta na predestinação ao bem com que os seres humanos foram criados. Entretanto, admite que o indivíduo pode preferir o que pode fazer ao que não pode, produzindo uma espécie de alinhamento de sua vontade à da Providência.

Embora a questão do inatismo seja adjacente à do livre-arbítrio, é interessante fazer algumas rápidas considerações a respeito. Por definição e estritamente, reconheciam-se as ideias inatas como sendo o conhecimento comum a todas as almas ao nascerem. O Espiritismo afirma que essas lembranças, instintos, inclinações morais e intelectuais e predisposições psicológicas são remanescentes das reencarnações passadas, mas este é um processo individualizado justamente por representar o progresso que cada um já logrou alcançar.

Locke esforçou-se para distinguir vontade de liberdade. A primeira seria o poder ou habilidade para preferir ou escolher.

Já a segunda não pertenceria à vontade, embora também um poder pertencente ao agente. Podemos ter vontade sem autonomia de realização. Falta-lhe força, poder, permissão, enfim, para executar o ato que desejamos. Assim, o dito popular de que "querer é poder" seria algo relativo, mais próximo da fé ou talvez da moderna autoajuda do que de uma verdade racional.

Malebranche, Nicolas (1638 - 1715)

Ao contrário de seu contemporâneo examinado acima, Malebranche acreditava que o homem era livre, sim, não para fazer, mas para suspender a ação divina. Ele, Leibniz, Bayle, Arnoud, Klarke e os cartesianos ocuparam-se durante um século debatendo a contradição entre presciência divina e liberdade da vontade humana.

Newton, Isaac (1643 - 1727)

Newton, adepto do mecanicismo determinista por excelência, mas surpreendentemente crente na existência de Deus, estabeleceu paradigmas científicos de ampla repercussão até a atualidade, mas especialmente, até o início do século passado quando alguns destes preceitos passaram a ser colocados em debate diante de novas descobertas, notadamente da Relatividade de Einstein e da Física Quântica. O próprio Espiritismo valeu-se do nome de uma das leis estabelecidas por ele para expressar as consequências morais dos atos praticados pelo ser humano que é a chamada Ação e Reação. No capítulo próprio explicaremos porque preferimos a denominação de Causa e Efeito para designar este fenômeno.

Esta lei de Ação e Reação adaptada pelo Espiritismo, em Newton representava exclusivamente a conexão entre fenômenos materiais, nada tendo a ver com a moral, a filosofia ou religião. Fixou assim as premissas do determinismo causal ou fatalista, entre elas a de que uma vez posta em ação uma força ou ação, o efeito tornar-se-lhe inevitável. A observação científica na atualidade demonstra que as coisas não se passam exatamente assim. As leis de Newton podem permanecer ainda válidas quando trata dos corpos grandes e em pequeno número, não, entretanto, para os pequenos e em grande número onde entra a probabilidade estatística. Sem o conhecimento da posição e velocidade da partícula impossível prever seu movimento.

Mesmo que não fosse intenção do grande físico inglês, seus conceitos e leis passaram a vigorar no pensamento geral em relação à própria natureza humana, com a aceitação de um determinismo absoluto que incluía a vontade e capacidade de escolhas tidas como consequências de causas anteriores, exteriores e interiores. Haveria relações fixas e necessárias entre os seres e os fenômenos naturais. Até a vida mental seria regida por tais leis uma vez que os pensamentos e os atos teriam origem nos impulsos, nas particularidades de caráter e experiências individuais.

Leibniz, Gottfried Wilhelm (1646 - 1716)

Ao tomar contato com algumas das posições assumidas por Leibniz diante do que se convencionou denominar de metafísico, observamos que ele foi um dos que mais se aproximou do Espiritismo. De passagem, poderíamos citar o seu conceito herdado de Tomás de Aquino de que o mal sempre se reverte em bem, equivalente, de certa forma, ao "Deus escreve certo por linhas tortas"; a ideia favorável ao livre-arbítrio e à lei de causa e efeito; a prevalência da vontade humana em relação às decisões que toma, apesar de certa "indução" para atos moralmente reprováveis; e surpreendemos até mesmo referências à responsabilidade que se tem por atos praticados em outras vidas e as punições pelas faltas, mesmo esquecidas, o que nos leva à dedução de que o filósofo alemão acreditava na reencarnação.

Além de acompanhar Aristóteles na caracterização da ação

livre não apenas como espontânea, mas também deliberada, entendia que nem o pensamento é livre, pois durante uma tortura, por exemplo, seria impossível não pensar na dor. Ao fazermos aqui um rápido paralelo com os ensinamentos espíritas, lembramos a questão 833 de *O Livro dos Espíritos* onde os mentores afirmam que é no pensamento que o homem goza de uma liberdade sem limites. Entretanto, se seguirmos o raciocínio de Leibniz veremos que nem sempre pensamos o que queremos ou deixamos de pensar o que não queremos. Além do exemplo dele, podemos citar os casos de obsessão em que a partir de certo estágio, a fascinação, o indivíduo é constrangido a captar o pensamento alheio que se lhe torna mais vigoroso que o próprio, com sérios prejuízos ao exercício de seu livre-arbítrio.

Muito conhecido é o exemplo que ele dá para diferenciar vontade de liberdade. Um indivíduo desperta numa sala junto a um amigo que não vê há muito tempo e se compraz de ali estar, embora ignore que está impedido de sair porque o recinto está trancado à chave. Ele permanece voluntariamente, mas está privado da liberdade. O mesmo se dá com um paraplégico, raciocina ele, que pode ficar espontaneamente no mesmo lugar, porém falta-lhe liberdade para seguir a determinação do espírito em se locomover. Mas Leibniz admite que para os teólogos e filósofos, o conceito de livre-arbítrio atinge não somente as ações, mas o próprio ato de querer.

Se trouxermos para a atualidade diríamos que o exemplo acima equivale à situação de muitos adeptos de certos credos religiosos que permanecem por conta própria sob a tutela espiritual de seus líderes religiosos por comodismo. Preferem ser guiados por quem julgam ser seres superiores, mais competentes ou dotados de capacidades especiais de intermediação com Deus. Agem assim também, às vezes, por indiferença e preguiça de ter que tomar decisões e fazer escolhas. Ou então, por ignorância de que são livres e não precisam daqueles. Alguns povos também agem desta forma, politicamente preferindo a subtração de liberdade para não se incomodar.

No terreno pessoal, um indivíduo satisfeito com o cônjuge que conseguiu depois de muitos anos de solteirice, ignora que, na verdade, se não casasse com esse, acabaria sem ninguém como companhia. Ou em relação à profissão também pode ocorrer. Há pessoas que não podem dizer "Ah, se eu não fosse o que sou, faria isto ou aquilo". Muitas vezes, na vida, não temos escolha. A porta de saída que se nos apresenta em determinado momento é única e somos constrangidos a passar por ela com a qual nos felicitamos. Mais ou menos como a compra de um automóvel no tempo de Henry Ford: podíamos escolher qualquer um desde que fosse daquela marca, modelo Cadilac e na cor preta.

Tal como Descartes, pertencente ao Racionalismo Dogmático, Leibniz explicava que a necessidade, a imposição divina ou da natureza, não tem participação da razão e se opõe à contingência da vontade. Isto é, na vontade humana há uma incerteza se ela poderá ou não se manifestar e o seu principal entrave é justamente a força superior que a afeta e limita. Ao diferenciar necessidade de determinação, parece associar esta última ao destino sobre o qual haveria possibilidade de eximir-se. Tudo deve ter uma razão de ser, uma determinação, mas nem tudo é necessidade, muito menos acaso ou indeterminismo. Portanto, ele proclama o determinismo lógico e não o causal ou mecanicista.

Novamente antecipando, por oportuno, essa maneira de ver com a Doutrina Espírita, diríamos que a necessidade, entre outras situações, estaria caracterizada nas leis de progresso e na reencarnação enquanto o determinismo seria mais ligado à natureza, ao ambiente social, biológico etc, dentro do qual, principalmente no aspecto moral, haveria lugar para o exercício do livre-arbítrio, modificando, remodelando, atenuando e até anulando as influências. O filósofo vê a vontade humana prevalecendo e dando a última palavra nos seus atos morais mesmo quando é "induzido e forçado", pelas circunstâncias ou outros indivíduos, a agir de maneira incorreta.

"Ninguém te forçará jamais a fazer o que não queiras, nem te impedirá de fazer o que queiras; não terás de queixar-te de ninguém; não acusarás ninguém, não farás nada, nem a coisa mais insignificante, contra a tua vontade" (Epicteto, 55-134 d.C.). Mais um ponto de convergência, pois, com o Espiritismo.

Sobre o papel do conhecimento em relação à conquista do bem, Leibniz acompanha Spinoza. A determinação para desejar o bem procede do entendimento que fortalece a vontade em vez de ser arrastado pelas percepções involuntárias. Por falta dele, normalmente não queremos o que quereríamos, mas o que nos agrada na ignorância do valor das coisas e do futuro. E erramos nas escolhas. A determinação, assim, seria a tomada de decisão, após o processo de desenvolvimento do senso de dever e conscientização sobre o que fazer ou não. Por isso só os sábios são totalmente livres. Mas todo este processo de racionalização só seria alcançado através da experiência, embora o seu empirismo, se comparado ao de Locke e de Bacon, fosse bem menos radical.

Por outro lado há a presença da lei de causa e efeito. O mal moral decorre da "resistência à vontade divina" devido ao mau uso do livre-arbítrio, fruto da ignorância e como consequência surge "não o castigo, mas a pena natural atraída pela ação". "Os seres superiores", diz-nos ele, são "fortemente determinados" à prática do bem, isto é, mais conscientizados. A percepção do bem "inclina sem obrigar", mas a "determinação para o melhor que procede da razão equivale a ser livre ao ponto máximo".

As ações são precedidas por desejos originários das "inquietações" do espírito, mas estas nem sempre se materializam porque permanecem apenas no nível das sensações ou sentimentos, bons ou desagradáveis, mas sem receber um direcionamento para expressão externa. Isto se deve, segundo ele, ou à falta de vontade – pouca força de vontade –, ou porque sofremos com a veleidade, espécie de divisão de desejos. Queremos um pouco fazer algo, mas ao mesmo tempo desejamos fazer outra que com aquela conflita e acabamos não fazendo nem uma nem outra. O que determina, enfim, a nossa vontade à ação seguinte é a eliminação da dor, primeiro degrau para a felicidade. A razão e a vontade conduzem à felicidade que é um caminho entre os prazeres e o sentimento e o desejo só nos leva ao prazer que é um passo ou avanço para a felicidade.

Em suas reflexões, Leibniz lança mão da ideia da reencarnação. Diz-nos que "sou responsável por uma ação praticada há mil anos... imputada agora por esta consciência... mesmo que tivéssemos esquecido...". Mais adiante reforça: "Suponhamos que um homem seja punido agora por aquilo que praticou em uma outra vida... não é absolutamente necessário que se saiba o que se fez de errado porque se sofre... serve aos outros espíritos mais informados para glorificar a justiça divina. Todavia, é mais provável que os que sofrem saberão um dia o porquê, ao menos de forma genérica". Para ele, as ideias inatas que corroboram o processo das vidas sucessivas seriam despertadas pelas impressões que entram pelos sentidos.

Enfim, Gottfried Willhelm interpreta o pensamento de Leibniz indicando que o livre-arbítrio seria a causa próxima do mal, mas a imperfeição humana a causa primeira e mais distante.

Montesquieu, Charles Louis de Secondat, Barão de (1689 - 1755)

Montesquieu era ateu, se não na teoria, certamente na prática, e como tal limitou-se a dizer que a liberdade é o direito de se fazer tudo quanto as leis permitem. Mas encontramos uma referência dele sobre a fatalidade quando diz: "Os que afirmaram que 'uma fatalidade cega produziu todos os efeitos que vemos no mundo' disseram um grande absurdo, pois que maior absurdo do que uma fatalidade cega ter produzido seres inteligentes?"

Na verdade, na introdução de *O Espírito das Leis* ele faz questão de esclarecer que até podia admitir a existência de um Ser Superior, porém, na matéria em exame, ou seja, as leis sociais e políticas, abstivera-se completamente de considerar quaisquer possíveis consequências dela. Seus conceitos de moral e de virtude não tinham qualquer relação com a religião.

Notável a semelhança de enunciado da declaração de Montesquieu do parágrafo anterior, aliás, repetindo o que já dissera Locke, com a questão n° 8 de *O Livro dos Espíritos*. Vejamos: *(...) Atribuir a formação primeira ao acaso seria um contrassenso, porque o acaso é cego e não pode produzir os efeitos da inteligência. Um acaso inteligente não seria mais o acaso.*

Voltaire, Françoise Marie (1694 - 1778)

Crítico feroz da Religião e principalmente da instituição Igreja Católica, Voltaire inicialmente defendeu o livre-arbítrio. Depois aderiu radicalmente ao determinismo.

La Mettrie, Julian Offray de (1709 - 1751)

Tendo por substrato de suas ideias filosóficas a formação de médico, as cores materialistas chegaram ao extremo ao afirmar que o homem era uma máquina que funcionava por uma mecânica metabólica. Resulta desta concepção a subversão do espírito e da consciência e os seres humanos deixam de ser criaturas de Deus para se tornarem simplesmente sistemas mecânicos autodeterminados. "Cada indivíduo desempenha seu papel na vida que foi determinado pelos mecanismos propulsores da máquina...", dizia.

La Mettrie encontrou seguidores, ferrenhos materialistas, em Paul Henry Thiery, o Barão de Holbach (1723-1789), iluminista partidário do ateísmo radical e, já no século XX (1912-2004), com John Toland.

Hume, David (1711 - 1776)

Procurou conciliar necessidade, leia-se, determinismo com liberdade. Acreditava que qualquer ato da vida era capaz de quebrar o elo, alterando toda a sequência de eventos. A percepção das conexões entre causas e efeitos seria decorrente não de um decreto divino que sujeita os fatos, mas das experiências dos sentidos externos e internos. Na verdade haveria mais uma sucessão de fatos isolados do que uma relação de causa e efeito. Se a pedra esquenta devido aos raios solares, teríamos apenas uma vinculação temporal necessária entre anterior e posterior.

Num jogo de bilhar a trajetória de uma determinada bola pode ser interrompida, desviada, colocada outra em seu caminho etc. A vontade humana, os jogos de interesses conflitantes interferem na causa original. Mas ele dá grande importância às probabilidades, pois "embora possa haver alterações, em geral, mesmas causas têm mesmos efeitos".

Aparentemente ele se contradiz ao negar o acaso em certo momento – "o acaso não designa nenhuma força real que exista em qualquer lugar da natureza" – para logo mais à frente afirmar que "... a vida humana é governada mais pelo acaso do que pela razão". Talvez na segunda ocasião tenha feito emprego inadequado da palavra, tentando expressar exatamente aquilo que não é de domínio total do homem.

Fica mais claro quando ele resume: "... dizer que um evento deriva da sorte... nos deixa no estado de ignorância de toda a humanidade, mas supor causas certas e estáveis é ingenuidade. Aquilo que depende de poucas pessoas é, em grande medida, devido ao acaso ou por causas desconhecidas e o que ocorre de grande número pode ser analisado através de causas determinadas e conhecidas. O contexto disso são as origens das ciências e das artes". De qualquer forma "só é feliz quem aceita que é governado por certo destino", pensamento idêntico ao manifestado pelos estoicos que negavam o livre-arbítrio, porém criam numa razão prévia sem acaso. Os estoicos justificavam que todo sofrimento e o Mal se reverteriam em Bem no que foram seguidos por Tomás de Aquino, Leibniz e pelo próprio Hume.

Hume acompanha Locke em relação às ideias inatas cuja existência nega, porém, admite que nem todo conhecimento passa pelos sentidos. Sobre a existência de Deus afirma não ser possível prová-la nem pelo "dominó" de causas, como em Aristóteles, sendo Deus a primeira de todas e de tudo, nem pelas ideias inatas de Descartes. Já sobre a origem do Mal, humilde, reconhece que conciliar, com certeza, a presciência divina e o pecado, não está ao alcance de nenhuma filosofia a qual deve limitar-se às questões da vida cotidiana.

Cronologicamente seguiu Bacon, embora com um empirismo menos radical, e Locke. Por sua vez, influenciou Comte e todo o Positivismo.

Voltando ao exemplo de Leibniz da sala fechada, Hume, ao contrário dele, acha que, apesar de estar impedido de sair, a escolha foi do indivíduo e, portanto, é livre. Há outro exemplo, aliás, de valor duvidoso para o caso, colhido em uma crítica. Se um cleptomaníaco rouba foi porque teve o desejo, a vontade de fazê-lo, o que poderíamos traduzir por exercício do livre-arbítrio. Até aí, tudo bem. Mas segue o crítico afirmando que esta deliberação da vontade já é decorrência da compulsão que tem para roubar. Logo, ele não agiu livremente. Adiantando alguns passos no nosso estudo, veríamos que a compulsão atual já é em si a consequência de ações ou pensamentos formulados no passado, compondo parte de sua bagagem espiritual. Ou seja, aquilo que num momento representou a escolha pelo livre-arbítrio gerou efeitos que ora se apresentam no presente como espécie de determinismo. Neste caso, na forma de um distúrbio psicológico inelutável.

Rousseau, Jean Jacques (1712 - 1778)

Ao citar Sócrates para quem "ninguém é mau voluntariamente" e concordar com ele de que não há pessoas más, porém apenas ignorantes, mostra-se favorável à existência do livre-arbítrio humano. Crê no destino, por exemplo, em relação aos acidentes naturais, mas não cego, indeterminado e sim estabelecido pela Providência. Este destino, segundo ele, atuaria como estímulo à ação humana que, se não é irrestrita, sempre conserva uma margem explícita de arbítrio. Posicionou-se a sua moral a favor das ideias inatas expressas pela consciência, dispensando-se as experiências e o conhecimento do mal.

À luz do pensamento espírita, convém alertar que as ideias inatas, também elas, são fruto da experiência de um determinado momento evolutivo. À exceção de uma ideia geral a respeito da existência de um ser superior criador do Universo, todo o resto foi adquirido pelo aprendizado através da longa trajetória reencarnatória. É resultado de nosso labor nas tentativas de acertos e erros e que no presente se nos apresentam como impulsos instintivos a nos guiar os passos. E isso para o bem ou para o mal, pois mantemos em nossa bagagem espiritual muitas sombras e posturas equivocadas que ainda não puderam ser erradicadas do caráter. Também elas constituem ideias que nos acompanham desde o nascimento e que se manifestam ao longo da existência atual, inatas, portanto.

Diderot, Denis (1713 - 1784)

Para ele vontade e livre-arbítrio eram conceitos sem sentido, não passando de meras abstrações cuja única utilidade é obscurecer os fatos. A vontade humana reflete apenas o desejo ou a aversão em relação a certas coisas e está submetida ao determinismo imposto pelo sistema natural de que o homem faz parte.

Kant, Immanuel (1724 - 1804)

Conciliou livre-arbítrio com causalidade, vinculando os seres sensíveis que somos sujeitos às leis imutáveis. Embora sem condições de governar os sentimentos e emoções, ainda assim, pela razão, podemos fazer escolhas morais. Opõe natureza e necessidade à moralidade e liberdade. O homem é livre não porque pode fugir à causalidade natural, mas porque possui dupla natureza. O inteligível, o pensar, a essência das coisas relaciona-se à liberdade enquanto a causalidade associa-se ao fenômeno sensível, empírico, às aparências das coisas, o sentir, enfim, proveniente da natureza. Na moral ou espiritual o homem pode ser livre e causa de si mesmo.

Ao partir da ideia de Deus como causa primária e considerar, como Aristóteles, as séries de causas e efeitos, propõe que sempre seja possível iniciar novas séries de estados que sucedem as primeiras causas, mas não decorrem delas. É o elo quebrado de Hume modificando o futuro sempre que o presente sofrer algum tipo de interferência.

Kant afirmava que o dever não existe na natureza nem nos animais, isto é, o senso moral, mas no homem, embora impossibilitado de controlar a matéria, ele pode modificá-la. E mais adiante argumenta contra aqueles que só veem fatalidade ou acaso: "Se não se provou a liberdade da vontade humana, vida futura e existência de Deus, também não se provou que não existem".

Esta visão de existência e possibilidade de livre manifestação da vontade humana serviu de base ao nosso sistema legal moderno, pois, como observa um crítico, um réu com antecedentes empíricos (educação, ambiente social e familiar etc) que induzem ao crime, sempre manterá a razão para ceder ou não às influências recebidas. É bem o que aprendemos no Espiritismo.

Mas Dennis Werner faz uma ressalva. Nem sempre o conceito de certo e errado é o mesmo para todos e até os princípios comumente aceitos em todas as culturas podem não representar o mais correto, variando com o tempo ou de acordo com interesses particulares ou corporativistas. A isso responderíamos que não se pode conceituar o Bem ou o Mal sem levar em consideração as leis naturais ou divinas. Bem e certo é tudo o que está de conformidade com estas leis e Mal e errado o que delas se afasta. Pela regra áurea propalada pelo Cristo e outros sábios antigos, todos nossos atos devem ser submetidos antes à questão de se saber se aquilo é o que gostaríamos que os outros nos fizessem.

O Bem é sempre o Bem e o seu oposto também. A consciência iluminada pelo conhecimento nos apontará a verdade. Por isso, apesar da imutabilidade das leis divinas, nossos atos são aferidos segundo o grau de conhecimento já adquirido. O próprio Santo Agostinho já antecipava este esclarecimento dado pelos Superiores na Codificação Espírita, ao afirmar que "Deus aceita algo em certo momento e condena-o em outro porque julga conforme o que o homem conhece". Ademais, é bom distinguirmos entre hábitos sociais e moral. Os primeiros mudam conforme as culturas e épocas, mas a moral é sempre a mesma.

De qualquer forma, Kant afiança que a lei universal, do progresso principalmente, afirmaríamos nós, determina nossa ação em certo sentido. Mas a prática e o exercício do dever exigem livre-arbítrio. Liberdade e moralidade são indissolúveis.

Laplace, Pierre Simon, Marquês de (1749 - 1827)

Laplace, como Newton, pertenceu à escola mecanicista ou do determinismo científico. Teorizava que se existisse alguém capaz de conhecer todas as forças ou leis que regem os fenômenos e situação de todos os seres, conheceria o passado e o futuro, do micro ao macrocosmo. Tal visão poderia ser extrapolada para o campo biológico, por exemplo. Entretanto, hoje, diante da Física Quântica, essa teoria estaria superada pela preferência de se examinar as coisas em termos de probabilidades.

Do ponto de vista filosófico e espiritual, porém, não podemos deixar de conjecturar que esse tipo de ideia poderia nos levar a Deus. Ainda que tenhamos em mente a relatividade do conceito de tempo, não seria, afinal, justamente mediante o conhecimento do passado, presente e futuro que Deus governa o Universo, caracterizado naquilo que reconhecemos ser um dos Seus atributos fundamentais, ou seja, a Sua onisciência, o saber de tudo o tempo todo e simultaneamente, aliada à Sua onipotência?

Voltaremos a este ponto no próximo capítulo. Por ora, basta imaginá-lo de posse de um super, absolutamente completo e perfeito computador que comporta a totalidade das informações de tudo o que existe.

Hegel, Georg Wilhelm Friedrich (1770 - 1831)

Defendeu o chamado determinismo lógico, segundo o qual, tudo está logicamente predeterminado para acontecer. Os fatos não ocorrem por força do acaso, mas como resultado de um conjunto de leis rigorosas, embora não racionais, e conduzidos pelo desejo de se alcançar a liberdade. Tome-se a respeito a seguinte declaração sua: "A matéria que se move segundo as leis mais gerais produz, com o auxílio de um pensamento cego, efeitos que parecem os desígnios de uma sabedoria suprema".

Há uma causalidade sem finalidades. Ou seja, a conceituação vaga de Deus, mais identificado com a própria natureza, destituído da condição de criador e providência universal e a dialética hegeliana como um todo conduz ao indeterminismo, embora isso não seja admitido.

Importante observação nos traz um espírita. Diz-nos que essa dialética está presente, por exemplo, no ciclo da vida biológica humana, mais precisamente seu início e término. Ao nascermos já estamos determinados a morrer. Mas como, à época, o binômio determinismo-indeterminismo ainda não estava desenvolvido filosoficamente, Allan Kardec, ao tratar do assunto, juntamente com os Espíritos, utilizou-se da expressão fatalidade.

Schopenhauer, Arthur (1778 - 1860)

Opunha-se fortemente à ideia de Descartes e, por conseguinte, de Sócrates, Platão e Spinoza, em relação à importância do conhecimento na vida do homem. Para o francês, primeiro adquire-se o conhecimento das coisas e, só então, faz-se as escolhas mediante o querer. Já o alemão achava que ocorre o inverso, onde prepondera a autonomia da vontade e a inteligência não passa de um instrumento dela que a precede e dirá se a escolha foi correta. Assim, sabe-se o que se quis, enquanto no sistema cartesiano quer-se o que conhece. Descartes destaca que o homem é a sua própria obra criada à luz do conhecimento; Schopenhauer que a obra já existe antes de qualquer conhecimento. Este junta-se à vontade só para esclarecê-la.

Este é um ponto muito interessante para ser analisado sob a ótica espírita. O que vem primeiro: a vontade ou o conhecimento? Os Espíritos ensinam-nos que necessitamos primeiro desenvolver o conhecimento para fazer as escolhas conscientemente, certas, portanto. E o próprio Cristo afirmou "conhecereis a verdade e ela vos libertará". Mas não afirmam que antes disso não sejamos capazes de exercer nosso livre-arbítrio. Aliás, bem fácil demonstrar isso no nosso dia a dia. O aprendizado, na maioria das vezes, é obtido pela experiência, por tentativas de erros e acertos. Não fosse assim, acertaríamos sempre e não teríamos necessidade de reajustes e resgates através das expiações, mas cresceríamos espiritualmente apenas com os êxitos nas provações e sucesso nas missões.

Efetivamente, muito do que desejamos e realizamos constitui escolhas equivocadas e não pode ser fruto de decisões com embasamento racional, lógico e inteligente. A amplitude do livre-arbítrio adquire-se aos poucos e paralelamente ao desenvolvimento intelectual, mas não de uma maneira uniforme e regular. Como já possuímos muito mais opções do que capacidades de avaliá-las corretamente em todas as suas consequências, com frequência, cometemos enganos e o dissabor resultante nos predispõe a importantes reavaliações para uso futuro nas mesmas circunstâncias.

Enfim, Descartes esteve certo se quis dizer que o ideal seria o homem conhecer primeiro antes de tomar suas decisões, mas Schopenhauer também teve razão ao constatar que o conhecimento esclarece a vontade para melhorar suas escolhas, mas independe dela e só ela é a causa da ação.

Schopenhauer foi profundamente influenciado pelas ideias aristotélicas, inclusive em relação ao livre-arbítrio para quem não passava de uma ilusão criada pela possibilidade de se formular vários desejos diante de uma única situação julgando que podia escolher uma delas. Talvez por isso tenha se perguntado: "se dentro de certos limites físicos e sociais, posso fazer o que quero será que posso querer o que quero?", ou seja, quer-se livremente as coisas ou o mundo determina de alguma forma a vontade?

Comte, Auguste (1798 - 1857)

O pai do Positivismo entendia que em todos os fenômenos, simples ou complexos, "suas condições fundamentais são imutáveis, mas as secundárias são modificáveis. A ordem natural é sempre uma fatalidade modificável". Ou seja, era determinista no atacado e libertista no varejo. Para ele a fé positiva significava a luta crescente do homem contra o conjunto das fatalidades que, afinal, ainda o dominam.

Kierkegaard, Soren Aabye (1813 - 1855)

Embora considerado como o verdadeiro fundador do Existencialismo derivado da filosofia de Locke, Kiekergaard aprovava a ideia de livre-arbítrio, principalmente ao rejeitar o determinismo lógico de Heigel para quem há uma concatenação lógica universal. Mas a "existência que determina o homem" do dinamarquês era ela mesma algo negativa. A liberdade provoca insegurança, medo, angústia porque implica em fazer escolhas e estas são muito escassas ou abundantes, dificultando a tomada de decisão. O homem é o seu projeto e só existe à medida que o realiza. Não pode culpar o destino ou circunstância exterior. Isso leva ao paradoxo existencialista: o homem é escravo da liberdade, isto é, a liberdade é o seu destino.

Vale também aqui o que escrevemos linhas atrás quando tratávamos de Leibniz no que diz respeito à submissão a que muitos profitentes religiosos se conformam por comodismo ou temor de proceder escolhas próprias, pelo risco inerente ao erro. Acabam sendo dirigidos – frequentemente de modo inadequado – pelos líderes que os mantêm passivos e dependentes, quando não explorados em sua boa-fé e no bolso.

Outra particularidade no pensamento de Kierkegaard em relação à liberdade está na sua concepção de que esta só existe quando o indivíduo possui opções de escolha. Se ele é constrangido a tomar uma decisão por ser a única racional ou possível, ficou privado da liberdade. É o exemplo da vítima de um assaltante que, à intimação de entregar "a carteira ou a vida", obviamente prefere a primeira. Neste caso, liberdade só se faria presente se ele recusasse a entregar a carteira por realmente preferir morrer.

Esta relação da liberdade com as crenças e desejos do agente tem a ver com a visão de Leibniz e o exemplo do indivíduo na sala fechada que ali permanece de bom grado, mas ignora que a mesma está trancada e, portanto, ele impedido de sair.

Quanto à condição da presciência divina, ele foi mais um dos que se emaranhou no dilema deste conceito com outros atributos divinos como a bondade e onipotência. Para ele, ambos os conceitos eram inconciliáveis. Se Deus conhece o futuro, incluindo tudo o que vai suceder ao homem, inclusive que ele vai errar nas escolhas e vai sofrer, ou não é bom porque permite que tal aconteça ou não é onipotente por ser incapaz de evitar tal situação.

Nietzsche, Friedrich (1844 - 1900)

Ao seu modo, o niilista alemão também admitia o livre-arbítrio, mas sem a conotação moral que é a que mais nos interessa. O livre-arbítrio do homem, para ele, é criador, capacitando-o a fixar novos valores, fazer e alterar avaliações, construir a si mesmo pela "arte de viver" sem as peias religiosas e morais. Mas ao mesmo tempo, afirmava que "nossa destinação dispõe sobre nós, mesmo quando ainda não a conhecemos; é o futuro que dita a regra ao nosso hoje".

Divergia de Schopenhauer quanto ao papel da vontade na existência humana. Enquanto este achava que ela representava uma força isolada e autônoma, Nietzsche percebia nela a influência dos sentimentos e desejos tanto no estado presente como naquilo a que a vontade se dirige como objetivo, sendo composta, pois, pelo sentir, pelo pensar e pelos efeitos.

O livre-arbítrio, em princípio, deveria implicar em escolhas que partissem de uma neutralidade absoluta e desinteressada, o que não ocorre devido às instâncias psíquicas que causam certo determinismo, sobrepondo-se umas sobre as outras. E um exemplo disso teríamos nas determinações intelectuais que se impõem ou se combinam com as sensoriais.

Ao tentar aproximar a interpretação espírita à do filósofo alemão, abstraindo-se a condição puramente religiosa, temos que o livre-arbítrio é uma construção da vontade, do querer correto em consonância com as leis divinas. Vontade é algo que todos nós temos, porém, em geral, a direcionamos mal por ignorância, prevalecendo os instintos ou interesses menos nobres dos sentimentos em detrimento da razão.

Ainda, segundo Nietzsche, a vontade não existe como causa. Não é ela que vence as resistências porque estas cedem pela acomodação das forças internas conflitantes que lutam entre si e ora se acumpliciam, ora se aliam ou se opõem. Aquela de maior influência se impõe em determinado momento e circunstância e as outras se submetem ou teimam em resistir, criando, com isso, com o passar do tempo, uma hierarquização das funções psíquicas. Resumindo, a vontade seria o efeito de uma disputa de poder.

Novamente poderíamos interferir recorrendo ao princípio da evolução do ser e, mais especificamente, no estágio humano, à reencarnação. Ao longo do tempo, quem gera, supera ou se aprisiona a estas instâncias psíquicas menos elevadas é o próprio indivíduo. É construção sua, pois que somos herdeiros de nós mesmos. Se o livre-arbítrio de hoje não é pleno e está limitado, é porque há determinações geradas pelo mesmo livre--arbítrio mal aplicado no passado que gerou os fatos atuais. Em alguns destes, nossa vontade pode alterar-lhes o curso. Já em outros, nosso grau de liberdade é restrito.

Mas Nietzsche nutria muitas dúvidas como qualquer outro ser humano, inclusive sobre esta grave questão do livre--arbítrio e determinismo. Veja-se um trecho seu: "(...) talvez haja só um reino dos acasos, talvez não haja nem vontade nem fins. Aqui mãos de ferro da necessidade sacodem o tabuleiro de dados do acaso, jogam por tempo indeterminado... para parecer nele dados perfeitamente semelhantes à finalidade e racionalidade de todo grau. Talvez nossos atos de vontade, nossos fins sejam tais dados... nós próprios com mãos de ferro sacudimos o tabuleiro de dados... nossas ações mais propositais, nada mais são do que o ato de jogar o jogo da necessidade. Talvez!"

James, William (1842 - 1910)

Para um dos pais da psicologia, o homem possui livre-arbítrio, posição essa contida na sua proposição ontológica da vontade livre como centro da mente e sua crítica ao determinismo evolucionista. A percepção, o pensamento e a vontade se conjugam para, a partir das informações recebidas pela primeira, possibilitar que o homem aja deliberadamente. A percepção e o pensamento seriam, portanto, etapas da ação.

Dewey, John (1859 - 1952)

Considerado um dos fundadores do Pragmatismo, deu desenvolvimento às ideias de William James. Uma frase resume sua posição a respeito. "Os homens nunca usaram totalmente os poderes que possuem para promover o bem, porque esperam que algum poder externo faça o trabalho pelo qual são responsáveis". Lendo isso, nós espíritas, lembramos do alerta que às vezes recebemos dos próprios Espíritos pela mediunidade e repetido tantas outras por aqueles que, já mais conscientes sobre a responsabilidade dos encarnados, propõem uma maior independência destes quanto às tarefas a serem desenvolvidas na seara espírita e social como um todo. Não podemos e não devemos ficar esperando que eles, os Espíritos, façam o serviço que nos cabe. Deles devemos esperar cooperação, inspiração, estímulo, apoio, mas o trabalho é nosso. Este é o correto usar do livre-arbítrio.

Russel, Bertrand Arthur William (1872 - 1970)

Segundo sua opinião não há livre-arbítrio humano. O homem deve submeter-se, aceitar a ausência de liberdade ou determinismo externo que lhe proporcionará uma liberdade relativa e parcial internamente porque então aprende a desejar só o possível de ser obtido. Trata-se de uma liberdade fragmentária. Um dedo não aponta para o céu com a mão para baixo. O homem deve seguir a mão histórica, econômica, biológica de qual cada indivíduo é um dedo. Se tentar resistir, entorta ou quebra.

Também aqui podemos tirar desde já alguma ilação. Em princípio sempre raciocinamos que à medida que o espírito progride, maior é o grau de liberdade de que desfruta. Passa a conhecer melhor as leis divinas e sua imperiosa necessidade de aperfeiçoamento faz com que acerte cada vez mais e, em contrapartida, erre cada vez menos.

Porém, paralelamente podemos intuir que esta maior compreensão de seu papel no Universo implica na busca de uma espécie de alinhamento de sua vontade com a de Deus. Há, por certo, um determinismo marcado por aquela inexorável necessidade de progresso que impele o ser a escolhas cada vez mais compatíveis com a vontade do Criador. É possível imaginar, assim, que um dia, o espírito altamente evoluído, na prática, abdique quase que totalmente de seu direito de escolha, unicamente por compreender e aceitar que, cumprindo com os desígnios divinos, não poderá errar nunca e jamais comprometerá a sua felicidade.

Afinal, o que representam as palavras de Paulo quando afirmou que já não era ele que queria, mas o Pai que nele vivia. E mais dramaticamente, Cristo na cruz, pouco antes de expirar, ao declarar que se fizesse a vontade do Pai e não a dele, expressão que passou até para a oração do Pai-Nosso?

Schrödinger, Erwin (1887 - 1961)

Ataca, segundo ele, a pretensa vinculação da Física Quântica com o livre-arbítrio porque esta só é indeterminista quando aplicada a fenômenos isolados e a conduta humana, em sua globalidade, não deixa lugar para a estatística.

Lacan, Jacques Marie Émile (1901 - 1981)

Psicanalista e pensador, Lacan negava o livre-arbítrio devido à existência do que ele entendia como sendo uma escolha forçada de uma liberdade singular. E retomava o exemplo de Kierkegaard sobre a escolha que a vítima de um assalto toma quando o ladrão propõe: "A bolsa ou a vida"? Entregar a bolsa, logicamente, mas independente disso, ela seria subtraída.

Camus, Albert (1913 - 1960)

Temperou o livre-arbítrio divino com o humano.

Sartre, Jean Paul (1905 - 1980)

Sartre, como Montesquieu, Voltaire, Diderot e Kierkegaard, era um existencialista ateu. Francamente partidário de uma liberdade humana absoluta porque não somos obrigados a obedecer às finalidades impostas pela natureza. De certa forma, o homem é até mesmo condenado a ser livre uma vez que não se criou a si mesmo, porém, no momento em que foi criado, já o foi totalmente livre.

O Existencialismo possui duas ramificações. Numa, primeiro a essência está na mente de Deus e só depois vem a existência no próprio homem. No segundo tipo, antes era o nada e depois o que o homem é capaz de fazer de si mesmo. Refugiar-se, segundo essa corrente de pensamento, numa suposta ordem divina, evidencia a incapacidade humana para arcar com as responsabilidades de suas próprias decisões. Naturalmente o Existencialismo cujo maior expoente foi Sartre, pertence a este último.

Resumidamente teríamos:

1) libertistas – Platão (e causa e efeito), Aristóteles, Epicuro (parcial e destino), Cícero, Boécio, Erasmo, Malebranche, Leibniz (e causa e efeito), Rousseau (e destino), Kierkegaard, James, Dewey, Sartre;
2) libertistas e deterministas – Pitágoras (também no destino), Agostinho, Averróis, Maquiavel (e acaso), Descartes, Spinoza, Hume (e acaso), Kant, Comte, Camus;
3) deterministas – Leucipo, Demócrito (também o acaso), Sócrates (e causa e efeito), Zenão (e destino), Aquino, Lutero, Hobbes, Locke, Newton, Voltaire, La Mettrie, Diderot, Laplace, Hegel, Russel;
4) um pouco de tudo – Crisipo, Plotino, Montaigne (até acaso e fatalidade, mas menos livre-arbítrio);
5) acaso – Empédocles, Bacon, Pascal (visto que negava o livre-arbítrio), Montesquieu (idem), Schopenhauer (idem), Lacan (idem);
6) inconclusivos – Nietzche e Schrödinger.

E se fôssemos eleger o filósofo, digamos, mais completo em relação ao modo de ver do Espiritismo sobre o assunto, diríamos que este foi o grego Crisipo que viveu no século III a.C. Mas há outros muito importantes como Pitágoras, Platão, Aristóteles e Kant. Sócrates e Leibniz possuíam ideias formidáveis sobre aquilo que veio mais tarde constituir a base filosófica da Doutrina Espírita como um todo.

A questão do livre-arbítrio para as religiões

Se realçamos a importância do capítulo anterior por valorizar sobremodo a contribuição dos filósofos de todos os tempos na busca de soluções para os intrigantes problemas relacionados ao destino do homem, nem por isso podemos menosprezar a palavra das religiões e até mesmo de seu inimigo número um, o materialismo.

A fé também é um caminho que, se bem assessorado pela razão, pode conduzir à verdade. Grandes pensadores como os monges budistas ou figuras pertencentes às fileiras das religiões ocidentais passaram boa parte de suas vidas entregues a longos estudos e profundas meditações, às vezes torturados e divididos entre o antagonismo dos próprios raciocínios e os princípios decretados pela tradição milenar ou interesses diversos a que se viam submetidos por questões de condicionamento, obediência e disciplina hierárquica.

Alguns foram mais ousados, rebelaram-se, romperam as algemas que impediam voos mais altos do pensamento, justamente fazendo prevalecer a preciosa faculdade do livre-arbítrio como a tratamos aqui. Outros aceitaram limites e a conformação, enquanto outros mais abdicaram de expor suas ideias e até do ato de pensar e contentaram-se em disseminar somente aquilo que era permitido e tido como verdadeiro.

Mas nós podemos aprender com o erro. Melhor se não necessitarmos passar pessoalmente por eles. Nossas veredas espirituais estariam bem mais aplainadas se prestássemos mais atenção à nossa volta e tirássemos proveito das experiências alheias. O próprio Espiritismo deve dispensar cuidados para não incorrer nos mesmos equívocos cometidos pela maior parte destas religiões, engessando a razão, paralisando a vontade e cristalizando ideias.

Neste tema em particular, ao examinarmos os argumentos das religiões sobre este ou aquele ponto, tornamo-nos bem mais aparelhados, percebendo-lhes a fragilidade de raciocínio e evitando cair nas mesmas armadilhas dos sofismas gerados pelo autoritarismo, da generalização e fanatismo.

Por outro lado, há muitas interpretações úteis e corretas em seus ensinamentos. A Doutrina Espírita, como fazia questão de afirmar Allan Kardec, é dos Espíritos, embora a modéstia do codificador não esconda o valor do seu próprio trabalho. Mas de qualquer forma, espíritos somos todos nós. Alguns nomes que assinaram respostas e textos das Obras Básicas confessaram seus antecedentes como participantes ativos e ilustres de correntes religiosas cujas ideias, depois, mais ou menos se ajustaram à nova realidade espiritual. Mas seu legado de vivência e esforço intelectual do passado seguem importantes e merecedores de nossa atenção.

Enfim, suas contribuições devem ser analisadas com respeito, acolhidas na proporção do grau de compatibilidade com aquilo que nos têm sido transmitido pelos Espíritos Superiores, bem como enriquecidos pelo labor de nós outros, ora reencarnados, talvez protagonistas outrora destes mesmos estudos, situação que não nos priva de pensar e também de sonhar em sermos iluminados pela luz da verdade.

Catolicismo

Inicialmente examinemos como o livre-arbítrio é entendido no seio do Catolicismo. Tal se justifica pelo fato de ser a religião que possui o maior número de adeptos no Ocidente – cerca de 800 milhões de fiéis – e também em nosso país. E dentro dele destacam-se a respeito as ideias de Agostinho, bem conhecido nosso por ter atuado na obra da Codificação Espírita, especialmente em *O Evangelho segundo o Espiritismo*.

Figura central, tido como o maior pensador da Igreja Católica, Aurelius Augustinus nasceu em 13 de novembro do ano de 354, em Tagaste, África. Teve uma juventude desregrada, adotou o maniqueísmo durante certo tempo, absorveu a filosofia dos neoplatônicos e depois dramaticamente converteu-se ao Cristianismo, conforme ele próprio narra em suas *Confissões*. Viveu em Roma e aos 40 anos tornou-se bispo de Hipona, na costa do Mediterrâneo africano. Escreveu vários livros que influenciaram fortemente o pensamento filosófico-religioso, entre eles *De Libero Arbítrio*. Desencarnou em 430.

Agostinho refletiu, debateu e escreveu sobre o livre-arbítrio durante vários anos, mas até o final da vida não conseguiu equacionar satisfatoriamente o problema que confrontava o conceito de liberdade com outros como o da predestinação, a presciência divina e a origem do Mal. Não raro, esgotados os argumentos filosóficos, recorreu às afirmações dogmáticas da religião. De qualquer maneira, vale muito conhecer-lhe as ideias a respeito.

Muitas delas se fizeram presentes na polêmica que travou com o monge Pelágio (360-420) e seus seguidores. Estes reservavam papel preponderante ao livre-arbítrio e ao mérito pessoal para alcançar a salvação enquanto Agostinho achava que a capacidade de autodeterminar-se, embora concedida por Deus ao homem para poder "agir com virtude", servia de veículo para o Mal, originado da ignorância, e somente por efeito da graça divina é que poderia salvar-se. O livre-arbítrio pode distinguir o certo do errado, mas não pode sozinho tornar o bem um fato concreto. Sem a graça que deve complementá-lo, a vontade elegeria o mal, aliás, definido por ele como a submissão da razão às paixões ou a perversão da vontade desviada de Deus. A redenção pela graça viria pela aceitação do castigo.

O Mal viria pelo livre-arbítrio, mas não seria gerado por ele nem por Deus que o concedeu, pois muito do que fazemos bastaria nossa vontade para não fazê-lo. Sem este atributo o homem não poderia pecar, mas também seus atos deixariam de ser voluntários, perdendo o caráter virtuoso. Livre-arbítrio, para ele, era um bem classificado de médio que pode ser mal usado, sem o qual, porém, não se pode viver honestamente.

A divisão entre os teólogos foi inevitável. Calvino (1509-1564) radicalizou em torno de Agostinho que, aliás, diferenciava livre-arbítrio de liberdade. O primeiro significava a capacidade de eleger um propósito bom ou mau. Já a segunda tinha a ver com o exclusivo bom uso daquele. O holandês Jansenius (1585-1638), donde se originou o jansenismo, também aderiu às ideias de Agostinho. Já o jesuíta espanhol Molina (1535-1600) defendia o livre-arbítrio, embora Deus pudesse ver exatamente como o homem dele faria uso. Para ele o homem planeja, escolhe e decide, mas depende do concurso divino para suas realizações.

De Libero Arbítrio foi escrito na forma de diálogos entre Agostinho e seu discípulo Evódius, provavelmente a partir de 388. Nas duas primeiras partes ocupa-se com o Mal e somente na última com o livre-arbítrio propriamente dito, texto mais tardio, de 393 a 395 quando já havia sido ordenado padre. Busca ali conciliar os conceitos de liberdade e presciência ao afirmar que "conhecer não é forçar". Ou seja, Deus pode e – pelos Seus atributos de onipotência e onisciência – deve saber tudo o que o homem fará no futuro, não significando, porém, que lhe determine que o faça.

Deus não nos teria feito maus, mas inscientes, isto é, ignorantes. É necessário compreender para se crer. Por isso a razão antecede a fé, mas também é a sua consequência. Nesta condição, podemos receber o conhecimento, tornando-nos sapientes para fazer pleno uso da mente. E se já sabemos fazer e não conseguimos é porque não recebemos o poder que vem de Deus, único a possuí-lo.

Explica a velhice, as doenças e a morte como resultantes de causas exteriores, o que hoje chamaríamos de determinismo biológico, mas nossos atos, para Agostinho, sempre procedem da livre escolha. Quanto às mortes de crianças, sem mérito, conhecimento ou pecado, afirmava que, segundo alguns, iriam direto para o paraíso desde que batizadas ou mesmo pela fé dos pais. Tratava-se de "correções" dos mais velhos pelos mais novos cujo sofrimento seria recompensado por Deus.

Dizia que há três grupos de pessoas: o que nunca peca, o que peca e se redime e o que permanece no pecado, sendo que a raiz dos males seria a avareza, pelo desregramento da vontade. Quanto mais próxima a criatura do Criador, maior sua inteligência e maior sua liberdade de escolha, mas se fizesse mau uso desta, poderia perdê-la.

Após cometer o Mal, para retornar às origens, o livre-arbítrio já não é suficiente. Não basta querer. A salvação depende do poder que atinge o homem pela graça. O livre-arbítrio participa no mérito pessoal, inspirado pela graça divina que não o aniquila, mas o corrige para a escolha certa e é concedida só para os eleitos. Para Agostinho, graça e liberdade não eram excludentes, mas complementares.

Mesmo assim muitos críticos pretendem colocar suas teses

em xeque. Deus criou o Universo e o homem e ofereceu-lhe, pelo livre-arbítrio, o caminho do Bem ou o do Mal. Conforme siga um ou outro, fatalmente se deparará com suas consequências determinadas por Deus. Então Deus que poderia criar tudo perfeito e reservar a felicidade a todos não o fez. Ou porque não pôde e, portanto, não seria onipotente. Ou se podia e não quis é porque não seria infinitamente bom.

Outro pensador católico respeitável foi Tomás de Aquino (1225-1274). Pendendo mais para os partidários de Pelágio, defendeu o livre-arbítrio como direito primordial, embora acreditasse na influência dos astros, a qual, porém, o homem poderia neutralizar. A questão da existência do Mal num Universo criado por um ser perfeito, resolvia afirmando que ele, o Mal, nada mais representava do que a ausência do Bem, advindo da imperfeição da liberdade humana. Mais tarde Aquino seria seguido por Leibniz cujo entender era o de que o Mal moral e o sofrimento no terreno particular ou isolado sempre acaba se revertendo em um Bem em relação à escala geral ou cósmica.

Uma das críticas que se faz a tal raciocínio usa a analogia com a luz. O que se diria, perguntam, de um arquiteto que construísse um edifício sem janelas, condenando-o à escuridão? Se a solução da origem do Mal for tentada pelo livre-arbítrio humano, diz-se que, ainda assim, a responsabilidade seria divina uma vez que é Deus quem concedeu a possibilidade de escolha ao homem. Quando alguém mata é o projétil que causou o fato, mas o responsável é o atirador. Somam a isso o raciocínio de que os pais são responsáveis pelos crimes dos filhos até uma certa idade, mesmo dispondo de controles limitados sobre seus atos. Deus que detém todo o poder e conhecimento, com mais razão, seria o responsável primeiro pelos erros cometidos pelo homem.

Cremos ser o bastante por ora. Isto já dá uma amostra não só das ideias prevalecentes no meio católico sobre o livre-

-arbítrio como também das críticas mais comuns desfechadas contra elas. Apenas para anteciparmos algumas noções sobre o assunto do ponto de vista espírita, diríamos que todos os malabarismos mentais parecem inúteis desde que se insista em não aceitar os seres humanos como criaturas distintas e independentes do Criador. O homem, uma vez de posse do livre-arbítrio, gera o mal por si mesmo, de nada podendo acusar a divindade. Deus tudo pode, inclusive saber como ele se comportará em cada situação, mas deixa-o à vontade para agir, assumindo-lhe as consequências. É preciso que assim seja para que o que ele faz de bom tenha o valor do mérito. Errando, corrigindo-se e acertando, o homem aprende a distinguir o que lhe convém ou não, agentes de sua felicidade ou desdita.

De qualquer forma, retirando-se alguns conceitos como o da salvação pela graça e do pecado original, devemos admitir que um pouco da doutrina católica a respeito do livre-arbítrio também se faz presente no Espiritismo. Voltaremos a estas análises no decorrer deste trabalho.

Protestantismo

Grosso modo pode-se afirmar que o Protestantismo – e quanto mais próximo às suas origens mais evidente esta tendência – representa a posição mais radical em relação ao livre-arbítrio, suprimindo-o por completo. Subdividido ao longo de cinco séculos em diversos ramos e, fenômeno recente, em centenas de seitas ou grupos de diversas denominações com o advento dos neopentecostais, aumentaram também consideravelmente as interpretações doutrinárias.

Além disso, para agravar a dificuldade de se descobrir o pensamento que mais orienta a religião, em nossas pesquisas detectamos muitas vezes manifestações pessoais em oposição ao que parece emanar dos conceitos gerais, demonstrando que há pouca homogeneidade no pensar sobre o tema.

Lutero (Martinho, 1483-1564) e Calvino (João, 1509-1564), como se sabe, são as figuras iniciais e mais importantes do movimento da Reforma que se insurgiu contra a Igreja Católica a partir da segunda década do século XVI. Os motivos foram outros, mas em relação ao livre-arbítrio, o entendimento a respeito também se diferenciou bastante.

Apesar do que vimos no tópico anterior envolvendo Agostinho e Tomás de Aquino, a ideia aceita no geral pelos católicos é pela existência da autodeterminação humana e pela valorização da fé desde que acompanhada pelas obras. Já nos princípios protestantes a liberdade de escolha inexiste.

Lutero que de início esposara a forma de pensar de Agostinho, dele distanciou-se cada vez mais quando escreveu o livro *O Arbítrio Escravo*. Para ele é a necessidade e não o livre-arbítrio que controla nossa conduta. O homem é prisioneiro e escravo da vontade de Deus ou de Satanás.

Calvino foi mais longe a ponto de declarar que Deus criou o homem já predestinado ao céu ou ao inferno, nada lhe restando fazer para alterar a situação. Um discípulo seu, Jacobus ou James Arminius (1560-1609) que, porém, herdara de Pelágio a opinião do livre-arbítrio total contra a salvação divina, acabou por dividir os seguidores menos diretos dos dois líderes reformistas. Para complicar, o arminianismo apresenta-se com duas vertentes, a clássica e a moderada, cada qual com noções particulares a respeito.

De qualquer forma, para eles, a figura central é o homem enquanto para os calvinistas é Deus. Ambos concordam que a salvação está concretizada no sacrifício de Cristo na cruz. Mas enquanto para os seguidores fiéis de Calvino só os beneficiários dela são eleitos antecipadamente, para os arminianos é o homem que escolhe se aceita ou não ser salvo.

"Deus pode predizer bastante do que iremos escolher fazer, mas não tudo porque alguma coisa permanece escondida no mistério da liberdade humana", afirma o arminiano Pinnockccarkh. Do mesmo modo há quem veja na predestinação calvinista uma conexão com o destino final do homem e não com um possível determinismo no detalhamento da vida.

Eis o ponto, portanto. Além do Espiritismo discordar frontalmente sobre a salvação do homem às custas de Cristo e, mais ainda, com a escolha prévia de Deus de quem se beneficiará dessa graça, o livre-arbítrio não se resume a um momento especial, mas de mecanismo de atuação permanente e crescente a caminho de uma autonomia quase que total, visto que, em última instância, sempre prevalecerá a vontade divina manifestada em leis perfeitas e imutáveis, embora não inflexíveis.

O livre-arbítrio é adquirido a partir do momento em que somos dotados de consciência e capacitados de utilizar a razão, e desenvolvido ao longo do processo evolutivo. Fazemos escolhas a todo momento e com elas a construção do próprio destino, não só para o pós-morte, mas ainda para a vida física e para todas as outras que possamos vir necessitar, efetivadas pela reencarnação. A injustiça divina seria flagrante se assim não fosse e de nada poderíamos ser responsabilizados.

Vejamos, a seguir, algumas nuanças apanhadas nas diversas denominações protestantes. Para os presbiterianos, pelo pecado original o homem é mau e só pode desejar o Mal. Mesmo a fé não pode salvá-lo. Ela é a porta que o conduz para a felicidade, mas depende sempre de Deus. Mas como observamos anteriormente, não há unanimidade. Da completa ausência para uns, para outros pode ter existido em certo tempo e sido mal usado quando do pecado original, fazendo com que Deus aja pela Sua vontade soberana. Não haveria injustiça em eleger uns e outros não, porque de qualquer forma todos já estariam condenados previamente.

No outro extremo há quem pareça ignorar os pontos acima para afirmar que eles, os presbiterianos, não são fatalistas. Não concordam que isto ou aquilo estava escrito nas estrelas e que o homem é vítima do destino. Escreve-se a história individual e não se deve culpar Deus ou o destino pelos atos cuja responsabilidade só a ele pertence.

Para os Adventistas do Sétimo Dia o destino de uma pessoa está traçado apenas no sentido de ser salva. Deus respeita o livre-arbítrio e a predestinação constitui uma ignorância teológica. A destinação a que estamos sujeitos é de sermos felizes, salvos e eternamente livres.

É o que também pensam as Testemunhas de Jeová, embora admitam e tentem distinguir entre Jeová ter predeterminado, mas não predestinado, o que algumas poucas pessoas e, até mesmo nações, fariam. Segundo eles as Escrituras (Deuteronômio 30:19-20) mostram que Deus estende a todas as suas criaturas inteligentes o privilégio e a responsabilidade de livre escolha, de exercerem o livre-arbítrio moral, desta forma tornando-os responsáveis pelos seus atos. Assim, não somos meramente autômatos ou robôs, programados por um destino que não podemos mudar ou sobre o qual não temos nenhum controle. O homem não poderia verdadeiramente ter sido criado à imagem de Deus sem o arbítrio moral.

Para os seguidores da Igreja Metodista Renovada existe livre-arbítrio, pois sem ele o homem não poderia ter escolhido "cair". Possui consciência e é imortal.

Vejamos agora a opinião dos Mórmons ou Igreja de Jesus Cristo dos Santos dos Últimos Dias. Pretender que o homem seja obrigado a só fazer o que Deus quer seria transformá-lo em fantoche. Segundo as Escrituras, o livre-arbítrio teria sido dado ao homem como uma faculdade necessária ao seu desenvolvimento. A escolha está entre obedecer ou não aos mandamentos de Deus. Ao desobedecer, aos poucos a voz da consciência vai se calando, mas quanto mais tiver acesso ao conhecimento da lei, maior possibilidade terá de obedecê-la ou não (www.bibliamormon.com).

Enquanto uns entendem que o sacrifício de Jesus ocorreu para salvar o homem sem qualquer participação deste, outros, como é o caso aqui, pensam que o calvário de Cristo teria sido em vão e Deus seria muito injusto se procedesse dessa maneira, isto é, subtraindo-lhe o livre-arbítrio. Não existe predestinação. O homem é quem elabora o seu destino. O ladrão é ladrão não porque Deus quis, exemplificam. O indivíduo deve, sim, buscar sempre a sua evolução.

Ainda a favor estão os neopentecostais da Assembleia de Deus. Não faz sentido a predestinação das pessoas à salvação ou perdição, ao menos no sentido absoluto. Isso limitaria a expiação do Cristo. Erro total é a teoria do fatalismo, pois a salvação é para quem quiser, segundo consta em João, 3:16. Para a Igreja Quadrangular somos corpo, alma e espírito e possuímos livre-arbítrio, mas abusamos dele.

Não é o que pensam os batistas. Na interpretação deles, baseados no Salmo 129, Deus ensina que todos os nossos dias foram escritos antes mesmo de nascermos. Luteranos e anglicanos compartilham da mesma posição radical de Calvino.

Judaísmo

Na segunda grande religião monoteísta do mundo observamos também divergências de interpretação. Pelas Leis de Teshuvá o livre-arbítrio é a base primordial de toda a Torá, a obra fundamental do Judaísmo. O homem pode escolher seu próprio caminho na vida. A expiação pelos pecados ocorre por três meios: a prece, o arrependimento ou a caridade. A sabedoria de Deus é ilimitada porque Ele está além do tempo e do espaço o que lhe permite tão bem conhecer o futuro em detalhes como o presente e o passado. Isto, porém, não representa a supressão do livre-arbítrio humano, pois Deus, mesmo sabendo, não induz o homem a agir de tal ou qual maneira.

Mas algumas facetas da vida humana seriam determinadas

por Deus mesmo antes do nascimento: a personalidade, saúde, as condições econômicas do indivíduo, o cônjuge com quem viverá etc. O livre-arbítrio estaria no uso destes recursos. E então recaímos na mesma discussão de outras correntes como o pensamento de que Deus criou o homem bom, mas em consequência do conhecimento adquirido por Adão e Eva ao comerem o fruto proibido, passou a dispor do livre-arbítrio. Porém, a salvação só seria possível pela intervenção do Espírito Santo, embora o tenham numa concepção diferente dos cristãos. Sequer os esforços éticos pelo livre-arbítrio salvam, segundo a expressão de um estudioso.

Como conciliar isto com a afirmação de outros estudiosos de que é possível ao homem definir seu destino com comportamento guiado pela moralidade e integridade? E a Cabala que, embora represente apenas a tradição esotérica da religião, não sendo aceita pela maioria dos judeus, ainda assim tem a sua importância e inclui em seus princípios a reencarnação e a lei do carma?

Um cabalista faz uma comparação curiosa. Temos a opção de várias salas de cinema. Ao optar por assistir em uma delas, descobrimos que o filme é ruim. Passamos para outra cujo filme nos agrada. O livre-arbítrio permitiria escolher o filme, mas sem possibilidade de nele interferir, no seu roteiro, por exemplo, que, obviamente, está pronto. A vida de cada indivíduo é como um filme. Não podemos mudar o mundo exterior, mas o nosso interior, sim. As mudanças interiores levam a novas realidades.

Dito de outra forma, teríamos que, ao menos para muitos judeus, existe um destino que predetermina o comportamento humano, mais provavelmente na forma de tendências que, apesar disso, não anula a liberdade da vontade. O indivíduo não deve aceitar passivamente as imposições do destino, mas interagir com ele, daí a conexão dos dois conceitos.

E já que estamos falando em carma, recordamos aqui um fato curioso ocorrido em 2001. O rabino Ovadia Yossef, líder espiritual do partido ultraortodoxo Shas, causou furor em Israel ao afirmar que os seis milhões de judeus mortos pelos nazistas na 2ª Guerra Mundial tinham expiado no Holocausto os pecados cometidos em reencarnações anteriores.

Islamismo

A ideia da predestinação serve para consolar o homem, pois tudo o que lhe acontece é por vontade divina. De qualquer forma o êxito ou o fracasso neste mundo não tem importância em relação à salvação eterna. Deus julga pelas intenções e esforços e não pelas realizações e êxitos. Por outro lado, ninguém paga pelos erros alheios e o fruto é de seu proceder que será julgado e recompensado (Alcorão 53:36 a 42). Aqui encontramos uma tentativa de unir os dois conceitos contraditórios. Ou tudo ocorre por iniciativa de Deus e o homem é isento de responsabilidade ou tem liberdade para agir e de conformidade com o uso que dela faça, será julgado.

Essa mesma ambiguidade pode ser observada na seguinte síntese feita por um muçulmano num *site* da internet. O livre-arbítrio é parcial, havendo coisas determinadas por Deus nas quais não se pode interferir como, por exemplo, quando iremos nascer, quem serão nossos pais, o biótipo ou a hora da morte. Os fiéis aceitam os fatos determinados agradáveis sem se vangloriar e, com igual neutralidade, sem desespero, os ruins, mas tentando reverter o que seja possível. As injustiças são aparentes. O Bem e o Mal são relativos e a vida na Terra é um teste.

A lei de causa e efeito ou do carma não é mencionada no Islamismo, mas os muçulmanos acreditam que o seu comportamento nesta vida determinará recompensas ou punições na outra.

Hinduísmo

Segundo o médico hindu Swami Sivananda, o homem semeia um pensamento e colhe uma ação; semeia uma ação e colhe um ato; semeia um ato e colhe um hábito; semeia um hábito e colhe um caráter; semeia um caráter e colhe um destino.

Esta frase parece resumir convenientemente o conceito de *karma* vigente nas religiões orientais que, de tão importante, acabou por se difundir também no ocidente. Do sânscrito *kr*, significa agir, fazer, ação. Conforme os *Upanishads*, conjunto de livros surgidos na Índia há cerca de 1000 anos, o Karma pode ser entendido como uma constante impessoal ou lei natural. Neste caso não seria nem recompensa nem castigo e a causa do sofrimento estaria na ignorância da verdadeira natureza da existência.

Para se familiarizar com as noções originais sobre o *Karma* precisamos assimilar outros dois conceitos: o do *sansara* e o do *dharma*. *Sansara* é o ciclo reencanatório a que todo indivíduo está submetido. Sua duração depende da liberação dos desejos e paixões, pois são estes que prendem o homem à carne e ao mundo material. Já o *dharma* está relacionado com a programação reencarnatória, com os deveres, o trabalho, a missão.

O *karma* e o *sansara* dizem respeito à existência objetiva, material, à causa e efeito enquanto o *dharma* rege o *nirvana*, estado de libertação total e fusão com o todo universal. Os primeiros são fechados e remetem ao passado; o último é aberto e indica o futuro. O *karma* condiciona a personalidade e as causas materiais; o *dharma* trata da individualidade e sua vida espiritual, embora não se possa falar de individualidade propriamente dita, visto que a imortalidade tem a ver mais com o estado de ser do que com um ser consciente e independente.

Para os hindus as ações valem mais do que a fé e a prática do que os credos. O *karma* é automático, pessoal e sem julgamentos. A alma libertada do *sansara* reconhece-se como parte de um todo e perde a individualidade. A russa Helena

Blavastki (1831-1891), criadora da Teosofia e uma das principais responsáveis por transplantar do oriente para o ocidente os conceitos sobre *karma*, define-o como a lei que ajusta o efeito à causa, quer na vida física, mental ou espiritual.

Alguns analistas do Hinduísmo alertam sobre a existência dos *samskaras*. De acordo com eles, nem sempre simpatias que aproximam pessoas são resultantes de laços afetivos de outras vidas. Os *samskaras* seriam lembranças ou emoções adormecidas no inconsciente que poderiam ser ativadas quando, por exemplo, uma pessoa visse em outra detalhes similares da pessoa com quem conviveu no passado. Pressões internas, traumas, padrões de personalidade determinariam linhas de ação. Sem se dar conta desta força e mesmo sem crer em reencarnação, uma mulher poderia abandonar o marido e acompanhar outro homem atraída pelo seu olhar, por exemplo, que a faria recordar de um amante do passado.

Os espíritas muitas vezes costumam substituir expressões como lei de causa e efeito ou de ação e reação por carma. Para o vulgo, carma está associado à dor, sofrimento, coisas ruins que seriam efeitos de ações praticadas em vidas pretéritas.

Do Hinduísmo podemos inferir que *karma*, de fato, seriam os efeitos negativos de atos anteriores que obrigam o indivíduo a continuar reencarnando, dentro do círculo do *sansara*. À medida que vai se liberando do *karma*, causado pelas paixões e desejos, aproxima-se da espiritualização e integração com o cosmo. Deste modo, o *karma* seria mesmo sempre negativo. A ausência dele é que seria a meta a ser alcançada.

Já a lei de causa e efeito da Doutrina Espírita, além de menos rígida, garante que cada um recebe segundo suas obras. Não basta só não praticar o Mal; há que se fazer também o Bem. E, embora libertar-se das paixões ou aprender a controlá-las seja um passo importante no aperfeiçoamento espiritual, só isso não é suficiente para a realização da felicidade.

O conceito de *karma* está tão irraigado na tradição hindu que está associado até mesmo à estratificação social em castas. A inclusão em uma delas não é arbitrária, mas obedece à hereditariedade cuja origem está na vontade divina. Como cada reencarnação está carregada da força do *karma* ou conjunto de ações do indivíduo nas anteriores, sua condição atual não pode ser alterada.

Budismo

No Budismo pouco há que se acrescentar ao já dito sobre o Hinduísmo, mas há diferenças sutis. O *karma* seria mesmo os efeitos bons ou maus dos atos pessoais e o livre-arbítrio a habilidade de alterar a sequência do destino cármico que estava prestes a virar futuro. O livre-arbítrio é relativo e condicionado às causas e efeitos, pois a vontade, diríamos, vontades, no plural, são interdependentes.

Esta interpretação, portanto, coloca o Budismo mais próximo do Espiritismo do que o Hinduísmo. Há espaço para o livre-arbítrio capaz de alterar o destino que não é inexorável. Mas a via de escapar à roda reencarnatória ou *sansara* é basicamente a mesma, ou seja, o conhecimento e libertação das imposições dos desejos com a consequente extinção do *karma*.

Umbanda

Para os umbandistas e profitentes do Candomblé, existe carma, determinismo e livre-arbítrio. O ser humano evolui por um processo de crescimento íntimo e conscientização emanada de Deus. É orientado por divindades individuais que protegem, indicam o rumo e determinam o ritmo da vida material, porém preservam um pouco de liberdade para o exercício do livre-arbítrio sem o qual o amadurecimento e conscientização não seriam possíveis.

O determinismo é derivado do carma individual e coletivo e a explicação é fornecida pelo seguinte exemplo. Seguimos por um caminho com os olhos enevoados. Barreiras laterais de segurança são colocadas pelos espíritos e servem para delimitar nossos passos. Toda vez que agirmos de forma descuidada ou com revolta nos chocaremos contra as barreiras e seremos constrangidos a retomar a direção certa. Alguns andam às tontas, em zigue--zague, como que embriagados; outros, com sensibilidade mais desenvolvida (leia-se mais evoluídos), conseguem tatear e fugir do sofrimento provocado pelos choques.

À medida que a névoa ocular diminui, o caminho se alarga, isto é, o caminhante adquire mais liberdade para escolher se caminha em linha reta, em diagonal, pelo meio ou rente às laterais. O próprio sofrimento carece de uma melhor interpretação. Não passaria de uma ilusão, contingência das leis naturais.

Seicho-no-ie

Da mesma forma que o Espiritismo possui os aspectos científico, filosófico e religioso, a Seicho-no-ie admite o duplo aspecto filosófico-religioso em pé de igualdade pelo que se mantém acima do sectarismo destas áreas.

Um de seus principais pilares de crença é o de que a matéria é uma projeção da mente e a própria vida seria regida por leis mentais, sendo que o destino das pessoas é determinado pela concepção de ação e reação. As consequências de nossos atos nem sempre se manifestam na vida presente. O que retorna na vida seguinte, de bom ou de ruim, é designado pelo termo carma, comum a outras religiões orientais.

Por isso, grosso modo, quase metade do destino da pessoa já estaria predeterminado, mas, no fundo, derivado das próprias escolhas que ela realizou no passado. Mesmo as situações infelizes, porém, são administráveis, dependendo da vontade e esforço de cada um.

Legião da Boa Vontade

Fundada em 1° de janeiro de 1950, resumidamente a LBV se autodefine como uma associação filosófica, ecumênica e de objetivos filantrópicos e culturais. Mas seu fundador, Alziro Zarur, foi fortemente influenciado pelas ideias espíritas, pois foi informado, via mediúnica, de sua missão, inclusive por Chico Xavier.

Nada a estranhar, pois, que admitam a crença na reencarnação, inclusive com a atuação dos espíritos junto aos interessados, num certo planejamento da próxima existência. "Deus dá o frio conforme o cobertor", é uma das formas de expressar que Deus não nos submete a provas acima de nossas forças. O entendimento da lei de causa e efeito, aparentemente, é rígido, lembrado pela frase de Jesus de que "quem com ferro fere, com ferro será ferido". Desta forma, o indivíduo já nasceria com o seu destino traçado.

Mas José de Paiva Netto, seu atual presidente, flexibiliza o conceito ao explicar que "todo dia é dia de renovar nosso destino". Haveria, sim, sempre a oportunidade de alterar o roteiro inicialmente traçado. E o mais importante, a transformação do débito pelo crédito, ou seja, um mal praticado poderia ser resgatado pela prática do bem. Isto porque a lei divina é sábia e misericordiosa.

Rosacruz

Suas origens datam do século XIII quando do aparecimento na Europa daquele que teria lançado as bases de sua filosofia, Christiam Rosenkreus, cuja existência é considerada por muitos como um mito. Sua sede mundial foi fundada na Califórnia, Estados Unidos, em 1909.

Apesar de possuir templos e rituais, considera-se uma filosofia e não uma religião, desde que esta se caracterizaria pela imposição de dogmas, o que nela não há. Ao lado de outros princípios como Deus, imortalidade e reencarnação, a racionalização da fé faz, tal qual a LBV e a Seicho-no-ie, o rosacrucianismo situar-se muito próximo do Espiritismo.

Em relação ao livre-arbítrio não é diferente. O destino é determinado pela aplicação da liberdade de escolhas e pelo carma delas resultante e esta lei que os espíritas denominam de causa e efeito, para eles chama-se lei de consequência. A causa é primária e o efeito é secundário. Deus não é vingativo, mas aplica a pedagogia da dor que corrige e disciplina e só a experiência e o conhecimento aplicados, possibilitados pelo livre-arbítrio, é que tornam o homem cidadão espiritual.

Cultivam o conceito do destino maduro pelo qual a força do pensamento é usada conscientemente na busca de realizações positivas. A atuação do pensamento de forma constante em determinado objetivo ou posturas de comportamento seria capaz de predispor a mente para a sua realização por criar uma sensibilidade que, ao ser conectada por uma vibração similar, desencadeia o processo.

Isto seria válido, inclusive, para os efeitos cujas causas se encontram em vidas passadas, propiciando correções de rota e transformações para o bem. Em certo momento, uma circunstância, fato ou pessoa faz surgir os efeitos esperados pela maturação do processo. Além deste, consideram o destino acumulado composto pelos componentes do caráter e o destino em formação que está sendo criado no presente.

A quantidade e gravidade de eventuais erros cometidos no passado podem obrigar o indivíduo a mais de uma existência de resgates. Outra dificuldade para a quitação total dos débitos é se conseguir reunir na mesma época e lugar todos os envolvidos no processo, pois ao longo de cada reencarnação, travamos relações com dezenas, centenas e até milhares de pessoas, podendo advir de cada uma delas arestas a serem aparadas no futuro. Assim, muitas vezes, as dívidas são pagas "à prestação".

Quanto mais comprometimento com o passado, menos atuação do livre-arbítrio e vice-versa. Por isso, nossa vida é um quadro de luz e sombras, mescla de tristezas e alegrias.

Muitas das concepções filosóficas rosacrucianas são similares às do Espiritismo: origens das doenças, genialidade, afinidade familiar, eutanásia e pena de morte. Mas há uma diferença importante, a que trata da astrologia em cuja influência depositam grande valor. As predisposições individuais não seriam determinadas pelas posições casuais dos astros na hora do nascimento, mas, inversamente, este é que seria programado para ocorrer quando as circunstâncias particulares dos astros apresentassem as conjugações de influências necessárias àquele espírito.

No decorrer da existência, as novas configurações astrais continuariam propiciando oportunidades de experiências diversificadas, mas, ressaltam, sempre em caráter de tendências e não imposições invencíveis.

Os rosacruzes também citam a atuação da Lei de Consequência nas coletividades: perseguições, carências, catástrofes naturais, acidentes coletivos, bem como resultados positivos como condições climáticas favoráveis, descoberta de jazidas etc.

Por fim, extraímos da revista *Manifesto Positio* (agosto/2001) uma referência quanto à possibilidade da prorrogação da vida quando ela é muito bem vivida bem como de seu encurtamento causado por negligência. Segundo o texto, a refletir a maneira de pensar desta filosofia, a morte nunca é casual quaisquer que sejam as circunstâncias. Ou foi a negligência que a precipitou ou atingiu-se o limite possível de vida. Somente no caso de acidentes e assassinatos é que a morte não seria planejada pelos Guias Invisíveis.

Igreja ortodoxa

Das poucas referências encontradas, obtivemos o seguinte.

O homem possui livre-arbítrio que pode, até mesmo, condená-
-lo ao inferno, embora este não represente um lugar mas um
estado. De qualquer forma, Deus não abandona ninguém, até
no inferno. Mesmo após a queda do homem, este ainda possui
livre-arbítrio para praticar boas ações. Deus quer um filho e
não um escravo. São João Crisóstomo (347-407) afirmava que
Deus quer que todos sejam salvos, mas não força nenhum deles
a isso.

Portanto, em tese, os ortodoxos rejeitam qualquer doutrina que suprima a liberdade humana. Mas há uma sinergia entre livre-arbítrio e graça. Quando se fala em destino, alude-se
sempre à destinação final do homem em comunhão com Deus.
Para São Maximus, "Deus e aqueles merecedores de Deus têm
a mesma energia" o que significaria não que os santos perdem
o livre-arbítrio, mas que pela virtude, voluntariamente, combinam suas vontades com a de Deus.

Entretanto, lendo-se alguns textos, é possível perceber a impotência dos conhecimentos teológicos abraçados pelos ortodoxos para explicar o sofrimento, por exemplo. "O caráter irracional do sofrimento e da morte mantém a razão em fracasso, significa a falência. Para o homem e para o seu destino a natureza
é indiferente ao bem e ao mal, ela esmaga-o pelo seu absurdo".
Esta frase recolhida de um *site* oficial ilustra o que afirmamos.

Taoísmo

É uma filosofia religiosa surgida no século VI a.C. baseada
nos ensinamentos de Lao-Tsê e contemporânea ao Confucionismo. Adotam a passividade total, a não-ação e a caridade ativa
não lhes faz sentido. A felicidade é alcançada pelos que seguem
o fluxo da ordem natural. O destino individual não depende do
céu ou da natureza, mas de si próprio. Logo, há livre-arbítrio.

Segundo seu entender, há situações irreversíveis e outras a
serem construídas. O destino é ambíguo e dinâmico, resultante

em grande parte de acontecimentos originados no exterior das pessoas e, principalmente, de como reagem a eles. A mesma ocorrência vivenciada por um sábio ou por um tolo pode trazer consequências felizes ou não.

Muitas vezes, em momentos cruciais da vida do ser humano, um passo um pouco mais à esquerda ou à direita, pode acarretar anos de boa fortuna ou de infortúnio. Por isso é muito importante tomar decisões muito bem pensadas. De qualquer forma, sempre se pode reformular a influência do passado no presente e, ao mesmo tempo, preparar agora um futuro conforme nossos desejos.

Xintoísmo

Surgiu no Japão cerca de 500 d.C. Sua filosofia parece contemplar o livre-arbítrio uma vez que das duas almas com que o ser humano nasce, conforme a tradição de seus ensinamentos, após a morte, uma delas, *Kon*, fagulha divina e força animadora, retorna ao céu onde é absorvida por Deus e a outra, *Haku*, originária da Terra, que comporta a consciência, a personalidade e o instinto, desce ao inferno para ser julgada pelos atos praticados em vida.

De lá, após a expiação poderá reencarnar ou se tornar um demônio. As que recebem recompensas por terem sido boas, tornam-se espíritos.

Outras

No Confucionismo o homem possui livre-arbítrio e a virtude é sua recompensa. No Racionalismo Cristão também há espaço para a autodeterminação pessoal com responsabilidade, associados à lei de causa e efeito e evolução. Para os seguidores de Hare Krishna, o *karma* define o destino de cada um que vai sendo escrito, porém, simultaneamente conforme seus novos atos do presente que modificam o futuro.

Ateísmo

Obviamente ateísmo é oposto a religioso. O ateu não crê sequer na existência de um ente superior, criador do Universo. Logo, não pode ter religião. Representa a filosofia niilista, partidária da ideia de que nada há no homem além do corpo. Nada sobrevive à morte e o Universo fez-se por si mesmo. Esta oposição é tão radical que houvemos por bem colocar um resumo dos argumentos ateus contra a liberdade pessoal justamente aqui a título de facilitar a comparação.

O filósofo Michel Onfray assim se expressa a respeito. A existência de Deus é incompatível com a liberdade humana porque pressupõe existência de uma providência divina, o que nega a possibilidade de escolher o próprio destino e inventar a própria existência. Se Deus existir, eu não sou livre; por outro lado, se Deus não existe, posso me libertar (*Veja*, nº 1906, 25/05/05).

Em resumo, exceto o Protestantismo, todas as demais religiões concedem espaço para o exercício do livre-arbítrio, ao menos em algum grau. No Judaísmo, Islamismo e Taoísmo há uma conjugação entre a liberdade humana e o determinismo divino.

E antes de passarmos ao próximo capítulo, vale dizer que de todas elas, as que guardam maior afinidade com o Espiritismo sobre as questões do destino e livre-arbítrio, são as orientais como o Budismo e Hinduísmo, além da Umbanda e a Rosacruz, como teremos oportunidade de verificar.

Determinismo e livre-arbítrio, destino e lei de causa e efeito, as provas, expiações e missões, segundo o Espiritismo

Definições: fatalidade, destino e livre-arbítrio

APÓS A SÍNTESE DO PENSAMENTO filosófico e religioso vista nos capítulos precedentes, podemos agora nos debruçar sobre o que o Espiritismo nos proporciona de entendimento sobre a questão. Para tornarmos o desenvolvimento objetivo e didático, analisaremos diversos itens ou aspectos da vida humana nos quais estão fortemente presentes, além do próprio livre-arbítrio, conceitos de destino, fatalidade, determinismo etc.

Faremos uma viagem que se iniciará com os preparativos de mais uma etapa qualquer – leia-se reencarnação – da longa trajetória evolutiva do espírito e que culminará com o seu regresso, após esta nova existência no meio material, ao lugar de origem, o mundo ou dimensão espiritual.

Mas teremos oportunidade também de recapitularmos estágios em que não passávamos de princípio inteligente e, em dado momento, o despertar da consciência possibilitado pelo pensamento contínuo e a aquisição do livre-arbítrio capaz de, gradativamente, nos libertar do determinismo até então absoluto no governo de nossos atos.

Para tanto partiremos sempre do conhecimento obtido nas obras básicas de Allan Kardec que, veremos, fazendo juz a esta qualificação, fornecem os fundamentos, mas nem sempre contemplando todos os casos possíveis. Cabe-nos, encarnados e desencarnados, analisar as chamadas exceções às regras gerais, bem como a busca por complementos, visto que, segundo os próprios Espíritos que atuaram na Codificação, nem tudo podia ser dito à época em função das limitações dos encarnados para compreender, bem como dos avanços futuros na ciência e na vida social, aflorando questionamentos inexistentes até então.

Antes, porém, de bebermos da fonte da filosofia espírita, importante considerarmos algumas definições, segundo os dicionários. Elas serão muito importantes em nosso estudo e deveremos tê-las sempre à mão. O Dicionário Aurélio apresenta-nos o acaso como "o conjunto de pequenas causas independentes entre si, que se prendem a leis ignoradas ou mal conhecidas, e que determinam um acontecimento qualquer; acontecimento fortuito, fato imprevisto, casualidade; destino, sorte...".

Vejamos também o que se pode entender por fatalidade. É a "sorte inevitável; destino; acontecimento funesto; infortúnio, desgraça". Dela surge a doutrina do fatalismo, segundo a qual "o curso da vida humana está previamente fixado" e, como a fatalidade pode ser tomada como sinônimo de destino e este seria "a sucessão de fatos que podem ou não ocorrer, e que constituem a vida do homem, considerados como resultantes de causas independentes de sua vontade; sorte; aquilo que acontecerá a alguém no futuro...", no fatalismo a vontade em nada pode interferir.

Outro conceito: determinismo é a "relação entre os fenômenos pela qual estes se acham ligados de modo tão rigoroso que, a um dado momento, todo fenômeno está completamente condicionado pelos que o precedem e acompanham e condiciona com o mesmo rigor os que lhe sucedem". Para o Espírito Emmanuel (*O consolador*), é a "doutrina pela qual o homem é ativo e faz parte das coisas que atuam... Natural resultado das realizações... do processo da evolução, ora absoluto – mediante a fatalidade do nascer e morrer no corpo transitório, em algumas expiações mutiladoras e dilacerantes, em vários tipos de injunção penosa, nas áreas do comportamento da sociedade, dos recursos financeiros –, ora relativo – que o livre-arbítrio altera ...".

Mais um: <u>carma</u>. "... o conjunto das ações dos homens e suas consequências". Note-se que Allan Kardec não se utilizou deste termo, mas outros autores espirituais, como André Luiz, sim. Herculano Pires (*O verbo e a carne*) diz-nos que a palavra tem origem índia e foi incorporada a diversas correntes filosóficas e religiosas do Oriente, significando ação, trabalho ou efeito. Tem, ainda, um sentido secundário de efeito de uma ação ou soma de ações passadas. Na concepção hindu seria equivalente a destino determinado ou fixo.

E, para fechar, o <u>arbítrio</u> que, resumidamente, é "a resolução que depende só da vontade" ou "a faculdade que tem o indivíduo de determinar a sua própria conduta", isto é, "de poder, entre duas ou mais razões suficientes de querer ou de agir, escolher uma delas e fazer que prevaleça sobre as outras". Isso numa mera concepção filosófica.

Cabe, ainda, antes de entrarmos na análise propriamente espírita, apropriar-se de outro conceito puramente filosófico de grande utilidade para nós. A abordagem aplicada para tratar de determinismo e livre-arbítrio possui duas vertentes. No Incompatibilismo a concepção vigente é que não é possível haver as duas coisas juntas, pois elas se excluem reciprocamente.

O Incompatibilismo divide-se em dois tipos: o determinismo radical que propugna pelo império total do determinismo com ausência completa da vontade humana e responsabilidade moral e o Libertarianismo cuja concepção fixa-se no extremo oposto, ou seja, livre-arbítrio absoluto sem nenhum espaço para o determinismo. Conforme o primeiro modo de pensar, todos os atos humanos são consequentes de forças que não dominamos, mesmo nossas emoções, desejos e decisões aparentes tomadas a partir de opções insuficientes ou até na total falta delas. A sua principal consequência é que o ser humano não tem responsabilidade moral pelos seus atos.

A outra corrente é a do Compatibilismo ou Determinismo Suave. Neste caso as duas coisas podem estar presentes simultaneamente. As causas antecedentes ou exteriores da ação não são tão poderosas a ponto de coagir o indivíduo a agir daquela forma se ele assim não o desejar. Tem-se como compatibilistas Thomas Hobbes, John Locke, David Hume e John Stuart Mill.

O Espírito Victor Hugo (*Almas crucificadas*) afirma que "o livre-arbítrio consiste no cumprimento integral de todos os deveres morais, psíquicos e sociais que facilitam a conquista da autonomia individual, da eterna libertação do cativeiro carnal e planetário". Para Martins Peralva (*Estudando o evangelho*, pág. 245), o livre-arbítrio "é a faculdade que permite ao homem edificar, conscientemente, o seu próprio destino, possibilitando-lhe a escolha, na sua trajetória ascensional, do caminho que desejar". Por ora, estas nos bastam.

Conveniente fazermos um exame analítico das definições acima, antes de seguirmos adiante. Allan Kardec alertou em várias ocasiões a importância de prestarmos muita atenção com o uso que fazemos das palavras. Em primeiro lugar devemos desvincular o conceito de fatalidade de algo necessariamente negativo. É mais ou menos o que ocorre com o uso habitual do termo carma cujo significado representa resultados bons ou maus, das ações humanas, enquanto no ocidente tende-se a vê-lo como sinônimo de sofrimento ou castigo. Aceitamos como fatalidade algo que ocorre de modo imprevisto, incontrolável e mau, mas ela, em realidade, representa o destino já programado e inevitável pela inteligência ou vontade.

O segundo ponto relaciona-se com o determinismo que, trazendo para a terminologia espírita, seria o reconhecimento da lei de causa e efeito, mas com ação inexorável, o que o aproximaria mais da expressão "ação e reação", algo mais mecânico, inflexível. Seria o determinismo causal ou etiológico enquanto o Espiritismo defende um determinismo relativo, finalista ou teleológico, passível de ser alterado.

Já sobre o acaso é importante percebermos que ele não significa apenas casualidade, fatos aleatórios ou acidentais, mas também os efeitos determinados por um conjunto de pequenas causas sem conexão entre si, mas não fortuitas, visto que obedecem a certas leis, embora mal conhecidas ou totalmente ignoradas. Não é somente fruto da sorte ou do azar, mas contém as coincidências resultantes das leis matemáticas da probabilidade. E pode ser tomado como sinônimo de destino o que implica certo determinismo, portanto em sentido oposto ao primeiro significado. Quem ou o quê está por trás deste destino e das leis matemáticas?

Curiosamente, indeterminismo é tratado nos dicionários como um termo ligado à filosofia e que significaria posse do livre-arbítrio, mas cientificamente tem a ver com o Princípio da Incerteza de Heinseberg e a Física Quântica, com conotação de aleatoriedade. A propósito, Carlos Imbassahy (*Revista Internacional de Espiritismo*, novembro-1998), cita o Nobel de Física Murray Gell-Mann para quem Heisenberg estava certo quando disse que a partícula tinha vontade própria comandada por certo destino como se além, sua vida possuísse um espírito que a integrasse na existência material.

Quanto ao destino, seria determinado por causas estranhas à vontade do homem, porém, passível de ser alterado, supõe-se, por outras causas de natureza idêntica às primeiras como também pelos indivíduos, incluso ele próprio. Enquanto o destino possui uma conotação popular mais próxima de capricho divino, o determinismo prende-se a um conceito filosófico.

A coexistência e transição do determinismo para o livre-arbítrio

Nosso ponto de partida é a questão 851 de *O Livro dos Espíritos* (abreviadamente LE). Indagados por Kardec se existe a fatalidade tal como a entendemos, com um sentido de predeterminação de todos os acontecimentos, os mentores espirituais informaram que ela só existe como expressão das escolhas que o próprio Espírito faz antes de cada reencarnação, traçando com isso "uma espécie de destino" compatível com a posição evolutiva em que já se encontra. E acrescentam que isto só é válido para as provações de caráter material uma vez que em relação às morais, pelo uso do livre-arbítrio, o Espírito é sempre autossuficiente para ceder ou resistir aos assédios do mal. O restante da resposta não nos interessa no momento.

Kardec insiste na questão 866, agora especificando se "a fatalidade que parece presidir aos destinos de nossas vidas" seria o efeito do nosso livre-arbítrio e eles ratificam: "Tu mesmo escolheste a tua prova...".

Vemos, então, uma combinação da definição clássica de fatalidade e o enunciado pelo Espiritismo, algo previamente determinado, um destino. Mas na interpretação espírita, ela é relativa e não absoluta porque: 1º – só se refere aos fatos da vida material; 2º – mesmo estes podem ser alterados como vemos na questão 859: "... essas coisas muito pequenas (referem-se a 'todos os incidentes' da pergunta) das quais podemos vos prevenir e, algumas vezes, as fazer evitar...". E também a questão seguinte: "O homem, por sua vontade e por seus atos, pode fazer com que os acontecimentos que deveriam ocorrer não ocorram e vice-versa?" "Ele o pode – respondem – desde que esse desvio aparente possa se harmonizar com a vida que escolheu...".

Não é diferente no longo texto da questão 872, um ensaio na verdade sobre o assunto e sem pergunta. "A fatalidade como é vulgarmente entendida... supõe a decisão prévia e irrevogável de todos os acontecimentos... qualquer que seja a importância... o homem seria uma máquina". E, mais abaixo: "Mas não é uma palavra vã... ela existe na posição que o homem ocupa e nas funções que ele aí cumpre por consequência do gênero de existência que seu espírito escolheu como prova, expiação ou missão... sofre, fatalmente, todas as vicissitudes dessa existência. E todas as tendências boas ou más que a ela são inerentes. (...) O detalhe dos acontecimentos está subordinado às circunstâncias que ele próprio provoca por seus atos... A fatalidade está presente nos acontecimentos, mas pode não estar no resultado deles que pode depender do homem modificar-lhes o curso...". (estes grifos e outros que aparecerão são nossos e o fazemos para chamar a atenção do leitor desde agora, para detalhes de suma importância no decorrer do nosso estudo.)

No mesmo sentido (*Revista Espírita* – doravante apenas abreviadamente – RE, maio/1866, pág.154), "Há leis gerais a que o homem está fatalmente submetido; mas é erro crer que as menores circunstâncias da vida sejam preparadas de antemão de maneira irrevogável; se assim fosse, o homem seria uma máquina ... sem responsabilidade. (...) desde que ele é livre para ir para a direita ou para a esquerda... Conforme faz ou não faz uma casa... de uma maneira ou de outra, os acontecimentos que disso dependem seguem um curso diferente... Os que são fatais são os que são independentes de sua vontade ... Mas, todas as vezes que o homem pode reagir em virtude de seu livre-arbítrio, não há fatalidade".

Mais um reforço da ideia vem da RE (julho/1868, pág.196). Diz Kardec: "O Espiritismo jamais negou a fatalidade de certas coisas e sempre a reconheceu, mas ela não entrava o livre-arbítrio". E segue explicando que as leis que regem os fenômenos da natureza têm consequências fatais, às quais o homem está submetido, como, por exemplo, a morte que é inevitável. A despeito da fatalidade que preside o conjunto, o homem é livre, dentro de certo limite. Ou seja, o homem é livre no varejo, mas sofre as injunções superiores no atacado.

A fatalidade é absoluta para as leis que regem a matéria (o determinismo da Física Clássica com a sua rígida – mas hoje nem tanto, graças à Física Quântica – conexão entre causas e efeitos[1]), mas não ao Espírito que reage sobre elas. E diz mais: "... a fatalidade é um freio imposto ao homem por uma vontade superior à sua".

Quanto ao destino, ao confrontarmos a utilização da palavra na questão 851 com a descrição do dicionário, observamos o acerto dos Espíritos ao ressalvarem que se trata somente de "uma espécie de destino" e não dele propriamente, pois este, por definição, é resultante de causas independentes da vontade do indivíduo, enquanto na interpretação espírita ocorre exatamente o contrário. Sem falar que destino também pode ser tomado como sinônimo de acaso e mesmo de fatalidade.

Se restar alguma dúvida, consultemos as questões 852 e 864. Ambas tratam daquilo que alguns denominam de sorte ou azar na vida. Na primeira, Kardec argumenta que para algumas pessoas, independentemente do seu modo de agir, a fatalidade parece persegui-las marcando suas vidas pela infelicidade. Os Benfeitores respondem que podem ser provas escolhidas ou consequências das próprias faltas. Quanto à segunda, a pergunta é inversa, ou seja, sobre os indivíduos que parecem bafejados pela sorte e a resposta é no mesmo sentido: ou souberam escolher melhor ou são provas em que o sucesso do primeiro momento, se não administrados com prudência, poderão causar cruéis reveses.

Só para não omitir o assunto sorte em jogos, temos a ques-

---

1 O acréscimo entre parênteses é do autor e não de Kardec.

tão 865. Nela, Kardec pede explicações sobre o favorecimento que certas pessoas possuem em circunstâncias nas quais nem a vontade nem a inteligência interferem. A resposta diz que isso também reflete uma escolha para "certas alegrias" que acabam se constituindo em verdadeiras tentações ou armadilhas, servindo de prova ao seu orgulho e cupidez. Também na 946 os Espíritos concedem espaço para "o acaso ou a fortuna para me servir de sua linguagem, podem, com efeito, lhes favorecer um instante, mas é para os fazer sentir mais tarde e mais cruelmente o vazio dessas palavras".

Resumindo até aqui: nem fatalidade nem destino, mas livre-arbítrio, a grande aquisição do Espírito quando atinge determinado estágio evolutivo. Tanto ele como a consciência em si, são adquiridos aos poucos, à medida que o ser imortal vai deixando para trás o estado natural em que foi criado por Deus, ou seja, simples e ignorante, conforme a questão 121.

Voltaremos várias vezes para citar outras perguntas de *O Livro dos Espíritos* e de outras fontes que tratam da natureza ou características da fatalidade e de sua presença na vida humana. Mas há ainda um particular que desejamos comentar. Na questão 859A de algumas editoras ou simplesmente segunda parte, o professor Rivail quer saber se há ocorrências fixadas que os Espíritos não podem evitar. Eles confirmam o já ensinado anteriormente de que se trata de escolhas prévias do próprio indivíduo.

Mas alertam que nem tudo o que acontece "estava escrito". Se acontece é porque resulta do exercício do livre-arbítrio. Informação confirmada na 259: "... segue-se que todas as tribulações... foram previstas e escolhidas...?" "... não escolhestes e previstes tudo o que vos acontece no mundo, até as menores coisas; escolhestes o gênero de provas, os detalhes são consequências da vossa posição e, frequentemente, dos vossos próprios atos". No comentário à questão 871, Kardec pondera que "O conhecimento de todos os incidentes do caminho diminuiria sua iniciativa e o uso do seu livre-arbítrio e ele se deixaria arrastar pela fatalidade dos acontecimentos, sem exercitar suas faculdades.

Embora digam que só as grandes dores e acontecimentos importantes capazes de influir na evolução moral são previstos por Deus e pareçam referir-se aos demais como consequências menores de decisões do presente, sabemos que, pela lei de causa e efeito, colhemos o que semeamos. Pela perfeição das leis divinas, a vida nos traz de volta aquilo que nós entregamos a ela. Quando alguma coisa acontece em nossa vida por força desta lei, em caráter compulsório, dá-se à revelia de nossa vontade, ao menos naquele momento.

Temos o livre-arbítrio de ontem transformado em determinismo de hoje e isso é diferente de fatalidade. Somos submetidos a diversos determinismos como o biológico, o social, o econômico que nos são impostos do exterior. Mas aqui um determinismo automático gerado por nós mesmos. A ação do livre-arbítrio 'determina' reações ou efeitos dos quais não podemos fugir. Mas nós não desejamos realmente o que recebemos agora. Foram atos impensados, decisões errôneas, sem avaliação das consequências. Já a fatalidade – nos fatos materiais – decorre de escolhas conscientes realizadas pelo Espírito.

Convém abrirmos um parêntese para citar o psicólogo suíço Léopold Szondi (1893-1986). Suas ideias têm muito a ver com as espíritas. Por exemplo, de que o ser humano sofre diversas pressões que determinam parte de seu destino. Ao analisar profundamente casos clínicos, de personalidades patológicas e mesmo criminosas, dentro da Psicologia Experimental, aproximou-se do conceito de carma ou causa e efeito. Descobriu que as áreas mais influenciadas do destino são a escolha do cônjuge, as amizades, profissão, doenças e o tipo de morte.

Encontrou semelhanças nas árvores genealógicas, por exemplo, de psiquiatras, psicanalistas e psicólogos com as de seus pacientes; entre bombeiros havia piromaníacos; entre juristas, paranoicos compulsivos por querelas, bem como viu relações entre suicidas e epiléticos latentes; entre homossexualidade, esquizofrenia paranoide, mania e suicídio. Tudo isto, sob a ampliação dos ensinamentos espíritas, indicaria com clareza o fenômeno da reencarnação na mesma família ou "cruzamento de caminhos" por afinidade, com fins expiatórios ou de reajustes mútuos.

Albert De Rochas confirma que "as grandes linhas de nossa vida são traçadas com antecedência..., porém com certa flexibilidade do ponto de vista dos acontecimentos físicos e uma liberdade muito maior do ponto de vista moral. O homem entrando na vida terrestre poderia ser comparado a um marujo que embarca num navio. Sabe-se com antecedência que ele não poderá afastar-se de sua rota e pode-se até precisar, de acordo com as regras conhecidas da disciplina quais serão os mínimos detalhes de sua vida a cada dia, porém sua liberdade lhe permanece completa para a sua vida espiritual e é unicamente dele que depende sua conduta, que faz dele um bom ou mau marujo. O homem se move e Deus o conduz."

Léon Denis concorda (*O problema do ser, do destino e da dor*, pág. 176) com seu conterrâneo: "... antes de tornar a descer à carne, o Espírito atinge o sentido geral da vida que vai começar... ela lhe aparece nas suas linhas principais, nos seus fatos culminantes, modificáveis sempre... por seu livre-arbítrio."

Podemos fazer outra analogia. O reencarnado é como um pedestre ou mesmo um taxista em uma grande cidade que tem um destino final, seja a sua casa, o local de trabalho ou o endereço de uma corrida. Não importa qual o caminho, as ruas escolhidas. De uma maneira ou de outra ele chegará àquele destino. Isto é, os detalhes ficarão por sua conta no momento, mas os objetivos principais terão que ser alcançados. Nestes percursos, muitos perdem tempo, pegam desvios ou atalhos, sofrem atrasos, andam em círculos e estacionam. Outros aproveitam as vias menos congestionadas, dirigem com prudência e aceleram onde podem e chegam mais rápido. Às vezes, fazemos retornos perigosos como num divórcio ou no suicídio. Implicará termos que refazer o caminho, possivelmente numa futura reencarnação, para reconstruirmos o mal realizado, repetir o compromisso adiado até recebermos sinal verde para seguir em frente.

No paralelo com a evolução espiritual, parte da situação de *simples e ignorante* e não importa quanto tempo e que tipos de infrações e acertos cometa ou número de multas – expiações – que receba, um dia ele chegará à sua destinação final que é o estado de perfeição relativa e felicidade.

Pelo exposto até aqui não é difícil o leitor concluir que fatalidade, livre-arbítrio e determinismo coexistem na vida do homem. Estamos a meio caminho do determinismo absoluto defendido pela Escola Antropológica e do 'o homem tudo pode fazer', da Escola Clássica. E é o que nos diz textualmente o espírito Emmanuel, em *Nascer e renascer*: "Fatalidade e livre-arbítrio coexistem nos mínimos ângulos de nossa jornada planetária". Quer nos parecer, inclusive, que se atendo às definições dos dicionários, lá na questão 851, o mais correto, em se nos referindo aos acontecimentos materiais que nos atingem, seria denominá--los de determinados e não fatais. Na fatalidade, principalmente quando tomada no sentido de destino gerado a partir de escolhas antes de reencarnar, sempre haverá espaço para alterações mediante a expressão da vontade no presente.

Designamos por leis da natureza não só as que provocam furacões ou terremotos, mas as da Física, da Química, as biológicas etc. O homem já progrediu muito no conhecimento e domínio destas leis. Ainda assim é incapaz de fugir aos efeitos inexoráveis de muitas delas. Associadas à vida humana podem determinar causas de cujos efeitos o homem não consegue se abstrair. Se o homem não é só corpo físico como querem os materialistas, também não é só espírito ou alma. Ele é matéria e espírito, além do perispírito que é um pouco dos dois. As duas naturezas principais interagem e são reciprocamente afetadas. Leis físicas são fatais para o espírito e o conteúdo intelecto-moral deste reflete-se naquele através do temperamento, aptidões, enfermidades.

Os mecanismos digestivos, a exposição à radiação, ao calor e frio, a gravidade, as alternâncias de dias e noites e outros fatos, representam determinismos inelutáveis, exceto em circunstâncias excepcionais. E tudo isso interfere também no estado psicológico e na alma encarnada. Situação bem diferente quando se trata da conduta moral baseada em princípios estabelecidos profundamente em sua consciência imortal.

Creio podermos afirmar que nesta trajetória evolutiva, a alma caminha do determinismo absoluto para o relativo, o qual pode ser denominado de fatalidade porque além de prevenir-se de muita coisa que lhe vem do exterior, é capaz já de selecionar experiências relacionadas à vida puramente material, traçando certa *espécie de destino* que é genérico e mutável. Liberta-se da inflexível lei de causa e efeito da matéria, elevando-se para o patamar de ser que se submete agora aos efeitos gerados, cada vez mais, por si mesmo através do livre-arbítrio. A fatalidade, pois, existe no constrangimento imposto pelo próprio livre-arbítrio e pelas leis imutáveis.

Vários dos filósofos citados no primeiro capítulo utilizam-se do termo necessidade para expressar aquilo que denominamos de determinismo divino traduzido pelas leis naturais. Mas Leibniz parece ir mais longe e aproxima-se mais do Espiritismo ao associar esse componente do destino como mutável. Se a necessidade nos impõe a reencarnação e o sentido evolutivo, colocando-nos em particulares campos de ação no aspecto biológico ou social, o livre-arbítrio apresenta elevado grau de influência para atenuar, controlar e até reverter tendências.

O próprio mito de Adão e Eva no Paraíso representa esse processo, ou seja, a passagem do ser da infância espiritual à fase adulta. Antes de comer a maçã que significa a perda da inocência e saída da ignorância, eram totalmente dependentes do Criador. Haviam recém-emergidos do reino animal. Depois assumem o livre-arbítrio e sujeitam-se aos erros e acertos da independência. A expulsão representa esta libertação expondo-os às vicissitudes a fim de adquirir a consciência de si mesmos.

Essa transição do determinismo ao livre-arbítrio está assim exposta na obra *O consolador*. "Nas esferas primárias da evolução, o determinismo pode ser considerado irresistível. É o mineral obedecendo às leis invariáveis de coesão e o vegetal respondendo, fiel, aos princípios organogênicos... Na consciência humana a razão e a vontade, o conhecimento e o discernimento entram em junção nas forças do destino, conferindo ao espírito as responsabilidades naturais... Embora subordinados aos efeitos de nossas próprias ações... o comportamento de cada um dentro desse determinismo relativo decorrente... da própria conduta, pode significar a liberação abreviada ou cativeiro maior... O livre-arbítrio amplia-se com os valores da educação e experiência".

O destino é, pois, construído pelas escolhas realizadas mediante o livre-arbítrio, tanto antes de reencarnarmos como no presente a cada instante. Mas também é determinado pela lei de causa e efeito que, em última análise, resulta do livre-arbítrio exercido em algum momento do passado gerando automaticamente consequências no presente. Um indivíduo age conscientemente exercendo o governo de si mesmo enquanto outro age sem pensar, sem medir as consequências e acaba 'deitando na própria cama que preparou'.

É diferente de um terceiro que erra pela incapacidade de discernir o certo do errado e, portanto, sofre apenas as imposições do determinismo inerente à sua condição de imperfeição mais acentuada, não, porém, da lei de causa e efeito. O nosso segundo personagem sabia dos riscos de seus atos, mas agiu por impulso, levianamente, sem reflexão, e merece arcar com todos os desdobramentos decorrentes de sua atitude.

A respeito desta coexistência, encontramos na página 154 da RE (maio/1866) o esclarecimento de alguém que assina "Um Espírito Protetor". Diz-nos ele que o homem move-se num círculo limitado pelas leis gerais da natureza às quais está fatalmente submetido. Todavia, é erro pensar que as menores circunstâncias da vida sejam determinadas de maneira irrevogável. Precisamos desdobrar essa informação em suas duas frases.

Em complemento à primeira, na página 196 da mesma publicação, mas do ano de 1868 (julho), a comparação é com um prisioneiro que é livre para se locomover dentro de sua cela, porém, impedido pelas paredes de ir além. As leis divinas são flexíveis até certo limite. A vontade humana pode até transigir, ultrapassando o limiar da prudência, contudo será intimado a retornar ao ponto de equilíbrio pela reação da elasticidade dessas leis.

Isso é o que Ernesto Bozzano, em *Os fenômenos premonitórios*, denomina de liberdade condicionada. Partindo-se da questão 849 do LE onde se informa que no homem em estado selvagem o principal dispositivo de orientação de conduta é o instinto com o livre-arbítrio muito restrito, concluímos que este é progressivo, dilata-se aos poucos, distendendo os seus limites de ação.

É Léon Denis quem explica como isso ocorre (pág. 343, *O problema do ser, do destino e da dor*). "A luta entre a matéria e o espírito tem como objetivo libertar este último cada vez mais do jugo das forças cegas. A inteligência e a vontade chegam pouco a pouco a predominar sobre... a fatalidade. O livre-

-arbítrio é a expansão da vontade e da consciência... libertando-nos da escravidão da ignorância e das paixões... substituindo o império das sensações e dos instintos pelo da razão".

A origem do mal. O sofrimento.

Temos aí o *Conhecereis a verdade e ela vos libertará*, do Cristo. A propósito, a questão 120 não deixa dúvidas a respeito. À pergunta se todos os Espíritos passam pela fieira do Mal para alcançar o Bem, a resposta foi: "Não pela fieira do mal, mas pela da ignorância." O reforço vem da questão 123 e do item 8, do capítulo XVI de *O Evangelho segundo o Espiritismo* (ESE). Na primeira, indagados sobre o motivo de Deus permitir que os Espíritos possam seguir o caminho do mal, os Benfeitores informaram que a sabedoria de Deus está na liberdade de escolha concedida a cada indivíduo para que tenha o próprio mérito de suas obras. Já na segunda citação, ao falarem da prova da riqueza, ratificam dizendo que Deus dá ao homem o livre-arbítrio para que ele alcance, pela experiência, a distinção entre o bem e o mal e que a prática do primeiro seja resultado dos próprios esforços e vontade.

No meio espírita costuma-se repetir muito que as grandes chagas morais do indivíduo são o orgulho e o egoísmo, tomando-se por base, entre outras citações, a questão 785. De fato, lá consta que são eles o maior obstáculo ao progresso moral. Porém, na mesma resposta, os Espíritos complementam que "(...) esse estado de coisas... mudará, à medida que o homem compreenda melhor que há, fora dos prazeres dos bens terrenos, uma felicidade... maior...". Ora, e como ele chegará a tal compreensão? Pela razão e conhecimento da sua realidade espiritual. Informação muito mais explícita sobre este ponto está na questão 780 como veremos mais adiante.

Claro que muitos que já compreendem parcialmente a verdade, ainda insistem na prática do mal por deixarem-se arrastar pelas paixões e pela rebeldia. Como também há os que ignoram e apresentam conduta adequada por seguirem exclusivamente os ditames da fé. Mas neste caso o que temos é um processo passivo, de submissão enquanto o conhecimento capacita o indivíduo a agir ativamente, implicando nos erros e acertos, mas com consequências de crescimento espiritual.

O homem herdou o egoísmo do reino animal onde o instinto de conservação determinava que agisse sempre em função de suas próprias necessidades ou nos de sua espécie, incluindo a defesa das crias. Foi útil mesmo no homem primitivo na luta com o meio hostil e na escassez de recursos de subsistência devido à concorrência, mas a socialização trabalha há milênios para torná-lo mais equilibrado. Lei de progresso e de sociedade atuando juntas.

Esta tomada de consciência sobre o caminho da felicidade pela renúncia voluntária ao erro e mal moral e aceitação e prática do bem, passa necessariamente pelo processo da educação preconizada por Kardec, "não a... intelectual, mas... a moral, e não, ainda, a... pelos livros, mas aquela que consiste na arte de formar os caracteres, a que dá os hábitos: porque a educação é o conjunto de hábitos adquiridos..." (LE questão 685). Em *O que é o Espiritismo* (pág. 131), aliás, o codificador, por conta disso, define a finalidade da reencarnação ao dizer que "A origem do mal sobre a Terra provém da imperfeição dos Espíritos nela encarnados. (...) A Terra pode ser, ao mesmo tempo, considerada um mundo destinado à educação dos... pouco adiantados e de expiação para os culpados."

É Duclos, citado por Léon Denis (*O problema do ser...*, pág. 347) quem corrobora confronto entre ignorância e maldade: "O crime é sempre o resultado dum falso juízo". E o próprio Denis acrescenta: "Livre-arbítrio é a expansão da personalidade e da consciência... só possível por uma educação e preparação prolongada das faculdades humanas: libertação física pela limitação dos apetites;... intelectual pela conquista da verdade,... moral pela procura da virtude. É esta a obra dos séculos."

O sofrimento é, pois, inerente à condição de imperfeição quer seja ela representada pela colheita da semeadura livremente realizada, o que equivale dizer à atuação da lei de causa e efeito acionada pelo livre-arbítrio, quer pelas imposições dos diversos determinismos a que somos submetidos unicamente por vivermos onde vivemos e sermos o que ainda somos, espíritos bastante atrasados intelectual e principalmente no aspecto moral (ESE, cap. V, item 7).

A questão 399 elucida esse ponto ao apontar que "... cada um é punido por aquilo que pecou (troquemos aqui os termos 'punido' por 'expiado' e 'pecou' por 'errou')... mas não... fazer disso uma regra absoluta... As tendências instintivas são um índice mais certo (para se deduzir o gênero da existência anterior) porque as provas que o espírito suporta são tanto pelo futuro como pelo passado." Da mesma forma a *Revista Espírita* (setembro/1863, pág. 272) traz que das provas e expiações (e diríamos que mais das últimas que das primeiras) se deduz que errou; da natureza delas (ambas) e do estudo das tendências instintivas, faz-se o diagnóstico sobre o que e como fez, quem se foi, e aprende-se a não errar nestes pontos. Em outras palavras, trata-se de enfrentar o socrático *Conhece-te a ti mesmo*.

Esta associação entre imperfeição e sofrimento está bem explicitada em *O Céu e o Inferno* (Código penal da vida futura). É bem verdade que ali se referem os Instrutores mais especificamente aos desencarnados, mas tranquilamente podemos inferir que o mesmo seja válido para os encarnados. As imperfeições que carregamos por conta da simplicidade (subdesenvolvimento de nossas faculdades em geral) e ignorância constituem forte impeditivo à nossa felicidade.

O erro praticado por ignorância e não por maldade também conduz ao sofrimento, mas aí não se trata de uma expiação para a qual se pressupõe conhecimento no momento que se praticou o ato. Não se pode cobrar acerto de quem não tem consciência do que faz. O preço do equívoco é prosseguir imperfeito, estagnado naquele aspecto e, portanto, em sofrimento.

A esse respeito lembramos as palavras de Jesus, quando já na cruz: *Perdoai-os porque não sabem o que fazem.* É certo que os hábitos mudam com o transcorrer do tempo e conforme os diversos locais e culturas enquanto a moral permanece a mesma. Assim, a poligamia, por exemplo, ainda hoje ou a antropofagia entre certos povos primitivos, eram moralmente aceitas, embora não na civilização moderna ou no mundo ocidental. Num caso temos o simples cultivo de um hábito. No outro, um ato que pode envolver os dois aspectos. De qualquer forma, seus praticantes não podem ser execrados porque não possuem as noções éticas que o homem atual ou a maioria de nós possui. O desconhecimento de todas as implicações sociais, religiosas e até de higiene e saúde pública contam a favor de seus agentes.

No caso de Jesus, a pena capital era prevista pela lei. O problema é que ele foi não só acusado injustamente como a execução deu-se com requintes de barbárie. Seus algozes não tinham consciência, segundo o próprio Jesus, de estarem matando um homem especial. A ignorância deles não os deixava aceitar a verdade de sua missão e suas virtudes. Por isso, de certa forma, não eram tão culpados; havia atenuantes para seus atos.

Lembremos que os efeitos sentidos podem ser causados não só por ações, mas por omissões. É o que ocorre quando o indivíduo deixa propositadamente de fazer o que deveria ou poderia fazer. Por comodismo, preguiça, conveniência ou teimosia, torna-se passivo e não se esforça para realizar o progresso. Desperdiça oportunidades, reencarnações inteiras, e esta negligência terá um preço. Na questão 642 e, mais completamente, na 975, os Espíritos dão o seu recado a respeito: "o Espírito sofre por todo o mal que faz, ou do qual foi a causa voluntária, por todo o bem que poderia fazer e não fez, e por todo o mal que resulta do bem que não fez".

Crescendo em intelecto e moralidade, o espírito "engatinha", põe-se de pé e adquire a capacidade de se locomover pelo próprio esforço, ainda e durante muito tempo amparado por seres mais graduados do que ele e desejosos de promover e zelar pelo seu bem-estar. São os nossos espíritos protetores, familiares e simpáticos. Chegará o dia em que, embora sempre aprendendo com os mais experientes, atingirá a autonomia total e só fará escolhas que resultarão em progresso e felicidade para si e para todos os que o cercam.

Agora, retornemos à segunda frase da página 154 da RE de 1866. Os detalhes, as menores coisas do percurso da vida do homem não estão determinados. Em apoio, encontramos a questão 964 do LE, quando Kardec pergunta se Deus tem necessidade de se ocupar de cada um dos nossos atos, mesmo os mais insignificantes, para nos punir ou recompensar, os Espíritos respondem que para isso Ele tem leis regulatórias. Deus não pune ninguém. É a infração à lei que gera consequências.

Deus é o relojoeiro do Universo. Este funciona por leis próprias da matéria em seu mecanismo interno, mas sempre de acordo com o 'fabricante'. Mas este não é culpado pelo mau uso que venhamos fazer do instrumento. Se o expusermos a condições para as quais ele não está apto a resistir, poderá ser danificado e ter comprometido o funcionamento. As consequências são de responsabilidade do usuário. O exemplo serve para o corpo humano, o meio ambiente e tudo mais.

O Universo tem a capacidade de autorregulação mediante o funcionamento de suas leis perfeitas, fazendo com que tudo volte ao equilíbrio após os abalos que venha a sofrer pela incúria humana. Além do mais, Deus, o relojoeiro, uma vez atingidos os limites que possam comprometer a estabilidade geral, pode intervir diretamente se julgar necessário para deter a insensatez de Suas criaturas.

Voltemos a Léon Denis. Numa frase sua muito citada (*O problema do ser, do destino e da dor*, pág. 123) ele afirma que "na planta a inteligência dormita; no animal, sonha; só no homem acorda... e torna-se consciente". Já do mentor André Luiz tiramos que o mineral é atração, o vegetal é sensação, o animal é instinto, o homem é razão, reservando-se a intuição para os seres superiores. Ocorre, porém, que tais fases não se extinguem subitamente com o prenúncio de uma nova. Carregamos ainda conosco muito do passado só parcialmente superado até porque não podemos prescindir totalmente dos instintos, por exemplo. Estes, aliás, oferecem o impulso automático sem o perigo de escolhas malfeitas. Só com o passar do tempo os padrões fixos de comportamento são gradualmente substituídos por atos deliberados da vontade fundada na inteligência.

Podemos afirmar que em cada estágio predomina uma determinada faculdade sem que, no entanto, as outras adquiridas ao longo dos milênios, deixem de existir. O homem atual carrega em si algumas aptidões do reino mineral, especialmente se encarnado, pela posse do corpo material como o magnetismo ou fluido vital. Mas também os desencarnados com as experiências acumuladas na estruturação da matéria sutil ou energia cósmica universal, visto possuir ainda um veículo semimaterial com campos eletromagnéticos que é o perispírito.

O mesmo se dá com o mundo sensório, essencial para a vida de relação, manifestando-se através do veículo carnal na Terra, recebendo as impressões externas pelos órgãos dos sentidos. Conservamos também muitos dos nossos instintos como o de conservação, o sexual etc. Eles não evoluem, apenas aceitam certos controles e constituem importante mecanismo de autodefesa. Quando todos os recursos mais modernos de sobrevivência fracassam, eles ressurgem com toda a força. Atingimos a razão analítica e caminhamos já pelas percepções sintéticas fornecidas pela intuição.

Mas a transição é lenta e, infelizmente, nem sempre valorizamos suficientemente as aquisições mais nobres, deixando-nos arrastar pelas sensações que entorpecem a razão e pelas paixões inferiores que abrutalham o ser humano, assemelhando-o aos animais de onde proviemos como princípio inteligente. Situação esta agravada, pois nos rebaixamos além deles por usar a inteligência já adquirida para prejudicar, corromper e satisfazer aqueles instintos exaltados.

Os minerais e vegetais, respectivamente ancorados na atração e sensação, simplesmente cumprem os processos determinísticos da natureza. Aos animais, governados pelo instinto, mas nos quais a inteligência e vontade não estão totalmente ausentes (questões 593 e 595 do LE), é reservado um papel de superior importância, não só como auxiliar do homem, mas servindo de estágio preparatório ao princípio inteligente que um dia emergirá como um novo ser racional, provido de inteligência e consciência, ou seja, um outro homem. Quanto àquele que já atingiu o degrau humano, não possui ainda o livre-arbítrio em plenitude. Estas diferenças de predominância de uma faculdade ou outra bastam para justificar o vigoramento ou não da lei de causa e efeito nos diversos reinos da natureza.

A propósito, interessante estudo (Revista *Veja*, 21/11/1990) foi noticiado. Os animais ditos inferiores nascem com um número maior de conexões neuroniais do que os superiores como os primatas, porém a flexibilidade de aprendizado é superior nestes últimos. Enquanto os inferiores na escala evolutiva têm essas conexões praticamente definitivas ao nascer e serão guiados exclusivamente pelo instinto, os que lhes estão acima são potencialmente capazes de formar muitas delas ao longo da vida, o que revela possibilidade de amestramento. Cães nascem com 75% do total destas conexões, em contraposição aos répteis que já as têm 98%. Podemos inferir que a evolução biológica guarda relação com a capacidade intelectual e, talvez, a própria manifestação da vontade, capaz de ativar aquelas potencialidades.

A evolução darwiniana e o Design Inteligente. A evolução do princípio espiritual.

Cabe aqui ainda um comentário sobre a evolução biológica das espécies, segundo Darwin e a teoria criacionista defendida pelos seguidores da Bíblia. Para estes, cada espécie animal foi criada separadamente por Deus, sendo ao homem reservado um papel totalmente distinto e especial na natureza. Já a teoria evolucionista afirma que todos tivemos a mesma origem, tendo percorrido toda a escala da vida desde os microscópicos até os primatas superiores, incluindo o *homo sapiens*. Atualmente está havendo, principalmente no movimento protestante norte-americano, uma recrudescência do criacionismo que voltou a ser ensinado em muitas escolas.

Há uma vertente científica mais moderada que admite parcialmente os ensinamentos de Darwin, unindo-os à ideia da intervenção divina. É o chamado *Design Inteligente*. Em resumo, assumem que certos eventos do Universo e da natureza, em especial algumas estruturas biológicas complexas como a visão, são mais completamente explicadas se admitido que por trás delas encontra-se uma causa inteligente e não meramente o acaso como pretendia Darwin.

Notavelmente, Alfred Russel Wallace, contemporâneo de Darwin e que o antecipou mesmo nos estudos sobre a teoria da evolução das espécies, já à época, divergia do colega sobre o papel do acaso no processo. Para ele a seleção natural ocorria sob os auspícios de uma inteligência superior, não por uma intervenção direta que corrigisse os desvios causados pelo acaso, porém, por influência de seres espirituais habitantes de universos etéreos (*Revista Universo Espírita*, nº 7, março/2004, Paulo Henrique de Figueiredo).

A Doutrina Espírita, essencialmente evolucionista, estendendo seu conceito para além da matéria orgânica, compartilha aproximadamente da ideia do *Design Inteligente* que, obviamente, se consubstancia na existência de Deus, sintetizando esse princípio em duas questões do LE, a nº 1 e a 540. Na primeira temos que "Deus é a Suprema Inteligência do Universo, causa primária de todas as coisas" e na segunda, que "Do átomo ao arcanjo, tudo se encadeia na natureza". Tal como para Einstein, "um único acaso destruiria a ciência", Kardec defende (questão 8) que "um acaso inteligente não seria acaso".

Nos animais, a luta pela sobrevivência, a competição, às vezes, violenta e a dor, a própria lei de destruição, conforme LE, que renova e incita o progresso, via evolução biológica, e do princípio inteligente, não está ligada à lei de causa e efeito. Por não ter o pensamento contínuo sem o qual é impossível a existência de consciência e também privado de vontade, o animal não pode ser punido pelos seus atos.

Porém a passagem ao estágio hominal não se dá num único momento mágico. A natureza não dá saltos. Se nos animais superiores já há evidências de inteligência rudimentar, o homem primitivo ainda não adquiriu a razão total. No homem, quando predomina o instinto cego, embora seja "também ele uma inteligência não racional" (questão 73), é porque está muito mais próximo da natureza animal do que da humana e como, já o dissemos, aquele não possui livre-arbítrio, não é alcançado pela lei de causa e efeito, mas pela fatalidade. Um exemplo claro está na questão 637 que isenta de responsabilidade o silvícola que praticasse a antropofagia e atribui culpabilidade por faltas bem mais leves no indivíduo civilizado.

O livre-arbítrio é, pois, consequência do progresso. À medida que aquele se torna mais dinâmico e efetivo, facilita, agrega e acelera este que, por sua vez, permite o exercício mais livre e pleno daquele, criando, assim, um círculo virtuoso. No início, governada quase que exclusivamente pelo instinto alimentado pelas sensações, a alma peregrina nas trilhas da evolução, rasteja, seguindo lentamente e na horizontal.

À proporção que adquire conhecimento e toma consciência de sua existência e do ambiente que a rodeia, progride, primeiro intelectualmente, e depois, reconhecendo-se capaz e responsável por interferir no mesmo, segundo o grau de poder e padrão de moralidade que possui, eleva-se, assumindo posições privilegiadas para assenhorear-se do futuro. Deste modo, pelo livre-arbítrio que se expande, neutraliza aos poucos as forças dos determinismos naturais, transitando do instinto ou inteligência rudimentar para a razão, assumindo definitivamente o controle de seu destino.

Por tentativas de erros e acertos, entende que suas ações específicas criaram tais ou quais consequências e pelo juízo mais racional que faz, desencadeia novas ações corretas para que resultem no seu bem-estar. Alargando-se a compreensão sobre este processo e motivada pelos resultados obtidos, mais e mais buscará os acertos, descartando as condutas inadequadas que podem lhe causar a dor.

A compreensão da dor física pode ser estendida à moral. É Silvio Seno Chibeni (*Revista Reformador*, junho/1997) quem contribui. "Se não sentíssemos dor ao tocar um objeto quente – diz ele –, não o soltaríamos imediatamente, resultando daí lesões graves na mão, de igual modo, as dores morais... objetivam à nossa educação espiritual". A lembrança profunda da dor decorrente do erro alerta, previne e protege o aprendiz, evitando a sua repetição.

O tolhimento ao exercício pleno do livre-arbítrio ocorre externa e internamente. No primeiro caso se faz presente nos determinismos planetário, social, climático, econômico. No segundo, pelo determinismo biológico, na fatalidade gerada pelas próprias escolhas antes de reencarnar; nas consequências originárias da lei de causa e efeito que se impõem muitas delas compulsoriamente e, mais sutilmente, no número restrito e mesmo inexistente de opções.

Ao comprarmos uma camisa temos que tomar várias decisões: tecido, manga longa ou curta, preço, cor, tamanho. Talvez em alguns desses itens não haja disponibilidade ilimitada. Ao optarmos por aquela de preço "x", talvez tenhamos à nossa escolha somente nas cores azul e verde. Ficamos com a segunda e de manga longa, mas desejaríamos branca e de manga curta. Exercemos a liberdade de preferência, mas apenas parcialmente.

Para alguns há ainda o determinismo psicológico ou do caráter, temperamento, preferências, impulsos e experiências vivenciadas que caracterizam a personalidade. E mais nas influências dos hábitos, da moda etc. Ou seja, fatores que afetam a vida do indivíduo e não estariam sob seu controle. Em resumo diríamos que se trata do conteúdo de nossa bagagem palingenética e evolutiva. Somos herdeiros de nós mesmos. Tudo que aprendemos, pensamos, fizemos, constitui a totalidade de nosso ser e, conscientemente ou não, concorrem para que sejamos o que somos e façamos o que fazemos.

E aí está o segredo do progresso. Pelo autoconhecimento, combater as más tendências, disciplinar a conduta orientando-a para a tomada de decisões corretas, eliminando os vícios e cultivando as virtudes, substituindo os padrões de comportamento nocivos por outros equilibrados. Significa fazer uma opção inteligente, renovando gradualmente o mundo interno, se não for possível uma mudança brusca como Paulo de Tarso que dizia da necessidade de matar o homem velho pelo homem novo.

É a tão apregoada reforma íntima sugerida pelos espíritas como condição de atenuar, se não eliminar totalmente, as dores atuais para garantir um futuro feliz. Pelas questões 920 e 921 do LE somos informados de que a vida sobre a Terra, apesar de predominantemente marcada por provas e expiações, oferece espaço para a felicidade relativa do homem cujo artífice é ele próprio. De fato, adotando este método, aos poucos, ainda nesta reencarnação e para as próximas, estaremos mais aptos e predispostos à felicidade porque além de mudarmos boa parte do conteúdo de nossa bagagem espiritual gerando determinismos mais saudáveis, tornamo-nos também menos suscetíveis aos diversos determinismos externos, aprendendo a lidar melhor com cada situação que nos envolva em cada tempo e lugar.

O planejamento reencarnatório

Tudo principia ainda no mundo espiritual. Segue-se um resumo do que então acontece, segundo *O Livro dos Espíritos* e *O Evangelho segundo o Espiritismo*, tendo-se entre parênteses o local exato da citação. Algumas reforçam o já enunciado na questão 851, como, por exemplo, a 258. À pergunta: "... antes de reencarnar, o Espírito tem a consciência e a previsão das coisas que lhe sucederão na vida?", a resposta: "Ele próprio escolhe o gênero de provas que quer suportar e é nisso que consiste o seu livre-arbítrio" (grifo nosso). E também esta: "A fatalidade que parece presidir aos destinos materiais de nossa vida seriam, pois, o efeito de nosso livre-arbítrio?" "... escolheste a prova; quanto mais rude... e melhor a suportares, mais te elevarás... Assim o número de infortunados sobrepuja em muito o dos felizes neste mundo, já que procuram na maioria, a prova que resulte mais frutífera" (questão 866).

Sobre a motivação das escolhas: "Ele escolhe as que podem ser para ele uma expiação, segundo a natureza de suas faltas, e o faça avançar mais rapidamente". E afirma que outros se "impõem" uma vida de misérias; outros optam pelas provas da fortuna e do poder e outros pelo contato com os vícios (questão 264).

Mas alguns escolhem os vícios por companhia por se regozijar com eles por inferioridade moral (questão 265). Ocorre outras vezes do indivíduo solicitar provações que acabam se tornando acima de suas capacidades de enfrentá-las, vindo a sucumbir (questão 269). Tal informação contraria o adágio popular e o próprio ESE (cap. XIV, item 9) segundo o qual Deus não põe nos ombros do homem fardo mais pesado do que ele possa carregar. Por fidelidade ao texto, nós o reproduzimos: "Deus não faz a prova acima das forças daquele que a pede; não permite senão aquelas que podem ser cumpridas; se não triunfa, não é, pois, a possibilidade que falta, mas a vontade...".

Este caráter voluntário das provações que se enfrentará quando reencarnado está presente mais uma vez no comentário de Kardec à questão 266. Liberado do corpo físico o Espírito pode avaliar melhor suas reais necessidades e optar por experiências mais difíceis para acelerar seu progresso. Kardec compara essa atitude com os concursos públicos por aqui: submete--se a exames para galgar graus mais elevados na carreira.

Para a disposição de aceitar maiores sacrifícios, ele faz analogia com o viajante no vale obscurecido pelo nevoeiro (situação do encarnado) e em outro momento no alto da montanha (como desencarnado), quando pode ver o caminho já percorrido e o quanto dele resta para percorrer até o ponto de chegada e os obstáculos a serem transpostos, permitindo-lhe planejar com mais segurança a sequência da viagem. Este exemplo, aliás, voltará a ser empregado em *A Gênese*, cap. XVI, quando o codificador trata dos pressentimentos.

Mas os Espíritos alertam que nem todas as experiências da futura encarnação são escolhidas. Estas resumem-se ao gênero de provas, mas não aos detalhes que são consequências da sua posição e, frequentemente, dos próprios atos individuais tomados a cada instante. O Espírito, com o auxílio de cooperadores especializados, planeja a natureza das vicissitudes, mas não os acontecimentos particulares. Estes detalhes originam-se das "circunstâncias e das forças das coisas". Somente as ocorrências mais marcantes que influem diretamente no destino são previstas. E concluem com dois novos exemplos. Se a pessoa anda por uma rua esburacada, deve ser cautelosa para não cair, mas não sabe se e onde cairá. E também: "Se uma telha cair em sua cabeça, não estava escrito" (questão 259). Fixemos bem este esclarecimento.

No livro *Tramas do destino*, Manoel Philomeno de Miranda, na psicografia de Divaldo P. Franco (pág. 271), avisa, mais ou menos com estas palavras, que a programação do destino, exceto os pontos cardeais, sofre sucessivas alterações resultantes do comportamento, das realizações, conquistas ou prejuízos a que a criatura está sujeita. No plano inicial estão previstas várias opções em razão das atividades e injunções que se criam durante a existência corporal, tornando o indivíduo construtor do próprio destino desde que não se encontre na expiação irreversível como cárcere compulsório.

Talvez seja por isso que no mesmo capítulo V do ESE, encontremos duas informações aparentemente contraditórias. Ali deparamos com a diferenciação entre causas atuais das aflições e causas anteriores. Isto, por si só, já permite concluir que nem tudo o que sofremos, ou melhor, que nem todas as experiências vivenciadas referem-se às vidas passadas como muitos supõem.

Embora o item 27, examinado isoladamente, dê margem a essa interpretação ao dizer que "... estais sobre esta Terra de expiação para completar vossas provas, e que tudo aquilo que vos sucede é uma consequência de vossas existências anteriores...", antes, no item 4, temos: "Remontando à fonte dos males terrestres, se reconhecerá que muitos são a consequência natural do caráter e da conduta daqueles que os suportam", incluindo-se enfermidades, frustrações conjugais e com os filhos e as disputas pessoais. Claro, que em boa medida, somos hoje o que construímos no passado, mas está ao nosso alcance amenizar ou acentuar os traços de caráter, alterando a conduta.

Veremos mais tarde que há muitos outros acontecimentos em nossas vidas que não estavam previstos, seja porque resultaram de deliberação de nossa vontade no presente, seja por termos nos submetido a eles pela imposição de alguma vontade alheia. Além do que se aceita que o livre-arbítrio seja pleno na intenção – tanto na elaboração do planejamento reencarnatório como no presente –, porém limitado na ação porque nem sempre a teoria se transforma em prática.

Se em certo momento podemos dispor de certa lucidez por se encontrar "no alto da montanha" para analisar nossas necessidades e planejar com mais segurança a etapa seguinte, uma vez reencarnados estamos no fundo do vale com a visão obscurecida pela falta de memória integral que também possui sua justificativa. Ou, ao iniciar esta nova viagem, encontramo-nos no limiar de uma floresta que precisa ser cruzada. Não sabemos se atingiremos o outro lado ou não. O fracasso faz parte do aprendizado.

Uma vez adentrando a mata, precisamos estar preparados para enfrentar toda sorte de obstáculos e perigos como animais selvagens, acidentes geográficos, ataques de insetos, doenças, fome, rios ou pântanos. Contaremos com a lanterna da inteligência, com a bússola de nossa consciência, com as ferramentas da habilidade adquiridas em outras experiências, com as marcas plantadas no caminho pela inspiração dos nossos amigos espirituais, com a força moral patrocinada pela fé e assim por diante.

Os Espíritos podem reencarnar em mundos inferiores ao que já habitaram, quer por missão – escolha sua pelo livre-arbítrio –, quer por expiação – compulsoriamente – (questões 178 e 178A). Aliás, há outras reencarnações compulsórias, isto é, o próprio retorno ao palco terrestre, o ato de assumir um novo corpo físico, deixa de ser uma decisão pessoal. Tal se dá porque ele ainda não é capaz de fazer isso conscientemente. O instrutor Alexandre, dirigindo-se a André Luiz (*Missionários da luz*, pág. 158), denomina esses processos reencarnatórios de padronizados, utilizados "para grande percentagem" deles na Crosta, "no campo de manifestações puramente evolutivas", ou seja, que obedecem tão somente aos automatismos biológicos e aplicáveis, sobretudo, aos Espíritos primitivos, em suas primeiras experiências como humanos.

Provas e expiações escolhidas e compulsórias. Determinismo social.

Da mesma forma, em *Evolução em dois mundos* (pág. 150), André compara os espíritos aos quais a reencarnação é imposta, como os encarcerados e enfermos encarnados que "pela condição ou conduta" estão incapazes de tomar decisões. Ou seja, perderam temporariamente o exercício do livre-arbítrio.

Uma outra situação para as compulsórias se dá ao envolver inaptidão de escolha consciente ou processo expiatório quando as características daquele corpo, "pelo seu nascimento e posição que terá no mundo, poderá tornar-se instrumento de castigo" (questão 337). Entram aqui aqueles cujos perispíritos apresentam graves lesões morfológicas, como no caso dos suicidas, e não dispõem de recursos vibratórios equilibrados para participar da elaboração da futura encarnação (*O Espírito em terapia*, Hercília Zilli).

Do item 8 do capítulo V do ESE extraímos que as reencarnações compulsórias também "podem ocorrer aos indivíduos endurecidos ou muito ignorantes para que façam escolhas com conhecimento de causa". Sabemos que há Espíritos que se negam a reencarnar por meras conveniências de permanecer desencarnados deleitando-se na maldade ou por medo de enfrentar as provas e expiações que lhes são necessárias. Com a sua relutância, sem a interferência dos Espíritos Superiores, retardariam os ajustes afetivos e de outras ordens, prejudicando o progresso das demais criaturas com eles envolvidas.

Já para os "arrependidos", acrescentam os Instrutores, as tribulações são livremente aceitas tornando-se expiações do passado e provas para o futuro. Também isto se daria (RE, setembro/1863, pág. 271) quando o indivíduo fracassa numa prova e tem que repeti-la, expiando assim pela negligência da vez anterior. A maneira como sofre é a nova prova para o futuro.

Aqui temos que uma mesma experiência pode apresentar o caráter de prova e expiação. Mas nem sempre é assim. Voltaremos a falar sobre isso, mas é importante observarmos logo o ensinamento contido no item seguinte do mesmo capítulo do ESE. "Nem todo sofrimento é, necessariamente, indício de uma falta determinada". Portanto, não é expiação. "Frequentemente são provas escolhidas para apressar o progresso. Assim, a expiação serve de prova, mas a prova nem sempre é expiação. Mas ambas são sinais de inferioridade relativa".

Em seguida, no mesmo parágrafo, introduzem um novo conceito, o de missão, ao informar que o indivíduo com certa elevação, para apressar o seu progresso, solicita uma missão cujo mérito será proporcional às dificuldades inerentes. Descrevem tais pessoas como naturalmente boas, de nobres sentimentos e que parecem nada possuir de mal e capazes de suportar as piores adversidades sem lamentações.

As expiações visam resgatar, reajustar, reequilibrar diante das leis divinas; refazer, recomeçar, reconstruir, pagar pela dor ou pelo amor. Já provações servem para exercitar a inteligência e outras virtudes, vencer, melhorar o que for possível e o que não for, aceitar.

Richard Simonetti diz que a experiência de caráter expiatório é um credor com quem marcamos data para nos bater à porta para cobrar a dívida. Acrescentaríamos nós que tal se dá pela porta da frente no convite à prática do bem. Se não for recebido, invadirá por uma janela dos fundos pelas vias da dor.

No caso das provações, representam compras a prazo com crédito antecipado, em geral, maior do que temos merecimento. Antes de reencarnar 'compramos' boa saúde, um lar feliz e confortável, boas condições econômicas, oportunidades diversas. São os talentos citados linhas atrás. Bem utilizados os 'bens' adquiridos, pagaremos em suaves prestações pelas lutas, trabalho, disciplina moral, lições bem apreendidas. Se empregarmos mal e não aceitarmos a cobrança amigável, seremos forçados ao pagamento compulsório e à vista.

Quando as aflições provocam queixas é indicativo tratar-se de expiações, porém, nem sempre a ausência destas garante não ser expiação, mas apenas de que resultaram de livre escolha e não de imposição. Já as provas se reconhece por, em geral, serem suportadas com resignação.

Além das expiações impostas ao espírito recalcitrante, temos que considerar outro componente no seu destino que, como vimos lá atrás, nos capítulos anteriores, melhor que fatalismo, devemos denominar de determinismo. O biológico, por exemplo. Ainda que lhe seja dada a possibilidade de, pelo livre-arbítrio, efetuar escolhas quanto ao mapa genético baseado na herança genética dos pais que lhe fornecerá a configuração somática geral e mesmo detalhes em relação às condições de saúde e outras, não há como fugir das contingências de seres humanos que vivem sobre este planeta. As necessidades fisiológicas (alimentação, excreção, sono, sexo), os ciclos vitais (infância, crescimento, maturidade e velhice) ou o simples impositivo de andar e não voar podem se constituir em limitações à livre manifestação da vontade.

Pequenas contrariedades, aborrecimentos do dia a dia, um tropeção, em princípio não são provas nem expiações, mas consequências da nossa incúria, teimosia, hábitos ou características do meio e ação dos outros indivíduos, encarnados ou não. Porém, embora não programadas antecipadamente acabarão por servir à finalidade de testar-nos a personalidade quanto a qualidades como paciência, tolerância, perseverança e outras.

O delinquente juvenil que nos rouba a carteira no coletivo ou na rua, o obsessor que se diverte com a nossa queda, o outro motorista que nos xinga, formam uma das inúmeras bancas examinadoras nas quais somos avaliados permanentemente. São os testes-surpresa porque nunca sabemos quando estaremos diante deles. Não há regra fixa, são coisas de momento e tanto o pequeno infrator pode aproveitar-se de uma circunstância fortuita, escolhendo-nos aleatoriamente como vítima como pode ter sido atraído pelo nosso pensamento negativo ou ainda induzido por um desencarnado, tornando-se autor e instrumento ao mesmo tempo do ato agressivo.

Mas há outros fatores determinísticos. Embora a decisão de reencarnar seja do espírito, exceto nas compulsórias, e participe em grande parte das escolhas quanto ao momento em que isso se dará, aos pais, local, união conjugal e profissão que poderá vir ocupar, sempre estará sujeito ao ambiente social. Temos aí presente o determinismo econômico (da cidade, do país e do mundo), cultural, social, tecnológico, político, climático e até religioso e moral.

Inegáveis as influências exercidas por parentes, professores, amigos, vizinhos, colegas de trabalho, governantes, mídia. Nossos hábitos, preferências, modos de ser e agir, desejos e objetivos são formados e alterados. Somos induzidos a consumir determinados alimentos, roupas e bens materiais e serviços nem sempre por livre escolha, mas por força da imposição alheia ou simples falta de opção.

Diz-se que quem sai na chuva é para se molhar. De fato, se o espírito não estiver muito bem protegido por guarda-chuvas morais e intelectuais, poderá ser submetido intensamente à pressão do ambiente no qual estará inserido. Por isso, alguns resistirão bem e passarão quase incólumes a muitas influências negativas e tirarão proveito das que ajudam no desenvolvimento espiritual. Muitos outros se tornam joguetes destas forças que arrastam e moldam as condutas dos indivíduos.

Exemplos disso estão no consumismo desenfreado e nos diversos modismos que enredam os desavisados em suas malhas de ilusão, roubando-lhes energia, tempo, recursos materiais, amizades. Entre os extremos, a imensa maioria dos que são bem-sucedidos em alguns aspectos e experiências e fracassam em outros tantos.

Da mesma forma, o renascimento num bairro violento traz embutida a exposição determinística a assaltos, balas perdidas e às drogas. Mas se o indivíduo evita as arruaças, as más companhias, sair a altas horas, diminui os riscos de se tornar vítima. Quando se ignora o bom-senso, desafiando-se essas probabilidades e somos enredados de alguma forma nestes acontecimentos, não podemos culpar a fatalidade e sim a nossa imprudência, o orgulho em não reconhecer limites, aos maus instintos que ainda conservamos conosco.

De outras ocasiões, as precauções foram tomadas e mesmo assim pessoas de bem são surpreendidas e encontram a morte ou a paraplegia, de si mesmas, familiares ou amigos. Não foi uma casualidade. Alguém deliberou provocar atos que indiretamente atingiram supostos inocentes. Então exerceu o livre-arbítrio em detrimento de outrem. As vítimas, neste acaso, poderão ter ou não razões específicas para passar por aquela experiência. Repetindo: pode ser uma expiação como pode também não guardar qualquer relação com a lei de causa e efeito, servindo, porém, sempre de provação.

Podemos, até certo ponto, escolher o país ou a cidade onde viveremos e isto faz uma enorme diferença porque teremos que nos adaptar a eles como localização geográfica, clima, tamanho populacional, facilidades ou não para fazer um curso superior ou seguir certas carreiras profissionais, índices de violência, desenvolvimento econômico, cultura e assim por diante. Estes fatores não são controlados pelo indivíduo, logo representam certo determinismo que se opõe ao seu livre-arbítrio.

Às vezes nem isto é possível escolher. Não adianta querer nascer europeu se todas as demais pessoas que formarão nosso núcleo familiar quiserem ou necessitarem viver no Brasil. Esta é outra limitação da vontade. Contudo, pode ocorrer que nossa experiência com eles seja adiada para outra reencarnação e venhamos a ser aceitos por pais estrangeiros ou decidamos nos mudar para o exterior depois de adultos, contornando em parte aquela dose de determinismo.

Outras coisas contra as quais muito pouco podemos fazer individualmente são as condições gerais da sociedade onde nos fixamos. Assistência à saúde, nível educacional, progressos tecnológicos, aquisições de bens e disponibilidade de serviços, o meio cultural, o nível de violência e insegurança acarretam maior ou menor facilidade de bem-estar e crescimento material e espiritual.

O ambiente político é outro fator muito importante. É muito diferente viver numa democracia do que numa ditadura onde direitos básicos do cidadão não são respeitados, onde é vedado o acesso à informação, proibida a propriedade privada, há censura e impedimentos de todo tipo. Diz-se que cada povo tem o governo que merece e é verdade.

Do mesmo modo, embora teoricamente sejamos livres para escolher a religião que mais nos convém, nem sempre isso acontece. Há a influência familiar – pais e cônjuges –, dos amigos. E uma vez tornados adeptos, no mais das vezes, somos conduzidos realmente como um rebanho pelos líderes até o ponto do sacrifício físico (flagelações, peregrinações, jejuns e abstinências, inclusive sexual, e até da própria vida), econômicas (dízimos ou muito além dele), sociais (hábitos, rejeição a outros grupos), psicológicos e morais. Em certos casos há evidente manipulação da inteligência e exploração fanática.

Somos direcionados a reencarnar nas coletividades que merecemos e capazes de propiciar as experiências que necessitamos. Se nem sempre são expiações, são provas solicitadas e eventualmente missões abraçadas voluntariamente para contribuir com o progresso daquela comunidade. Não adianta reclamar – os missionários não se queixam –, dos políticos incompetentes ou corruptos. Temos que trabalhar para mudar o panorama social e econômico do bairro, da cidade ou país em que vivemos.

Estamos no lugar certo e na hora certa. Fizemos a opção geral. Os detalhes dependem das circunstâncias do momento, de outras escolhas ou recuos que fazemos no presente, e do livre-arbítrio dos outros. Quanto mais nosso caminho se entrecruzar com o de outras pessoas, mais influenciados por elas seremos. Somos mais autônomos nas decisões pessoais, nas relacionadas ao corpo físico, aos hábitos, emoções, pensamentos e atos. Exercemos bem menos controle sobre o ambiente familiar com quem já temos que aprender a dividir espaço, compromissos e gerenciar a afetividade.

Na sociedade em geral, possuímos bem pouco poder de fazer valer nossos desejos. As forças ali em ação, segundo expressão que lemos alhures, podem dificultar, inibir, sustentar, potencializar, reforçar, permitir, propiciar, direcionar, induzir, limitar e estimular nossas ideias e atos. Quase sempre o interesse coletivo prevalece sobre o individual. É o princípio da vontade geral, segundo Rousseau. Mais correto se falar em resultante ou conjugação de vontades. Infelizmente, não raro, a expressão desta vontade da maioria não encontra amparo na ética e na moral.

Esse determinismo social é tão intenso que serve até mesmo

de atenuante para certas faltas (questão 930). Também a 639 aponta no mesmo sentido quando Kardec indaga se o mal que se comete, muitas vezes não resulta da posição que os outros nos colocaram. Os Espíritos concordam declarando que neste caso aquele que erra é menos culpável do que os que criaram as circunstâncias desfavoráveis.

Progresso intelectual e moral

Os Espíritos nos ensinam que fomos criados simples e ignorantes (questão 121). Pode-se discutir aqui se eles se referem ao momento em que Deus individualiza uma porção do Princípio Inteligente do Universo e que trilhará como ser vivo material desde os unicelulares até os animais superiores ou ao instante em que atingimos a capacidade de estagiar entre os homens e merecedores do título de espírito propriamente dito.

Particularmente preferimos a segunda hipótese por ser mais racional. Seria redundante afirmar que criaturas microscópicas animadas por tênues cargas de energia espiritual não apresentam qualquer estrutura psicológica, mental ou emocional e que as mesmas tudo desconhecem. Embora a transição de animal para homem não possua fronteiras bem definidas e o mesmo deve ocorrer com o princípio inteligente para adquirir a cidadania de espírito, provavelmente os Instrutores optaram por definir o homem primitivo como destituído de quaisquer complexidades ou especializações, bem como desprovidos de inteligência e senso moral. Isto transparece nas respostas das questões 120 e 776.

As questões 593 e 595 confirmam esse parecer ao afirmarem que só o Espírito do homem é completamente livre. Embora os animais não sejam simples máquinas, sua liberdade é restrita aos atos da vida material. Muito relativamente, acrescentaríamos nós. Além do determinismo imposto pelo meio ambiente, é, a maioria deles, submetida aos caprichos humanos. Quanto mais próximos do homem, mais deles dependem.

Pela questão 262 ficamos sabendo que no início de sua jornada, o espírito, por ser simples e ignorante, não sabe fazer escolhas e, portanto, não pode ser responsabilizado pelos atos praticados. É Deus que traça o seu caminho como se faz a uma criança. À medida que se desenvolve, é liberado gradativamente para tomar decisões, desenvolvendo-se o livre-arbítrio e é aí que normalmente acaba se desviando do bem. Esta é a origem do erro. Livre-arbítrio mal utilizado conduzindo a práticas inadequadas que geram consequências, entre elas, o sofrimento que levará ao arrependimento e à reparação.

O mesmo se repete com a infância de cada reencarnação. Alguém se atreveria a descrever um bebê de mudo e paralítico só porque não aprendeu ainda a falar e andar? E diria que isto é castigo ou fruto da fatalidade? Ou é melhor pensarmos que se trata de um determinismo biológico que acarreta uma incapacidade natural e temporária?

Logo após o nascimento e até certa idade, a criança não possui vontade própria. É totalmente dependente dos pais na alimentação, higiene, locomoção etc. Manifesta suas necessidades e insatisfações ou prazer através do choro ou do sono tranquilo, depois também através de alguns gestos e assim até dominar a linguagem.

Com o passar do tempo desenvolve outras aptidões físicas, como andar, e mentais e já lhe é permitido fazer algumas coisas sozinha. Percebendo melhor o mundo à sua volta, aprende a discernir e avaliar os perigos – de uma tomada elétrica, do fogo, de uma queda da cadeira – e de evitá-los. Por sua vez os adultos aumentam sua liberdade de ação permitindo que se envolva em atividades cada vez mais complexas até atingir a maturidade total. As próprias leis humanas reconhecem uma idade limite para tê-la como indivíduo totalmente responsável: dezesseis anos para votar, dezoito para possuir carteira de motorista ou se casar.

Mas da mesma forma como há indivíduos que mesmo após atingir a maioridade continuam com as faculdades de raciocínio e julgamento incompletas, o Espírito imortal nem sempre corresponde ao que se espera dele no uso do livre-arbítrio e ao infringir as leis terrenas, no primeiro caso, e as divinas no segundo, estarão sujeitos às penalizações decorrentes da lei de causa e efeito.

Logo, o homem, por ter a liberdade de pensar, em princípio, também pode agir. Se assim não fosse, sem livre-arbítrio não passaria de uma máquina (questão 843). Mas para agir tem que colocar em movimento a vontade, deve querer agir. Nas questões 122, 262 e 609, os Espíritos esclarecem que o livre-arbítrio se desenvolve à proporção que o espírito adquire a consciência de si mesmo e na qual (questão 621) está escrita a lei de Deus. Já na 780 explicam que o progresso moral é consequência do intelectual, mas que nem sempre o segue de imediato. Fazendo o homem compreender o bem e o mal, ele pode fazer escolhas e com isso assume responsabilidades. Chegamos, enfim, a um princípio muito caro aos espíritas: a lei de causa e efeito à qual Jesus deu o veredito (Romanos, 2:6): *a cada um segundo suas obras* e também textualmente na questão 123.

Ação e reação ou causa e efeito? Adiamento, parcelamento e cancelamento de dívidas morais.

Muitos utilizam a expressão "Ação e Reação". Não concordamos que seja o mais apropriado. Esta imediatamente nos remete à terceira lei de Newton para qual uma ação determina uma reação de mesma direção e intensidade e sentido contrário. Admite-se que possa prevalecer, conforme nos traz o livro com o título acima, "nas esferas primárias da evolução, onde o determinismo pode ser considerado irresistível".

Ocorre que a justiça divina não é inflexível assim. Para espíritos medianos, há várias formas para se fazer um acerto de contas. Apesar do "pagarás até o último ceitil" e da informação de que "não há uma só (dívida)... que não arraste consigo sua punição inevitável" (ESE, cap. V, item 12), a misericórdia e bondade divinas estão presentes neste mesmo item quando compara a situação do homem perante Deus à relação de devedor e credor "se me pagares hoje mesmo a centésima parte, darei quitação do resto" e que permite que "o amor cubra uma multidão de pecados", conforme o apóstolo Pedro. Em apoio, encontramos no mesmo ESE (cap. V, item 7) o detalhe de uma palavra que faz a diferença. Lá, os Espíritos afirmam – e repetem a expressão quatro vezes – que o homem que fizer isso ou aquilo poderá ter que passar por situação idêntica. Portanto, nem sempre a uma ação segue-se obrigatoriamente uma reação igual.

Dívidas morais podem ser adiadas, parceladas, atenuadas e até mesmo canceladas pela simples prática do bem, pois Deus quer ver o progresso e bem-estar de suas criaturas e não o seu sofrimento. É o que nos ensina o ESE, cap. XIV, item 9. Toda vez que ele se dispõe a se corrigir e empreender as verdadeiras conquistas do Espírito, a dor perde sua razão de ser. Atualmente, com as descobertas da Física Quântica, nem as leis materiais são totalmente deterministas. Fala-se mais em probabilidades de ocorrências e não de inevitabilidades.

Este parcelamento de dívidas pode ser comprovado não só pelos relatos mediúnicos, mas pelas regressões de memória na Terapia das Vidas Passadas. Albert De Rochas (*Vidas sucessivas*) observou que as causas narradas por alguns de seus pacientes para sofrimentos na existência atual, procediam não da reencarnação imediatamente anterior, mas de outras mais recuadas. Foi exatamente o que concluiu a terapeuta Elaine G. de Lucca (*Revista Universo Espírita*, n° 8, abril/2004) que, à época, já havia realizado 22.000 regressões em 22 anos de atividade profissional. Pôde não só confirmar o parcelamento do chamado carma em várias reencarnações como perceber que os efeitos podem ter causas diversas e de vidas diferentes. Cremos que, se para o caso de distúrbios na saúde isso ocorre, não há porque não se dar o mesmo em relação às mazelas morais que todos vivenciamos.

Esta progressão de grau de livre-arbítrio que o Espírito adquire e consequente aumento de responsabilidade pode ser conectado à parábola dos talentos no capítulo XVI do ESE. Se o indivíduo usa bem o seu poder decisório, fará boas obras, aumentará a autonomia nas escolhas, diversificam-se as expectativas e terá mais oportunidades de dirigir sua existência. Mas também haverá aumento de responsabilidades. Se age mal e abusa da liberdade de escolha poderá sofrer penalizações decorrentes não de castigo divino, mas da automática aplicação da lei. É natural que, atendido nas oportunidades, responda pela aplicação dos "talentos" recebidos, por mérito ou "antecipação de confiança" como ocorre com as compras no crediário. A quem mais for dado, mais lhe se dará e àqueles que já possuíam pouco e usaram mal, até este pouco pode ser temporariamente retirado até que aprenda a usar com sabedoria e responsabilidade. Ou seja, ficará sujeito ao determinismo ou fatalidade.

Já vimos que o livre-arbítrio é adquirido pelo conhecimento. Não só intelectual, mas também o moral, emocional – a chamada inteligência emocional –, filosófico, científico e religioso. Saber o que se quer, o que se deve querer e, pela virtude, merecer aquilo que se quer porque agindo no Bem angariamos a simpatia dos amigos, encarnados e desencarnados, nos harmonizamos com Deus e as leis do Universo e nos predispomos às boas realizações.

Ao pronunciarmos na prece do Pai Nosso "seja feita a tua vontade" – e às vezes acrescentamos de improviso "e não a nossa" – significa, num primeiro momento, submissão à vontade superior do Criador. Mas, num segundo, que nós também já estamos aprendendo a desejar o que Ele deseja. Ou seja, nosso livre-arbítrio enquadra-se, há uma coincidência ou alinhamento com o d'Ele. Vale mencionar, a título de recordação, que Locke e, de certa forma, também Russel, além da Igreja Ortodoxa (ver capítulos I e II) defendem exatamente esta posição.

Daí o raciocínio de alguns de que com a evolução, na realidade, o livre-arbítrio individual diminui e não aumenta porque cada vez mais, pela conscientização de que Deus faz tudo certo e para o Bem, nosso inclusive, nós podemos abrir mão de desejos imediatistas. Até mesmo quando almejamos algo de bom para alguém, se este alguém não merece ser ajudado ou precisa do "remédio amargo" da dor naquele momento, aceitando a situação, estamos respeitando a Vontade Maior. O que não nos parece correto é o raciocínio (*Livre-arbítrio*, Edgard Armond) de que o livre-arbítrio torna-se desnecessário aos seres mais evoluídos devido à ausência do mal. Isso é demonstração de desconhecimento do que seja realmente esta faculdade pela qual se faz escolhas entre duas ou mais opções.

Verdade que há os que percebam o livre-arbítrio como limitado por não ter à sua disposição <u>todas</u> as opções possíveis, mas, mesmo parcial, não significa exercer preferências entre oposições morais. Um exemplo temos quando o espírito define se deseja reencarnar em breve ou mais tarde, na escolha do sexo ou se abraçará esta ou aquela missão espiritual. Ele está aplicando sua vontade sem ter que, necessariamente, se confrontar com o certo e o errado.

Mas enquanto isso não ocorre, tentamos impor nossa vontade ao mundo. E surgem os conflitos entre vontades diferentes ou que competem entre si. Fulano deseja branco e beltrano deseja o preto ou então ambos desejam o branco, não disponível em número maior. Nasce daí o livre-arbítrio do mais forte sobre o mais fraco, gerando uma espécie de determinismo parcial do qual não podemos escapar. Influenciamos e somos influenciados pelo que querem e fazem os outros.

Entretanto, lembremos que, mesmo nesta situação, o nosso livre-arbítrio não está aniquilado. Primeiro porque o meio em que fomos inseridos socialmente, ao menos para os espíritos de mediano desenvolvimento, já é reflexo de escolhas antes da reencarnação. Segundo, porque sempre podemos resistir, contornar, superar, ainda que parcialmente, os efeitos desta força maior que vem do exterior. Como exemplos, Gandhi e sua cruzada de não-violência ou muitas de nossas crianças nascidas e criadas nas favelas que, apesar do meio adverso, crescem e se tornam cidadãos dignos e honestos.

A esse respeito a questão 861 comporta dupla análise. Se de um lado, ninguém vem predestinado a cometer um crime, pois sempre lhe restará a possibilidade de, pela vontade, resistir ao impulso de fazê-lo, por outro, se fracassar e chegar ao delito, depreendemos que, em muitas das vezes estamos nos deparando com um caso clássico de imposição do arbítrio de um mais forte sobre outro mais fraco. Certo que não foi por obra do acaso e, portanto, teve uma causa. Mas qual? Lei de causa e efeito? Carma? Destino? Não. Simplesmente a manifestação circunstancial e infeliz do livre-arbítrio de um indivíduo sobre outro. A experiência servirá à vítima de prova ou à conta de expiação de alguma outra falta não relacionada diretamente ou, até mesmo, será revertida como um crédito a ser desfrutado, oportunamente, mas não significa necessariamente expiação por falta cometida de mesma natureza em algum momento do passado.

Essa possibilidade fica bem clara, por exemplo, na questão 927 do LE quando os Espíritos admitem que "... a falta do que é necessário à vida e à saúde do corpo. Pode ser (grifo nosso) que essa privação seja por sua culpa e, nesse caso, não deve imputá-lo senão a si próprio. Se ela é por culpa de outrem, a responsabilidade recairá sobre aquele que lhe deu causa". Ou seja, se a carência desta vida não foi causada por preguiça ou incompetência da vítima, o não atendimento das necessidades básicas como alimentação, saúde, moradia, educação, podem bem caracterizar uma situação de injustiça social promovida pelo homem no presente sem qualquer vínculo com o passado individual de uns ou outros, embora este mesmo ambiente social represente o cadinho depurador do espírito imperfeito para o qual se viu atraído.

A exploração econômica e desigualdade social seriam frutos do livre-arbítrio de uns poucos se impondo sobre o de muitos. Saliente-se que a questão 930 reforça o papel do ambiente quando diz que "... Com uma organização social sábia e previdente, não pode faltar ao homem o necessário, senão por sua falta; mas mesmo suas faltas, frequentemente, são o resultado do meio em que ele se encontra colocado".

Outro exemplo. Se um empresário apresenta qualidades superiores de inteligência, competência, talento e dedicação e sua atuação acaba por levar à falência um concorrente ou, na disputa interna, um executivo perde o emprego porque outro se sobressaiu, por mérito ou mesmo utilizando-se de meios ilícitos, o perdedor não pôde evitar. Ocorreu uma fatalidade, mas houve uma causa.

Mas, atenção, é possível que para o perdedor seja também uma expiação. O vencedor, com mérito ou não, agiu por vontade própria. Não estava no planejamento do outro tal ocorrência, mas visto que isto se tornou inevitável pela iniciativa no presente do concorrente, acabou servindo para expiar algum tipo de dívida moral do passado daquele que foi prejudicado. Dívida esta relacionada ou não com a natureza do evento atual. De qualquer forma, terá lhe servido como teste de resignação, paciência, fé em Deus, perseverança.

Este modo de atuação que pode ser leve e sutil ou chegar à subjugação total está presente na força física (adulto x criança; homem x mulher; sadio x enfermo ou deficiente; jovem x idoso; armado x desarmado); no intelecto (mais inteligentes ou ardilosos x menos instruídos ou ingênuos); social (classes privilegiadas x pessoas comuns); econômica (ricos x pobres); poder (governantes, detentores de cargos públicos elevados x cidadão comum; patrão x empregado, líderes religiosos x fiéis).

Porém, apesar disso, cada indivíduo reage ou se adapta de modo especial em relação a cada uma destas limitações de seu livre-arbítrio. Durante uma chuva – fenômeno natural e fora do controle das pessoas –, umas se retardam antes dela iniciar; outras também prudentes, carregam o guarda-chuva; outras mais abrigam-se sob uma marquise até que o aguaceiro passe; há quem se apresse e chegue em casa a tempo e outras se molham. E talvez lamentem.

Com maior ou menor auxílio dos espíritos que zelam pelo seu bem-estar, segundo o que já fizeram por merecer, pode se submeter passiva e integralmente, deixando-se arrastar pela correnteza do ambiente que o cerca ou opor resistência a ela. Neste caso atenua, neutraliza parcialmente e até mesmo reverte, transformando desvantagens em oportunidades de êxito.

Uma limitação física, congênita ou adquirida, pode forçar a busca de alternativas de sobrevivência ou sucesso, desenvolvendo habilidades especiais. A baixa estatura pode ser um empecilho para jogar basquete, mas favorece a atividade de jóquei ou a ginástica. A deficiência motora ou de um dos sentidos impõe necessidade de superação para a vida de relação. Desafios, superação do preconceito, aceitação da nova realidade, força de vontade, são forças capazes de promover e acelerar o progresso tanto como pessoa encarnada como espiritualmente.

Se o conhecimento é progressivo e deste depende o grau de livre-arbítrio, conclui-se que quanto mais evoluído for o indivíduo, de mais livre-arbítrio ele dispõe. Antes de reencarnar possui autodeterminação mais ampla e, se sabe escolher melhor, mais organizado, definirá o seu destino futuro com mais detalhes. Onde uns não puderam escolher nada e outros somente os pontos capitais, este, um passo à frente, enriquece o roteiro com mais detalhes. Que, por sua vez, tornam-se mais facultativos. Primeiro porque constituem sinalizações ou experiências menores na condução às maiores e, segundo, porque se dispunha de mais livre-arbítrio lá, tem-no ainda para fazer as alterações no presente.

Cada reencarnação representa um capítulo do grande livro da nossa trajetória total e à medida que escrevemos a nossa história, temos a oportunidade de dar um novo direcionamento a ela, mudando o enredo, corrigindo ou reorganizando a vida do personagem único que somos nós. Não importa se criamos um texto mais objetivo ou prolixo, abreviando ou aumentando o número de outros capítulos-reencarnações que terão de ser escritos. De um modo ou outro o final sempre será feliz, culminando com o momento que tomaremos outro volume, já liberado do ciclo reencarnatório, mas seguindo ainda em busca da perfeição relativa a que todos faremos jus. Deste modo, o planejamento reencarnatório realizado no plano extrafísico é, na feliz expressão de alguém, apenas um protocolo de intenções.

Dito de outra forma, o somatório deste planejamento – escolha de expiações, provas e missões – com os determinismos dos quais ainda não conseguiu se desvencilhar, geram tendências que poderão ou não se concretizar mais tarde quando reencarnado. Retomando nosso exemplo do trânsito urbano, chegados aqui nos são oferecidas diversas ruas que nos conduzirão aos nossos destinos, sem trocadilho, ou seja, à realização de nossos objetivos.

A cada passo nos deparamos com cruzamentos e vias opcionais e outras mais ou menos obrigatórias. Algumas tratam de detalhes, tornando indiferente trafegar por elas ou outras. Os acontecimentos marcados podem ser substituídos, adiados, realizados mais à frente ou simplesmente suprimidos. Já em outras há um caráter de essencialidade: alguém ou algo que precisamos conhecer, encontros e desencontros, uma ocorrência de que devemos participar dada a sua importância ou servindo de via de ligação ao precipitar, a partir dela, muitas outras, todas mais ou menos importantes.

O tema em filme

Por falar em cruzamentos, recordamos de um filme cujo enredo faz-nos meditar bastante sobre esta questão. Em *O curioso caso de Benjamin Button*, primeiro há uma referência especial a nós espíritas na palavra da protagonista: "... Para Edgard Cayce, o médium, tudo é predeterminado, mas eu prefiro chamar de destino".

Depois é Benjamin, o personagem de Brad Pitt, quem dá o tom fatalista: "... uma série de vidas cruzadas e incidentes fora do controle de qualquer um". Sua reflexão é seguida da narração e das imagens de diversos pequenos incidentes ou detalhes que culminam com outro muito importante para ambos.

Enquanto ela, terminado o ensaio no teatro, prepara-se para sair, outras pessoas estranhas, de certa forma estão selando o seu destino. Uma mulher está de saída de casa, mas retorna para apanhar o casaco. Nisso o telefone toca, junto ao qual ela se demora algum tempo. Ao chegar à rua, acena para um táxi, mas um homem toma-lhe a frente. Enquanto isso, o motorista de outro táxi que acabara de deixar um passageiro nas proximidades, em vez de continuar o caminho, resolve fazer uma parada para tomar café num bar. É neste que a mulher do casaco consegue embarcar minutos mais tarde.

Durante o trajeto, de repente, um homem que na véspera se esquecera de acionar o despertador e por isso acordou cinco minutos atrasado, precipita-se à frente do táxi cujo condutor é obrigado a frear. Retomando o percurso, um pouco mais adiante, a mulher pede para que o taxista aguarde enquanto ela entra numa loja para apanhar um embrulho que não está pronto como deveria porque a atendente, por ter brigado também na véspera com o namorado, esqueceu de fazê-lo. Depois de perder algum tempo, apanha o embrulho e volta para o táxi que se põe em movimento, mas se vê bloqueado logo mais por um caminhão. Novo atraso.

Por sua vez, a jovem bailarina também se atrasa enquanto espera uma colega que resolve o problema do cadarço do calçado que arrebentara. Elas saem do teatro no instante que o táxi aguarda o sinal abrir. O motorista se distrai momentaneamente, ocupado com o cigarro e não as vê avançar para a via pública. O atropelamento é inevitável, apanhando em cheio a protagonista.

Recapitulando as peripécias, o personagem-título constata que se um só de todos aqueles incidentes não tivesse ocorrido ou se desse em momento diferente: o esquecimento do casaco ou o toque do telefone, a perda do primeiro táxi, o café no bar, os cinco minutos de atraso por causa do despertador, a briga dos namorados, o bloqueio do caminhão, o cadarço arrebentado, o sinal fechado ou o olhar do taxista que se desgrudou da rua, um só teria feito com que o automóvel tivesse passado direto e a bailarina não destroçasse a perna em cinco lugares e acabasse ali com a sua brilhante carreira.

Naturalmente que no processo criativo da ficção tudo é permitido. Não significa que as coisas possam ou sempre aconteçam assim. Pode-se dizer que, em última análise, a causa do acidente foi a distração negligente do motorista. Entretanto, permanece a dúvida. Qual a conclusão que tiraríamos, se soubéssemos como e quem concorreu, de cada evento importante na vida de todas as pessoas? "Vidas cruzadas e incidentes"? Determinismo ou destino? Sincronicidade conforme Jung?

Voltaremos com estas narrações curiosas de ficção logo mais ao examinarmos o "Efeito borboleta".

Na RE (junho/1866, pág. 168) encontramos o caso de um jovem que, por diversas circunstâncias, acabou impedindo que o imperador russo Alexandre fosse assassinado, fato, aliás, anunciado três semanas antes pelo Espírito de Catarina II que previa grande perigo para o czar, e publicado no jornal alemão *Die Gartenlauche*. Uma comunicação recebida na Sociedade Parisiense de Estudos Espíritas dirigida por Kardec explicou que "Os principais acontecimentos da vida são determinados por sua provação: os detalhes são influenciados por seu livre-arbítrio". O rapaz já possuía mérito espiritual e os espíritos o haviam colocado no momento e local certos. Mas as recompensas que o rapaz recebeu na forma de fortuna e título de nobreza tornaram-se uma nova prova para ele na qual poderia ter êxito ou fracassar.

Em toda essa aventura não nos faltam as placas de sinalização, as luzes dos semáforos e a atuação dos guardas que podem até nos punir com multas se insistirmos em transgredir as leis morais. Estes alertas nos chegam pelas intuições trazidas pelos Espíritos elevados, nosso protetor individual, os simpáticos e familiares e outros que se afinizam conosco como verdadeiros amigos. Mas especialmente pela voz da consciência que nos informa o que devemos ou não fazer. São – no dizer de André Luiz (*Evolução em dois mundos*, pág. 149) – as "sementes do destino" ou lembranças entranhadas na alma. Falaremos melhor sobre isso quando tratarmos da influência espiritual em nossas vidas. Quase nas mesmas palavras encontramos esta afirmação na RE (outubro/1863, pág. 318): "... o livre-arbítrio existe... mas com um guia: a consciência... ao lado (dele) semeou postes indicadores que iluminam os desvios".

Como, onde e quando expiamos

Passemos agora para tudo o que for de mais importante a respeito das provas, expiações e missões encontrado nas obras de Kardec. Em dezenas de ocasiões somos informados que a Terra é um mundo habitado por seres, em sua maioria, enredados em experiências de resgates, segundo a lei de causa e efeito, oriundos de erros cometidos em vidas pretéritas e mesmo na presente e outras de caráter educativo que avaliam o progresso espiritual já realizado. Portanto, o planeta (ESE, cap. III, item 3) e as vicissitudes dos que nele reencarnam (questões 920 e 946) são de provas e expiações.

Excepcionalmente, há os indivíduos missionários possuidores de avançado grau de intelectualidade e sublimação moral, embora, a rigor, todos tenhamos nossas missões particulares. Quanto mais mediano for o indivíduo, maior a possibilidade de que ele se depare, ao longo de cada existência, com situações que caracterizam as três motivações acima.

Predominarão as expiações naqueles em que as aquisições intelectuais estão pouco desenvolvidas ou têm sido utilizadas de modo abusivo, exercendo pouca influência sobre a sua conduta moral. Disto decorre o mau uso do livre-arbítrio no passado ou no presente que, pela lei de causa e efeito, acarretam consequências de privações e dor. André Luiz (*Ação e reação*, pág. 329) fala em três tipos de dor. A dor-evolução, característica dos animais e dos homens primitivos opera de fora para dentro e ocorre pelas exigências da natureza. A dor-expiação atinge, por força da lei de causa e efeito, os seres que já adquiriram consciência de seus atos. E a dor-auxílio que seria engendrada pelos próprios benfeitores espirituais visando nos prevenir de males maiores. Nesta estariam inclusas as ocorrências de certas enfermidades cujas manifestações seriam capazes de nos desviar de condutas perigosas que poderiam nos comprometer gravemente o futuro. Ou ainda as destinadas a proporcionar a preparação da desencarnação.

À medida que se refinam os sentimentos e atinge maior grau de maturidade moral, o indivíduo vai libertando-se do passado infeliz causado pelos determinismos exteriores e escolhas desastradas e avança para um estilo de vida baseada em opções mais conscientes. Conviverá com experiências planejadas e não impostas. De posse de maior discernimento, reconhece os erros pretéritos, assimila-lhes as lições e caminha para o futuro senhor de seu destino. Esporadicamente, entre poucas expiações e as diversas provações, poderá assumir compromissos de maior envergadura nesta ou naquela área, configurando missões de variado quilate.

O desenvolvimento intelecto-moral permite que o espírito imortal transite, ao longo dos milênios, de uma vida puramente material para uma situação mais espiritualizada. Num primeiro momento, partindo do *simples e ignorante*, recebe o determinismo de progredir à custa de missões e provações que lhe são impostas por Deus (questão 115) e gradualmente passa a exercer mais controle sobre as chamadas leis naturais que vimos serem consideradas fatais. Pela inteligência será capaz, por exemplo, de prever a ocorrência de um furacão ou uma erupção vulcânica e se proteger. Obras de engenharia evitarão inundações ou secas e assim por diante. As vicissitudes naturais revestem-se do caráter de desafios. Não são expiações, mas provas a que se submete visando o seu crescimento intelectual. No estágio bem mais avançado, alcançará a libertação de viver em mundos fisicamente hostis e moralmente atrasados como a Terra.

Mas vamos entender melhor o que seja expiar. Segundo o dicionário, é pagar, cumprir pena, sofrer as consequências; padecer ou purificar-se. Os Espíritos ensinam-nos que uma falta só é apagada totalmente do histórico do indivíduo após este seguir três etapas: arrependimento, expiação e reparação (*O Céu e o Inferno*, cap. VII, 1ª parte, itens 16 e 17). "O arrependimento suaviza a expiação..., constituída de sofrimentos físicos e morais..., na vida presente, após a morte ou numa nova existência..., mas somente a reparação pode anular o efeito ao destruir a causa. Esta consiste em praticar o bem para aquele mesmo a quem se fez o mal. (...) tornará a encontrar-se, numa outra existência, com as mesmas pessoas que ofendeu... fazendo-lhes tanto bem quanto o mal que havia feito." Mas acrescentam que nem todas as faltas acarretam prejuízos diretos e efetivos podendo ser reparados ao fazer o que deixou de fazer ou experimentando os efeitos das imperfeições de caráter como orgulho, egoísmo, preguiça que antes possuíram.

Todavia, nem sempre é possível fazer a reparação àquele que foi agredido. Em *Ação e reação* (cap. 14, pág. 253) é demonstrado que se indivíduos infratores, dentro de um círculo de relacionamentos, já perdoados pelas vítimas, insistirem em ficar à retaguarda, não podendo processar a reparação diretamente a eles, são instigados a fazê-lo a outras pessoas. De qualquer forma, seriam tachados como devedores "da obra de Deus e diante de suas próprias consciências".

Na mesma obra, mais adiante, no capítulo 17, todos os detalhes de doença e morte expiatória, aliás, ali denominada de "dívida expirante", são rigorosamente correlacionados, exceto o irmão que maltrata Leo. Ele fizera horrores com o irmão da vida pretérita, mas foi por ele perdoado. Surge agora outro irmão agora invertendo a posição, mas não os atos praticados. Quem é o novo personagem? De onde veio e por quê? Alguém cuja fraqueza de caráter transforma-o pelo próprio livre-arbítrio em agente de resgate para o devedor do passado e que, naturalmente, terá que, por sua vez, passar pelo arrependimento, expiação e reparação.

As expiações ocorrem tanto no palco terrestre, na condição de seres encarnados, nas mais diversas formas de experiências materiais e morais, como também na erraticidade – condição da alma desencarnada, mas ainda necessitada de novas reencarnações (questões 983 e 998.). Entretanto, segundo descrições de diversos autores espirituais, entre eles André Luiz, mediante a psicografia de Francisco Cândido Xavier, em muitos casos, os locais – as chamadas zonas umbralinas – e as condições precárias dos próprios seres que as habitam, devido à pronunciada densidade do ambiente e de seus perispíritos, permitem que se qualifique as vivências dolorosas como físicas.

Acrescente-se, por oportuno, que a duração das expiações, além de atender ao pré-requisito do arrependimento inicial, está atrelada ao "tempo necessário ao seu aperfeiçoamento... A duração e a natureza dos sofrimentos dependem do tempo empregado para se melhorar. À medida que progride e os sentimentos se depuram, os sofrimentos diminuem e mudam de natureza" (questão 1004). Portanto, as expiações podem ser desdobradas em várias etapas, inclusive em reencarnações não consecutivas. E mesmo nas penas impostas com certa duração, Deus leva em conta o arrependimento e o desejo de se melhorar (questão 1008).

O espírito de Lamennais (RE, julho/1864, pág. 218) explica que há provações sem expiação e expiações sem provação. Expiar é sofrer, mas não significa automática quitação de dívida. Esta não ocorre em clima de revolta e sem arrependimento, o que implica em agravamento de culpa e repetição da experiência dolorosa. No primeiro caso, foi submetido à prova de sofrimento que expiaria a falta, mas como fracassou, permanece o débito. No segundo, talvez dê a entender que certas penas resumem-se a limpar a nódoa do passado, possivelmente por uma imposição superior, mas não vai além disso, não servindo como um segundo passo de renovação e crescimento espiritual.

Imaginemos o indivíduo simples e ignorante, mesmo que só a respeito de determinado aspecto moral. Ele encontra-se no ponto zero. Se agir mal, ele caminha para a esquerda da escala. Ao expiar, apenas retorna ao ponto inicial. Só avançará quando caminhar para a direita através de aprendizados obtidos em provas voluntariamente escolhidas. O que ficou para trás são causas de efeitos perceptíveis no presente e que podem se estender, em geral, mais fracamente, para o futuro. Já para frente ou direita o que temos é a geração e execução de novas causas que, pelas provas ou missões escolhidas, irão alterar e determinar o futuro. "Todos os dias geramos novas causas, refazendo o destino", afirma-nos André Luiz (*Evolução em dois mundos*, pág. 152).

Cabe aqui importante esclarecimento. Não raro, os próprios espíritas têm dificuldades para interpretar corretamente este processo, cismando em relação ao tipo de atos cometidos no passado que deram juz a certos acontecimentos do presente. Buscam estabelecer conexões radicais entre causas e efeitos, prejudicando o seu próprio autoconhecimento e, às vezes, induzindo a perigosas ilações referentes às outras pessoas, tomando-as por autoras de delitos ou abusos graves como assassinato, suicídio, mutilações, estupro. Exemplo prático: um governante cruel que fosse responsabilizado por um genocídio seria obrigado a reencarnar o mesmo número de vezes quanto tivesse sido o número de suas vítimas.

Para os espíritos mais renitentes no mal, as expiações podem ser impostas e, à semelhança da antiga lei mosaica de talião, guardar afinidade quase total entre a natureza da falta e a respectiva punição ou, mais precisamente, entre a causa e o efeito, já que, de fato, a punição não ocorre senão por força de ato do próprio indivíduo. Seria a consagração do dito "quem com ferro fere, com ferro será ferido".

Embora, de certa forma, a lei de causa e efeito gere uma espécie de determinismo – a passagem do indivíduo pelo processo das três etapas citadas acima – o fato é que nem sempre há essa total sintonia contundente entre causas e consequências. Não há uma linearidade absoluta entre causas e efeitos. Às vezes as causas se reforçam porque se repetem. De outras, novas causas diferentes das primeiras, modificam os efeitos, bem como estes podem se apresentar desproporcionais para mais ou para menos, principalmente pela forma que as pessoas reagem a eles.

Não só a natureza dos efeitos pode variar em relação às causas que lhes deram origem como a 'forma e os prazos de pagamento' podem ser 'negociados'. Além disso, temos que considerar que no intervalo entre as causas geradoras e a eclosão dos efeitos, pela dinâmica da vida, novas causas surgem a todo instante, alterando aqueles efeitos antes mesmo de se manifestarem e ainda produzindo outros. Ricardo Di Bernardi (jornal *Alvorada de luz*, nº 44, abril/2006) compara o carma ou os efeitos que se manifestam no presente como uma canoa cujos materiais usados para construí-la foram obtidos pelos nossos atos passados, mas sobre a qual mantemos a liberdade para escolher o rumo que ela vai seguir. Assim, podemos concluir que em muitos acontecimentos pessoais, as causas determinam probabilidades de ocorrer certos efeitos.

Costuma-se dizer que se paga pela dor ou pelo amor, isto é, ou nos arrependemos e assumimos a culpa, tratando de trabalhar para corrigir o mal feito ou arcamos com o sofrimento tão severo quanto tenhamos usado em relação ao nosso semelhante, à natureza ou nosso próprio corpo físico. A primeira opção, a do amor e trabalho, é sempre a mais indicada por abreviar e mesmo cancelar muitas provas e expiações que figuravam na programação reencarnatória, convertendo efeitos dolorosos em novas causas de bem-estar. Note-se que um mesmo acontecimento ou situação pode ter causas e consequências diferentes para diferentes indivíduos. O que para um pode caracterizar uma fatalidade por ter sido fruto de escolhas prévias próprias, para outro, pode significar uma expiação compulsória.

Todos nossos pensamentos, palavras, sentimentos e atos são contabilizados. Nas fichas azuis são criteriosamente assentados tudo o que é correto, positivo, construtivo; nas vermelhas, inversamente, todos os erros, ações negativas e omissões. O que importa é a verificação, de tempos em tempos, do saldo parcial. Ele é que determina o destino futuro. É com base nele que voluntariamente efetuamos novas escolhas ou seremos intimados a prestar contas dos débitos para nos aproximar do zero de nossos ganhos e perdas e, se possível, apresentar saldo positivo.

É aí que entra a possibilidade de se obter descontos (*A vida escreve*, cap. 20): (teria que perder um braço num acidente por ter cruelmente mutilado um escravo, mas pelo trabalho no bem, ficou apenas sem o polegar); moratórias (transferência de uma experiência provacional dolorosa iminente para quando os filhos já estejam na fase adulta, por exemplo); amortizações parceladas (várias reencarnações); obtenção de créditos antecipados (aquele que fez mau uso da fortuna, em vez de retornar miserável, poderá fazê-lo rico novamente graças a uma disposição sincera de nesta nova oportunidade empregá-la para o bem coletivo); propor penas alternativas (em lugar da desencarnação, suportar as sessões da hemodiálise ou para corrigir a prática do aborto em vez de passar pela mesma experiência como vítima, aceitar filhos adotivos ou dedicar-se a cuidar de crianças deficientes) e até mesmo merecer a anistia total (por ter durante o novo prazo concedido trabalhado intensamente no Bem, atestando sua total reabilitação e tornando, portanto, desnecessária a experiência mais dolorosa da antiga falta). Deus não quer o sofrimento da criatura, mas a sua regeneração.

Dois exemplos excepcionais para reflexão. No livro *Ação e reação*, personagens e histórias estão perfeitamente relacionadas. Toda a obra narra acontecimentos em que a lei de causa e efeito está revestida de um caráter automático e inflexível, até mesmo para quem já está a trabalho na Colônia Nosso Lar, justificando o título. Entretanto, apesar deste enredo determinístico, aqui ou acolá, algo fica de fora. No capítulo 16, há um personagem que no processo liberatório da nova reencarnação não se enquadra no esquema geral. Trata-se da esposa de Adelino que o abandona.

Na RE (novembro/1862, pág. 327) outro caso em que aparentemente alguma coisa fica solta. Homem mata a esposa por sufocamento causado por ciúme após apanhá-la em flagrante de adultério. Acidentalmente é enterrado vivo. Seu espírito, 250 anos depois, tomado de arrependimento, comunica-se e informa que na futura reencarnação perderá todos os parentes por morte e sofrerá "as mais abjetas moléstias". Então parece que está sendo punido duas vezes pela mesma falta.

A esposa também é evocada. Reencarnada e com 11 anos, avisa que estava fadada a perder a fortuna e, na miséria, seria submetida a trabalhos árduos e vivenciaria um amor impossível dedicado a um sacerdote. O espírito do cúmplice também é evocado e, embora desconfortável quando confrontado com os fatos passados, parece ser o único a não ser atingido por sofrimentos específicos.

Apenas lembrando que há o reverso da medalha também. Toda vez que recusarmos as ofertas para saldar os débitos 'pelo amor', estamos marcando encontro com a dor. Se não aceitamos negociar para obter descontos, curvando o orgulho diante da necessidade de alteração de rota, pagando hoje talvez bem menos do que é o montante da dívida, estamos agravando a falta e aumentando o comprometimento com a justiça divina.

Naturalmente que, por uma questão de lógica, somos levados a acreditar que quanto mais leves sejam as faltas ou menor o número de erros do mesmo tipo acumulados – tempo de permanência escravo de um vício, p. ex. – tanto mais facilmente seus efeitos podem ser convertidos pelos atos bons ou cancelados. Contudo, são os grandes delitos morais que necessitam de atenuamento e parcelamento até em várias reencarnações para serem totalmente ressarcidos perante a justiça divina.

No livro *Párias em redenção*, de Divaldo Pereira Franco (pág. 195-6), há o relato de que espíritos empedernidos no mal são internados em estações de tratamento para ser submetidos a um processo de hibernação em furnas extrafísicas, durante o qual são apagadas muitas das lembranças vividas, bem como para a reparação de lesões do perispírito e reconstrução das formas objetivando nova encarnação. Isso atenderia exatamente a necessidade de se dosar as expiações dada a impossibilidade de ressarcimento de todos os delitos cometidos no passado numa única existência.

Seja como for, nas expiações prevalece o caráter de imposição por força das leis superiores, administradas pelos Espíritos elevados, com ou sem aceitação por parte do infrator. Para Joanna de Ângelis (*Plenitude*), elas tornam-se irrecusáveis, constituindo-se em cirurgias corretivas. Ao contrário, as provações, em princípio, são requeridas pelo indivíduo ou somente sugeridas pelos operadores espirituais.

A relação, aliás, entre provas e expiações é muito estreita. Embora, na questão 983 os Espíritos informem que "todas as penas e tribulações da vida são a expiação de faltas de uma outra existência, quando não da atual", ao formular a pergunta 399 do LE, Kardec dá por ponto resolvido que as vicissitudes da vida corporal são ao mesmo tempo uma expiação pelas faltas do passado e provas para o futuro, enquanto na 984, os Espíritos respondem que estas vicissitudes não são sempre a punição de faltas atuais, mas "provas impostas por Deus ou escolhidas pelo próprio espírito para expiar as faltas cometidas em vidas pretéritas."

O fato novo aqui é que não só as expiações, mas também as provas podem ser impostas. Que não deixam, segundo os Espíritos, de serem expiações também. "Em certos casos (RE, setembro/1863, pág. 271), a prova se confunde com a expiação, isto é, a expiação <u>pode</u> servir de prova, e reciprocamente... Isto porque a expiação implica necessariamente a ideia de um castigo... a prova implica sempre a de uma inferioridade real ou presumível...". Ou seja, não é toda expiação que assume também o caráter de provação. Mas entendemos que, enquanto provas, se trate aqui não daquelas advindas dos atos deliberados do ser, porém, dos diversos tipos de determinismos ambientais antes citados: envelhecimento, a morte, climáticos, geográficos, necessidade de trabalho etc.

Este entendimento está presente, por exemplo, em Léon Denis. Na obra *Depois da morte* (pág. 239) ele afirma que "a pena de talião nada tem de absoluto, mas (...) nada a não ser a expiação, apagará as nossas faltas". O que reforça em *O problema do ser, do destino e da dor* (pág. 346): "... pode-se sempre atenuar, modificar a sorte...". Entretanto, na mesma obra, à pág. 280, parece cometer um deslize quando declara que "Todo mal feito, o sangue vertido e as lágrimas derramadas recaem cedo ou tarde, fatalmente sobre seus autores – indivíduos ou coletividades". Ora, se é fatal não pode ser modificado.

Fixando-nos novamente nos ensinamentos contidos na obra primordial do Espiritismo, aprendemos com a questão 264 que o fator determinante para a escolha das futuras provas a que o reencarnante se submeterá é "... as que podem ser para ele uma expiação segundo a natureza de suas faltas e o faz avançar mais rapidamente". Note-se que enquanto Kardec, na pergunta, usa o termo 'provas', a resposta dos Espíritos contém outro, a 'expiação'. Saltando para a questão 975, eles confirmam: "... liberto da matéria, aspira depois a uma nova existência corporal... faz então, a escolha das provas pelas quais poderá expiar suas faltas..." Novamente os termos provas e expiações usados quase que indistintamente.

Provas e expiações escolhidas e impostas

Antes de avançarmos é interessante saber quando estas escolhas se realizam. Já sabemos que se dão no intervalo entre uma reencarnação e outra, mas será que haveria um instante especial para isso? Segundo a questão 263 do LE, tal não se verifica logo após a desencarnação, pois muitos, por ignorância e com muitos débitos a quitar na própria dimensão espiritual aonde acabam de chegar, imaginam que seus sofrimentos são eternos, crença que ajuda compor sua expiação (questão 973).

Aliás, cabe acrescentar que, entre os desencarnados, as expiações consistem, primeiramente na dificuldade de desprendimento do corpo físico após a morte que pode durar até muitos anos, como no caso dos suicidas. Para estes e delinquentes de variada ordem há a visão constante de seus atos, dos momentos derradeiros e das vítimas, além do ambiente trevoso, o isolamento e a tortura imposta pelos espíritos obsessores. Para almas muito apegadas às coisas materiais a prisão se faz em torno dos bens e posses deixados (questão 313) ou pela impossibilidade de gozar as antigas paixões e vícios (questão 972), enquanto outros sofrem por conta de suas carências morais como o orgulhoso ao ver outros indivíduos em condição de superioridade.

De resto, inúmeras outras revelações trazidas pelos mensageiros espirituais através de livros romanceados ou não, esclarecem que mesmo aqueles que partiram sem muitas dívidas, necessitam de algum tempo para refazimento das energias, sendo internados em colônias de repouso para terem as faculdades perispirituais e mentais reorganizadas após os duros embates da última jornada terrestre ou mais especialmente em função do desgaste provocado pela enfermidade que culminou com a sua desencarnação.

Estes, após a recuperação, e muitos outros que se transferiram em boas condições, poderão permanecer por tempo variável por lá dedicando-se aos estudos e trabalho por si mesmos e por outros, desencarnados e encarnados. Só depois de muito tempo, por solicitação sua ou recomendação dos superiores, serão convocados a reencarnar para atender novos compromissos de aperfeiçoamento na esfera terrena para o que iniciarão o planejamento da futura incursão, passando a proceder as escolhas apropriadas.

O espírito pode também, conscientemente ou não, iniciar este processo de escolhas ainda na atual encarnação. É o que admite a questão 267 do LE. Pensamos que seja o caso, por exemplo, de alguém que desejava muito exercer determinada profissão e foi frustrada na intenção por motivos quaisquer. Ao continuar alimentando este desejo e, se compreender a reencarnação e outros mecanismos que governam a vida humana na Terra e desde agora formular a Deus um pedido neste sentido, poderá ter o mesmo sob exame e eventual aprovação para inclusão no planejamento reencarnatório da próxima etapa. Considere-se, porém, que ao 'subir' a montanha, possa mudar de ideia.

Vejamos onde mais encontramos referências sobre a associação entre elas. Na RE (setembro/1863, pág. 271-3) está dito que uma prova fracassada implica em ter que ser repetida e esta repetição representa uma expiação. Ou seja, o espírito precisa ser novamente avaliado no mesmo ponto e isto é ainda uma prova. Mas por ter que repetir aquilo que já poderia ter superado, despendendo tempo, recursos e perdendo oportunidades, torna-se um castigo pela negligência empregada da vez anterior.

Vale repetir o ensinamento do ESE, cap. V, item 9, quando assevera que nem todo sofrimento é indício de expiação, podendo ser prova escolhida, embora ambas sejam sinais de inferioridade. A expiação pode servir de prova – de resignação, fé e paciência, por exemplo, diante do sofrimento justo, por certo, mas de cujas razões não recordamos –, mas esta nem sempre é expiação.

Ainda do ESE, itens 16 e 18 do capítulo III, Agostinho esclarece que nos mundos transitórios ou regenerados há ainda provas, mas não as pungentes angústias das expiações. Aos caracterizados por elas, no entanto, pode-se recair. Anteriormente, porém, no item 4, contraditoriamente, dizem-nos que há, sim, expiações. Se as provas são geralmente escolhidas, mas ocasionalmente também impostas (questão 984), o inverso ocorre com as expiações que, em princípio, são impostas, porém, podem também ser voluntárias (RE, setembro/1863, pág. 273).

Já na questão 268, somos instruídos que os Espíritos até alcançar o estado de "pureza perfeita" terão provas a suportar, porém estas não devem ser confundidas com as tribulações materiais. Têm mais o caráter de deveres a cumprir e contribuem para o seu aperfeiçoamento, mas não são penosos e sim gratificantes pela ajuda aos outros de também progredirem.

Mais luz sobre este ponto das escolhas se faz ao examinarmos outras questões como as de número 259, 260, 644, 645, 789 e o item 14 do cap. VIII do ESE ao tratar da influência do meio ambiente nas disposições interiores do espírito. Na primeira delas diz-se que nem todas as tribulações da vida foram escolhidas por nós, mas apenas o gênero das provas e exemplifica com a opção de renascer entre malfeitores, expondo-se a certos arrastamentos, sem saber ao certo, porém, em quais ocorrências se fará envolvido. Na pergunta seguinte, Kardec quer saber como alguém pode desejar nascer entre pessoas de má vida. "É necessário que ele seja colocado num meio onde possa suportar a prova que pediu", é a resposta. Temos, então, uma espécie de 'escolha forçada'.

Na 644, o mestre lionês indaga se um meio assim não se torna fonte de vícios e crimes para ele. Ao que eles admitem ser verdade, sendo, porém, nisto que reside a prova por ele escolhida. Kardec insiste: "Mergulhando numa atmosfera de vício, o mal não se torna para ele um arrastamento irresistível?" – "É um arrastamento, mas não irresistível." Depende da força moral do indivíduo, tanto que, citam eles, às vezes, lá se encontram pessoas muito virtuosas que possuem mesmo a missão de influenciar pelo exemplo as outras pessoas.

Finalmente, o codificador expõe na questão 789 que as almas "... vêm atraídas por um meio que lhes é simpático, e que está de conformidade com o seu estado atual". Já o texto do ESE reafirma que "estando os homens em expiação sobre a Terra, punem a si mesmos pelo contato com seus vícios, dos quais são as primeiras vítimas, acabando por compreender seus inconvenientes." Esta atração para o meio específico idêntico às tendências (questão 872) de cada indivíduo gera probabilidades de ocorrência de certos fatos, evitáveis, contudo, muitos deles, mediante a atuação vigorosa da vontade e uso da inteligência.

Mas da mesma maneira como nem sempre um delituoso reencarna numa favela ou na Somália porque quer, mas por ser o único ambiente adequado e possível às suas necessidades, nem todos os que ali renascem são delinquentes ou primitivos. Se uns expiam, outros podem apenas estar sendo testados, quer por solicitação ou pela fatalidade da lei de progresso.

Quanto menos autonomia possuirmos, mais compulsoriamente seremos atraídos para os meios nos quais precisamos encontrar situações e pessoas para se reajustar e aprender: família, condição socioeconômica, profissional. Às vezes é um processo quase automático, inconsciente.

Ao exercermos uma escolha, por exemplo, do lar onde renasceremos, a futura profissão ou o cônjuge, estaremos acionando mecanismos que poderíamos denominar de efeito dominó, observados em peculiaridades resultantes daquelas opções. Certas carências, exposição a determinadas enfermidades, dificuldades para obtenção de instrução, prole mais numerosa, perda de um filho por falta de atendimento médico adequado. As simples balizas que delimitamos em relação a um lar humilde, por exemplo, quantas implicações provoca? Mais que expiações ou provas são oportunidades de aprendizado e crescimento espiritual.

Isto vem ao encontro do que escrevemos anteriormente sobre muitas das mazelas que recaem sobre a cabeça humana não serem consequências da lei de causa e efeito, mas simplesmente decorrentes da condição de habitarmos um planeta como o nosso. 'Quem sai na chuva é para se molhar', diz o ditado. Quem reencarna na Terra – porque precisamos reencarnar; certo determinismo superior ao nosso livre-arbítrio –, tem que se sujeitar às suas condições próprias: andar e não voar, dormir, adaptar-se aos diferentes climas, trabalhar para sobreviver, prevenir-se de doenças e outras ameaças, a obrigatoriedade da convivência social com maior ou menor número de pessoas viciosas, agressivas e ignorantes ou com personalidades predominantemente solidárias, bondosas e honestas.

Ainda a respeito, na questão 266, Kardec estranha que os espíritos não escolham as provas menos penosas. Recomendamos a leitura da longa resposta que se segue, impraticável de ser aqui reproduzida. Mas é magnificamente didática a comparação do espírito com um viajante. Enquanto encarnado, o primeiro equivale ao segundo no fundo de um vale obscurecido pelo nevoeiro. Não tem noção de quanto lhe falta percorrer ou os obstáculos que terá à frente. Mas se subir ao cume da montanha – situação da alma desencarnada – pode ver quanto já caminhou, todo o restante que o separa de seu destino e os detalhes do caminho, permitindo um planejamento seguro para as etapas finais.

A diferença é que, às vezes, por conveniência extraída de uma decisão inteligente, terá talvez que, para usar uma expressão evangélica, optar pela porta estreita, isto é, por enfrentar e não fugir aos perigos porque estes é que o fortalecerão pela experiência vitoriosa. Aliás, prestemos atenção ao enunciado da resposta à questão 258A: "Se um perigo vos ameaça, não fostes vós quem o criou e sim Deus. Vosso, porém, foi o desejo de a ele vos expordes, por haverdes visto nisso um meio de progredirdes, e Deus o permitiu".

Finalmente, o já citado item 9 do cap. XIV do ESE consola: "As fortes provas... são quase sempre o indício de um fim de sofrimento e de um aperfeiçoamento do espírito...". Seria a luz no final do túnel, mas temos que considerar que há túneis mais ou menos extensos e quem por eles transita, pode fazê-lo em maior ou menor velocidade ou mesmo deixar-se ficar à sua margem, estagnado.

No parágrafo seguinte faz-se constar que as provas mais penosas são as que afetam o coração. De fato, a família é o local que proporciona as possibilidades de obtenção das experiências mais enriquecedoras que o ser humano pode almejar. Por isso mesmo, exige de nós maior atenção e responsabilidade.

Missões simples e especiais

A respeito das missões há que se diferenciar as comuns das especiais. Segundo a questão 573 os espíritos missionários têm por objetivo "instruir os demais, ajudar o seu progresso e melhorar suas instituições". Mas cultivar a terra, por exemplo, é também uma missão. Do mesmo modo a questão 582 elege a paternidade como outra importante missão e o item 25 do capítulo V do ESE fala no devotamento familiar e cumprimento dos deveres que Deus nos confiou, embora ali alternando os termos prova e missão. Em *O Céu e o Inferno* (cap. III, item 14) fala-se que ao lado das grandes missões confiadas aos Espíritos Superiores, há as secundárias de todos os graus de importância e entregues aos espíritos de todas as ordens. Seriam nestas que mais comumente ocorrem "as falências, prevaricações e omissões que prejudicam o indivíduo, mas não o conjunto".

No subitem 14 do item 220 de *O Livro dos Médiuns* (LM), Kardec substitui o termo 'graça' usado pelos Espíritos na resposta anterior e pergunta por que a missão da mediunidade não é concedida somente às pessoas de bem, mas também às que podem dela abusar. E eles respondem que estes precisam dela para se aperfeiçoar e para receber conhecimentos.

Em relação à riqueza, classificada como prova (LE, questão 925 – "mais perigosa que a miséria" – e 814 e ESE, cap. XVI, item 8 – "teste de caridade e abnegação"), logo após, no item 14, é tida como missão. O mesmo ocorre em relação ao exercício da autoridade ou poder, no item seguinte. Uma vez mais a confirmação no cap. XVII, item 9, ao esclarecer que a autoridade, como a fortuna, não é direito nem propriedade de ninguém as quais são dadas "a título de missão ou de prova". Portanto, ambas também podem se confundir. Já a perda da riqueza, bem como a pobreza não decorrente disso, também pode ser expiação ou prova, esta última para exercitar a paciência e resignação. Não é diferente com a posse do poder (ESE, cap. XVII, item 9). Concluem, de volta à questão 573, que "cada um tem sua missão neste mundo porque cada um pode ser útil para alguma coisa".

Interessante também a formulação da questão 584 na qual Kardec quer saber qual seria a natureza da missão de um conquistador cujo objetivo único é a satisfação de sua ambição e que para tanto, não recua diante das calamidades que provoca. E os Espíritos ensinam que ele "frequentemente é um instrumento do qual Deus se serve para o cumprimento dos Seus desígnios e essas calamidades são, algumas vezes, um meio de fazer um povo avançar mais depressa".

Em se tratando de tarefas especiais, a questão 178 diz-nos que isto ocorre com certos Espíritos que reencarnam em mundos inferiores ao seu com o fim de ajudar no progresso. Se não for de um grau superior pode falir – e sua punição será recomeçar a tarefa, além de sofrer as consequências do mal que isto tenha causado (questão 578) –, mas por possuir a experiência, diferencia-se daqueles que vêm sob o regime de provas (questão 580). Mas para as missões realmente importantes 'recebidas de Deus' (questão 579), Este, por possuir o conhecimento do futuro, sabe que ele não fracassará, caso contrário confiaria a outro a empreitada.

Seja como for, presume-se que as missões, entre outras características, podem ser mais difíceis e espinhosas do que as provas e mesmo certas expiações leves. Quem assume uma grande tarefa junto aos encarnados certamente precisa apresentar credenciais compatíveis com a envergadura da mesma. Basta correr os olhos pelos livros de história e certas biografias para avaliarmos o quanto, muitas vezes, é exigido de dedicação, sacrifício, tenacidade e tantas outras virtudes morais para dar cumprimento ao que se propuseram muitas figuras ligadas às ciências, às artes, às religiões e ao humanismo.

Da mesma forma como as expiações e as provas podem tanto possuir o caráter de voluntárias ou impostas, as missões não fogem à regra. Em princípio, parece-nos que elas deveriam ser escolhidas por tratar-se de espíritos mais desenvolvidos. Nem sempre é assim. Muitas vezes a reencarnação de certo indivíduo faz parte de um plano maior que ele próprio desconhece. Pode estar informado de que será enviado para tal ou qual lugar, nesta ou outras condições, mas ignora os detalhes do caminho e mesmo a envergadura da tarefa. Um exemplo notável de constrangimento à execução de uma missão encontramos na RE de 1867, meses de julho (pág. 219-226) e novembro (pág. 327-336). Mil e oitocentas páginas de manuscritos sobre medicina, filosofia, poesias, romances recebidas psicograficamente sob protestos e muito sofrimento do médium. Vale a pena conferir.

Curioso nisso um diálogo entre o Espírito Verdade e o então professor Hyppolite Léon Denizard Rivail (*Obras Póstumas*, 2ª parte – Minha Missão) quando o primeiro adverte: "Não te esqueças de que tanto poderás ter sucesso, como fracassar. Neste último caso, outro te substituiria, porque os desígnios de Deus não podem depender da cabeça de um homem". Referia-se à missão do futuro Allan Kardec em sistematizar a Doutrina Espírita, anúncio literal já realizado por duas ocasiões anteriormente.

Mais adiante o Espírito iluminado previne sobre as dificuldades que o mestre lionês encontraria pela frente. "(...) a missão dos reformadores é cheia de escolhos e perigos. A tua é rude... Terás que arriscar tua pessoa. Suscitarás ódios terríveis. Inimigos encarniçados conjurarão tua perda. Serás alvo de malevolência, da calúnia, da traição... Mais de uma vez serás vencido pela fadiga... terás que sustentar uma luta quase constante com o sacrifício de teu repouso, de tua tranquilidade, de tua saúde e mesmo de tua vida, porque sem isso viverias mais tempo... Vários já recuaram, quando em vez de um caminho florido encontraram sob os seus pés somente espinhos, pedras pontiagudas e serpentes... Vês que tua missão está subordinada a condições que dependem de ti".

Nada mais eloquente para demonstrar que para certas missões são feitos 'convites' especiais a certos candidatos em potencial. E por, a mais das vezes, não se configurarem elas, as missões, num mar de rosas, é deixado ao livre-arbítrio deles a decisão de aceitar ou não. Dizemos candidatos porque provavelmente a pré-seleção deve ocorrer ainda no plano espiritual e só confirmada aqui depois com novo consentimento do missionário.

A lei de causa e efeito é não-linear e irregular no tempo e no espaço. Irradia-se em diversas direções e reverbera com intensidade diferente na natureza e nos indivíduos. Uma ação ou omissão de alguém pode afetar uma ou várias pessoas e de modos diversos por inserir-se, digamos assim, nos contextos particulares de cada uma delas. Um familiar sofrerá um impacto mais direto e intenso do que um parente distante ou um amigo e menos ainda um desconhecido circunstancialmente envolvido com a situação.

Basicamente temos as seguintes possibilidades. Causa única com muitos efeitos. Diversas causas para efeito único. Diversas causas e diversos efeitos. E causa única e efeito também único. Vejamos exemplos em cada uma delas. A rigor, dificilmente podemos isolar e determinar totalmente uma causa para os acontecimentos. O mais comum é que aquilo que percebemos como causa seja, na verdade, já o efeito de uma causa anterior.

Uma agressão física cometida por um motorista desconhecido com o qual se desentendeu no trânsito pode ser interpretada como ocasionada pelo incidente que gerou o conflito, o que não deixa de ser verdade. Entretanto, é provável que poderíamos remontar a outras causas, materiais − sinalização deficiente, condições climáticas − e psicológicas − estresse, temperamento, desconhecimento ou negligência às leis do trânsito.

Causas únicas e múltiplas, mediatas e imediatas, primárias e secundárias, simples e complexas; efeitos simples e complexos, diretos e indiretos

De modo geral, podemos falar em causas mediatas, secundárias ou acessórias, e imediatas, primárias ou principais e também classificá-las em simples e complexas. No caso, a imediata que é a agressão, é o incidente e, aparentemente, a mais significativa, embora isso nem sempre seja real, enquanto as outras citadas são consideradas mediatas e de menor peso. Para a análise do momento, desprezaremos as causas mais remotas, fixando-nos somente nas mais próximas ou imediatas.

A agressão poderá gerar dezenas de consequências. O agente ativo poderá ser preso, responder processo, ser condenado à reclusão ou a pagamento de indenização. Por tudo isso e, talvez, mais a perda do emprego, terá dificuldades financeiras, enfrentará problemas conjugais e a separação. Isso, por sua vez, trará um número quase infinito de outras consequências para ele, a esposa e os filhos, afetando possivelmente o resto de suas vidas.

Do outro lado, a vítima também poderá ter a sua vida mais ou menos mudada com a ocorrência. Dependendo da agressão, poderá sofrer alguma sequela física com diversos efeitos colaterais. Talvez o obrigue a mudar de profissão. É só darmos asas à imaginação para construir verdadeiros romances, tudo a partir de um único fato: um conflito no trânsito. Então podemos falar também em efeitos principais e secundários, diretos e indiretos, mediatos, imediatos e simples e complexos.

Na aviação é consenso de que acidentes, principalmente os mais graves, nunca ocorrem por uma causa única. O que envolveu o avião da Gol e o jatinho *Legacy* em Mato-Grosso, em 2006, exemplifica dramaticamente essa ideia. Houve ali muitos erros humanos, desde a decolagem da aeronave menor de São José dos Campos; dos seus pilotos e no centro de controle de Brasília, sem falar de possível falha mecânica.

Às vezes, há o componente meteorológico. Isso ocorreu em outra tragédia poucos meses depois, a maior da história da aviação brasileira, com o *Boeing* da TAM, ao pousar no aeroporto dc Congonhas e que vitimou 199 pessoas. Só mais um exemplo, descendo dos céus para as águas. No naufrágio do *Titanic* houve autossuficiência, más condições de navegação, botes salva-vidas em número insuficiente.

Sobre tragédias deste tipo e as catástrofes naturais voltaremos a falar no próximo capítulo. Mas para resumirmos esta exposição podemos nos servir do mesmo exemplo para dizer que, de certa forma, temos em pauta, num primeiro momento, diversas causas para um único efeito que, a seu turno, torna-se causa de muitos efeitos. Cremos ser desnecessário tentar citar as possíveis consequências de um acidente desta magnitude para centenas de pessoas, direta e indiretamente, entre familiares das vítimas, responsáveis, autoridades e até com benefícios para os futuros passageiros pela melhoria da segurança de voo. Na cadeia citada entre causas mediatas e imediatas, podemos dizer que muitas tiveram muitas consequências e eram de natureza complexa.

Um último exemplo emblemático: alguém já parou para

pensar nas consequências de uma Guerra Mundial? Muitas causas e um número infinito de efeitos. Causas complexas e efeitos simples alguns, em geral, os de caráter individual e outros altamente complexos ao repercutirem globalmente como, por exemplo, na economia, política, tecnologia.

Continuando na esteira de exemplos envolvendo acidentes, até para contribuir com a clareza didática, se um motorista dirigindo em excesso de velocidade, colide o automóvel desgovernado contra uma árvore e morre, temos causa e efeito único. Pode haver ou não causas secundárias: furar um pneu, atenção desviada por um animal cruzando a estrada, pista escorregadia, mas basicamente temos uma causa. E também um efeito imediato: a desencarnação do motorista. Muitos outros efeitos que denominaríamos de indiretos advirão para o espírito da vítima, para os familiares, porém. Podemos sintetizar num só. Aos olhos dos espectadores, o indivíduo corria demais – imprudência é a causa – e morreu, a consequência.

Aliás, é comum ouvirmos ou lermos nas notícias sobre fatos assim, equivocadamente e por condicionamento cultural, dizer-se que foi uma fatalidade. Ora, fatalidade nada tem a ver com abuso. Este é um exemplo dos Espíritos Superiores (LE, questão 862). Aquele que tentar atravessar um rio sem saber nadar, assume o elevado risco de morrer afogado. Caso isso aconteça, poderá se dizer que foi fatalidade? E eles prosseguem: "Se o homem não empreendesse senão coisas compatíveis com suas faculdades, teria êxito quase sempre... o que o perde é o amor próprio e a ambição... se fracassa a culpa é sua, mas em vez de assumi-la, prefere acusar sua estrela".

Muito mais grave é responsabilizar o Criador por tragédias assim, mesmo que sob o disfarce da expressão "foi a vontade de Deus". Claro que Deus é onipotente e poderia ter evitado – e quantas vezes evita –, mas e o nosso livre-arbítrio onde fica, para que serve? É óbvio que Ele é onisciente e sabia que isto ocorreria ou poderia ocorrer. O problema é se confundir permissão com vontade. Deus não deseja o sofrimento de Suas criaturas (questão 1008), a despeito de sua necessidade e relatividade do conceito. Deus deseja nossa felicidade, mas permite a ocorrência de certos fatos, quer por respeito ao nosso livre-arbítrio, quer por comportarem experiências imprescindíveis ao nosso progresso.

Aliás, diríamos que a liberdade humana se disporia em três estágios: imposição, permissão e aprovação. Na primeira há ausência praticamente total com determinismo máximo nos indivíduos em trânsito pelo primitivismo moral e intelectual; na segunda fase dispõe-se da concessão de livre-arbítrio coexistindo com o determinismo para os medianos, condição em que Deus não mais impõe, apenas permite as escolhas certas ou erradas; e, por fim, desfruta-se do livre-arbítrio quase levado ao limite completo pelos seres próximos da perfeição relativa em função da aprovação divina aos seus atos praticados de forma esclarecida e responsável.

Em relação aos exemplos acima, o leitor pode estar se perguntando o que eles têm a ver com o núcleo do nosso tema. Afinal, estamos aqui para analisar causas e efeitos no sentido moral ou espiritual e não acontecimentos físicos. Simplesmente porque por detrás de praticamente todos os fatos da vida material do homem há efeitos morais subjacentes.

Qualquer problema de saúde, por exemplo, não repercute somente no corpo com as dores ou no bolso com os gastos em medicamentos, mas no emocional e espiritual. Impomo-nos novas disciplinas como as dietas e os exercícios físicos que alteram as rotinas, convivemos com as preocupações mais ou menos intensas conforme a gravidade, sofremos e aprendemos a nos resignar com as limitações de locomoção ou a dificuldade financeira. Exercitamos a força de vontade e a paciência durante uma fisioterapia, a fé em Deus para obter a cura e muito mais. Alteram-se os relacionamentos afetivos e o modo de tratar com o dinheiro, a beleza. Talvez desenvolva algum talento artístico. O corpo é apenas a caixa de ressonância, o instrumento pelo qual o espírito se expressa e vivencia as experiências, incorporando-as ao seu patrimônio imortal.

E repete-se na vida pessoal: saúde, moral, recursos intelectuais, família, condições sociais e econômicas e tudo o mais, o mesmo intricado campo de forças que impulsionam a vida planetária. Encontramos idênticas causas principais e secundárias, simples e complexas, determinando resultados variados em duração, intensidade, importância, transferindo-se de uma existência para outra por via da reencarnação e sempre com sua dinâmica atual. Ações e reações, do passado e do presente desembocando num futuro sempre mutável nos detalhes, mas predeterminado nas linhas mestras do destino.

Um pensamento negativo ocasional causa um efeito muito menos significativo que um ato concreto e um mesmo tipo de pensamento duradouro poderá conduzir a uma inimizade ou obsessão. Um vício de muitos anos poderá ser a geratriz de certa enfermidade na existência futura. Poucas causas, poucos efeitos, mas com intensidades diferentes. Já uma vida inteira, com o conjunto de ações, constituirá causa complexa de efeitos complexos, mas que poderão ser distinguidos uns dos outros. Causas principais, mediatas e efeitos principais e secundários, diretos e indiretos.

Quanto à primazia de influência nos acontecimentos, se está nas causas mediatas ou imediatas, diremos que depende da situação. Arriscamos afirmar que nos indivíduos menos evoluídos moral e intelectualmente, guiados na vida material mais pelos instintos primitivos, pelos impulsos das fortes paixões, as causas mais determinantes são as imediatas. Lembremos que para muitos deles nem planejamento reencarnatório houve. Talvez até tenham retornado à Terra compulsoriamente. De modo que vivem mais ao sabor das sensações grosseiras do que pela razão. Escravizados pela ignorância e pronunciada imperfeição moral, estão mais sujeitos aos diversos determinismos antes mencionados, tornando-se joguetes do momento, das circunstâncias e mesmo da ação alheia.

Inversamente, espíritos medianos ou superiores possuem governo sobre seus destinos e ao se defrontarem com as experiências dos mais diversos campos, o que falará mais alto será o conhecimento adquirido no passado e as virtudes já desenvolvidas, embora não completamente. Os acontecimentos de suas vidas tendem a se acomodar ao modelo elaborado antes de reencarnar.

Isto não quer dizer que quem perece num acidente ou desastre natural seja inferior aos que permanecem vivos. Bons e maus podem compartilhar certa experiência com o mesmo resultado final, mas as razões que os levaram até ali são diferentes. De um, fatalidade, segundo os espíritos, por livre escolha prévia; do outro uma deficiência de caráter do presente ou a imposição de uma expiação do passado.

A Teoria do Caos e o Efeito Borboleta

"Dizem que o leve bater de asas de uma borboleta pode causar um tufão do outro lado do mundo". A frase do meteorologista e professor do Instituto Tecnológico de Massachusetts-EUA, Edward Lorenz, resume a Teoria do Caos, segundo a qual, a natureza possui uma sensibilidade extrema às condições iniciais ou de dado momento, fazendo com que mudanças mínimas nelas, levem o sistema a gerar resultados diversos. Demonstra, também, que por trás de um comportamento caótico e supostamente imprevisível, pode estar presente uma lei determinística capaz de relacionar passado, presente e futuro. Força ou lei esta que chamamos Deus.

Esta teoria do caos físico pode ser aplicada ao aspecto psicológico dos seres humanos. Como os sistemas interativos entre as pessoas são mais sensíveis, acontecimentos individuais sem importância podem desencadear eventos múltiplos, grandes e variados, alterando completamente sua própria vida e as dos outros.

Os especialistas no tema Peter Goldrich, John Biroc e Constance Kaplan, que tiveram seus comentários incluídos nos 'extras' do filme *O efeito borboleta*, perguntam-se: 'Mas o que é um evento sem importância?'. Para eles, o caos é o estado natural do ser humano e resulta da imprevisibilidade sobre como cada um age ou reage a cada situação. O caos só passa a fazer algum sentido porque, a todo momento, tomamos decisões e fazemos opções.

O efeito da ação ativa ou passiva de uma pessoa sobre as outras é imenso, criando uma cadeia de eventos não lineares. Pequenas e infinitas coisas alteram nosso comportamento e humor e essa suscetibilidade cria em torno de nós um sistema instável, o que nos faz caóticos. A recomendação deles é aceitar a realidade e os fatos como são, diminuindo a necessidade de querer controlar o futuro, principalmente o de longo prazo, porque essa conduta gera medo e nos predispõe justamente àquilo que queremos evitar.

No filme, excelente por sinal, a vida da protagonista, dependendo da decisão que o noivo venha a tomar num determinado momento, seguirá curso completamente diverso. Profissão, casamento, felicidade, tragédia são desfechos possíveis. Mas não só ela e o rapaz são afetados, como também amigos e parentes próximos.

Contundente fenômeno psicológico, tido até como alucinatório, franqueia ao rapaz previsões detalhadas do desenrolar dos acontecimentos a partir de cada possível opção sua. Estes exercícios de incursão ao futuro que parecem piorar os resultados a cada tentativa, obrigam-no a abrir mão da própria felicidade para preservar o bem-estar daqueles a quem ama.

O efeito dominó

Ao contrário do 'efeito borboleta' para o qual há uma teoria elaborada, o efeito dominó é mais uma expressão popular. Também é certo que ambas guardam certa similitude, isto é, perceptíveis relações de causas e efeitos. Porém, enquanto na primeira os fatos envolvidos não parecem guardar necessariamente relação entre si, no dominó temos uma conexão explícita e imediata de um para outro, criando uma reação em cadeia.

No efeito borboleta, como explicamos, a decisão de uma única pessoa em dado momento, interferirá de modo diferente na vida de muitas outras. E isto, especula-se, seria capaz de alterar os caminhos de todas elas a cada possibilidade daquele indivíduo ter feito opções diferentes. É como se, na verdade, o destino destas pessoas não lhes pertencessem de modo algum, ficando totalmente dependentes das ações de outrem.

Ocorre, entretanto, que se um interfere, todas as demais, ao menos as que com ele convivem mais intimamente, também podem interferir. Chegamos à conclusão de que dispomos de mínimos mecanismos de controle sobre as próprias vidas. Com nossos atos determinamos mudanças às vezes radicais nos destinos alheios, ao mesmo tempo que os dos outros interferem no nosso.

Naturalmente esta influência não é idêntica. Uns possuem poder de mando, outros melhor manipulam as situações, enquanto alguns reagem com maior ou menor passividade, bem como as ações de maior gravidade podem provocar consequências diferentes para diferentes indivíduos, o mesmo ocorrendo com atos mais simples.

No efeito dominó, a conexão entre causas e efeitos é identificada com facilidade por ocorrer mais frequentemente em coletividades. Por exemplo: em 2007, certo time de futebol da primeira divisão do futebol brasileiro fazia ótima campanha no campeonato estadual. Chegada a semana do clássico contra o rival local, todos tinham-no por favorito, situação aceita e superestimada pela torcida e pelo próprio elenco cujos jogadores passaram a dar declarações à imprensa em tom de menosprezo ao adversário. Isto serviu de motivação a este que saiu vencedor do confronto de goleada.

E aí começou o efeito dominó. A comissão técnica e quase o time titular inteiro foram demitidos, isso às vésperas de iniciar o campeonato nacional. O time se desestruturou, não conseguiu recompor o elenco com a qualidade necessária e teve uma péssima performance acumulando resultados negativos. As trocas de técnico foram constantes e, por fim, o time acabou rebaixado para a segunda divisão.

Outro exemplo dramático pelas consequências na vida das pessoas. Desde o início de 2008, uma crise imobiliária nos Estados Unidos afetou a economia local, criando incertezas e expectativas quanto ao grau de intensidade e duração dela. Com alguns solavancos aguentou até setembro quando se agravou, provocando quebradeira em vários dos maiores bancos de investimento do país. Ressabiados, os investidores começaram a resgatar seus valores aplicados no exterior para se proteger de possíveis perdas. Numa economia globalizada, as Bolsas de Valores do mundo inteiro despencaram. No Brasil que se orgulhava de então possuir 500 mil investidores de ações, as perdas foram enormes.

Mas essa história não acaba aí. Especialistas regrediram um pouco mais no tempo para assinalar aquilo que pode ser considerada como a verdadeira causa de tudo, os atentados de 11 de setembro de 2001. No final do livro, na "Página autobiográfica", chegaremos ao caso particular de um destes pequenos investidores "felizardos", este autor, num texto que poderíamos denominar de "Como Bin Laden afetou minha vida". Certamente que aí, não teremos apenas o efeito dominó, mas também o da borboleta.

Neste ponto faz-se interessante recordarmos do conceito de Aristóteles, segundo o qual, onde muitas vezes vemos uma relação de causa e efeito, nada mais há do que uma sucessão de fatos isolados. David Hume seguiu pelo mesmo caminho. Se a pedra esquenta, dizia, devido aos raios solares, temos apenas uma vinculação temporal necessária.

Por nosso turno, acreditamos que isso pouco muda quando se trata do destino humano. Muitas vezes, este é tecido justamente pelo sábio arranjo ou distribuição dos eventos da vida na sucessão cronológica. Certas coisas têm o tempo certo para acontecer. Isto pode ocorrer para impedir que o planejamento reencarnatório seja atropelado ou para que os acontecimentos da nossa existência ajustem-se aos de outras pessoas. De nada adianta o nosso desejo precipitado.

O fruto maduro. O destino é feito de tendências e probabilidades.

Sem compreender isso, frequentemente nos exasperamos, reclamamos da sorte e até de Deus, pois julgamos que estamos sendo injustiçados. Não conseguimos racionalizar sobre as razões de não conseguirmos certos desejos nobres como tornar-se pais, por exemplo. Em nossa experiência pessoal, várias vezes nos deparamos com a situação de reconhecer que não se pode colher o fruto antes dele estar maduro. A vida, como a natureza, precisa de tempo para tornar realidade certas coisas. A conquista de algo sem ter cultivado o terreno com estudo, trabalho, dedicação, força de vontade, paciência e mesmo o aprendizado de fracassos, enfim, sem possuir mérito, pode representar um mal e não um bem.

Por outro lado, pode-se argumentar o seguinte raciocínio.

Tecnicamente falando, atualmente, a engenharia genética pode interferir na Natureza ao desenvolver espécies modificadas capazes de apresentar maior produtividade, entre elas um tempo menor de crescimento de vegetais comestíveis, antecipando a colheita. Ou seja, provoca o amadurecimento mais cedo do fruto ou dos grãos ou os faz maiores.

Tornando às coisas espirituais, certos eventos da vida podem estar programados para aproximadamente determinado momento e é conveniente esperar pacientemente que ele chegue. Contudo, especialmente quando esta realização só depende de nós individualmente, por não sabermos em que ponto exato da linha do tempo ele está marcado, podemos apressá-lo. Não fazê-lo significaria entregar-se ao comodismo, aguardando a sua realização naturalmente, sem esforço. Essa atitude passiva de "deixar tudo nas mãos de Deus" certamente comprometeria a ocorrência em si. O livre curso da natureza, para nos manter na analogia, é muito relativo. Preparação do solo, sementes selecionadas, fertilizantes, irrigação artificial concorrem para o êxito da plantação. Agir com inteligência e trabalho altera as circunstâncias e propicia maiores probabilidades de se atingir os objetivos.

Por tudo o que já estudamos, algumas considerações merecem lugar ao examinarmos principalmente a Teoria do Caos e o Efeito Borboleta. Cremos ter ficado bem claro que determinismo e livre-arbítrio coexistem, prevalecendo o primeiro nas fases iniciais da evolução, cedendo espaço gradualmente ao segundo à medida que o espírito avança do estado original de simplicidade e ignorância para o de ser racional, consciente e responsável pelos seus atos.

O homem não é uma máquina (RE, maio/1866), porém ainda não dispõe totalmente do livre-arbítrio. Sofre as injunções dos diversos determinismos naturais e sociais próprios do mundo no qual ainda é obrigado a viver, das situações que planejou antes de reencarnar, mutáveis algumas delas, outras não, e dos efeitos cujas causas ele próprio gerou no passado.

Tudo isso faz com que o destino humano não esteja subordinado a um determinismo matemático. No máximo temos tendências ou probabilidades. A própria Física Quântica demonstra que a simples observação de um fenômeno é suficiente para modificá-lo porque o elétron comporta-se como se possuísse uma miniconsciência, obediente a uma superior que é a do espectador. Seria a presença em desenvolvimento do princípio inteligente referido na questão 540 do LE. A mera possibilidade de enxergar o futuro faz com que este já não se concretize daquele modo porque há uma reação emotiva, psicológica e talvez até física em relação ao cenário inicial que tomará nova configuração mais ou menos acentuada.

Isto tudo nos leva a um impasse filosófico, presente nas elucubrações de grandes pensadores como Agostinho, Tomás de Aquino, Leibniz, Descartes, Hume, Kierkegaard e, mais ainda em quase todas as doutrinas religiosas ao se confrontar o atributo da presciência divina e o do livre-arbítrio humano. Sabemos que Deus tudo pode e tudo sabe, abrangendo presente, passado e futuro porque para Ele o tempo não existe. Em certa medida e condições este poder também é dado ao homem. Podemos argumentar que Deus, pelo fato de saber o que vai nos suceder, não significa que vai interferir em nossa vida. O livre-arbítrio humano está preservado. E isto é verdadeiro. Acrescente-se que Deus apenas <u>pode</u> conhecer o futuro e que os detalhes pessoais de cada um são tão pouco importantes que Ele nem se ocupa deles.

Mas se Deus possui a visão completa do futuro e alguns homens, em dado momento, ainda que limitadamente, também podem prever os acontecimentos, e isto é um fato comprovado pela mediunidade profética e de pressentimentos, para que isso seja possível, temos que admitir que tudo, nos mínimos detalhes, já esteja predeterminado. Então não importaria como cada um aja a cada instante. Tudo estava previsto e ele se conduz como um robô que foi devidamente programado. Cada impulso, pensamento, reação, decisão tomada, obedeceria a ordens anteriores. Isto faz da vontade humana uma ilusão. Seria o aniquilamento do livre-arbítrio?

Deus, o supercomputador e a presciência. Permissão e vontade divinas.

A nosso ver não. Imaginemos um supercomputador capaz de armazenar milhares de trilhões de informações por segundo e realizar outro tanto de operações com elas. A qualquer momento que o operador deste computador desejasse, bastaria apertar uma tecla para saber completa e rigorosamente a respeito de cada ser vivo em qualquer lugar do Universo. Veria com mais ou menos detalhes, de acordo com o *zoom* de seu interesse, toda a sua trajetória evolutiva, desde quando ascendeu à condição de humano, até o momento presente e, com mais alguns comandos, estaria apto a precisar, também genericamente ou a cada passo, o seu futuro de curto, médio ou longo prazo. Este supercomputador existe. É a mente divina, absoluta e perfeita, abrangendo toda a obra da Criação.

A ideia, exposta de outra forma, não é nova. Laplace (*"Théorie analytique des probabilités"*, em *As vidas sucessivas*, de Alberto de Rochas, pág. 273, de 1904), já afirmava: "Uma inteligência que, por um dado instante, conhecesse todas as forças pelas quais a natureza é animada e a situação respectiva dos seres que a compõem, (...) abraçaria na mesma fórmula os movimentos dos maiores corpos do Universo e os do mais leve átomo. Nada seria incerto para ela, e o futuro, como o passado, estaria presente a seus olhos".

Todavia, pelo fato de dispor deste poder não significa que Ele exerça-o a todo momento. A praia é constituída por um número infinito de grãos de areia. Podemos nos distrair com um punhado deles se quisermos, mas normalmente nossa visão fixa-se no conjunto, nos contornos gerais, na beleza da paisagem total ou ao redor de nossos pés.

Deus sabe que cada grânulo de areia é importante para a formação da praia, mas pequenos detalhes como saber se este ou aquele está seco ou será molhado por uma onda ou se será afastado pelo vento, não afeta em nada o conjunto. O que não quer dizer que as suas dores individuais não sejam notadas ou que Ele fique indiferente a uma prece. Deus ama a todas as Suas criaturas e vela por elas, mas delega aos Seus auxiliares de vários escalões para que cerquem de cuidados os pequeninos que por aqui se demoram.

Há algumas citações evangélicas que poderiam pôr em dúvida esta nossa maneira de ver as coisas. Mateus (10:30) reproduz as palavras de Jesus: "E até mesmo os cabelos da vossa cabeça estão contados". No versículo anterior afirma: "... nem mesmo um deles cairá ao chão sem o conhecimento de vosso Pai", referindo-se aos pardais. Lucas (12:07) ratifica de modo semelhante o ensinamento. E em Atos (27:34) consta ligeiramente diferente: "... pois nenhum de vós perderá nem mesmo um fio de cabelo".

Mas as versões populares falam em "queda de fio de cabelo ou folha de árvore sem a permissão ou por vontade de Deus" o que é bastante diferente. Saber não é a mesma coisa que permitir, muito menos determinar, embora Deus disponha de todo o saber e todo o poder – onisciência e onipotência. Essa concepção já está presente em Agostinho, conforme registramos no primeiro capítulo.

Deus possui o controle do mundo, mas deixa ao influxo das leis da natureza, incluindo os Espíritos que são, segundo o LM (item 15) "uma de Suas potências", o seu funcionamento. Isto não O diminui, ao contrário, mais O engrandece. Portanto, os textos originais, a despeito de corretos, não podem ser tomados literalmente na ênfase dos ditos detalhes.

Obviamente, não menos importante na administração da vida planetária é o livre-arbítrio humano, concessão divina da qual usamos e abusamos. Qual o exato limite, se é que existe algum, para a nossa autonomia da vontade, ignoramos totalmente, ao menos por enquanto.

A interatividade social, incluindo encarnados e desencarnados é intensa e extremamente complexa. Mais e menos evoluídos das duas dimensões influenciam-se reciprocamente em graus diversos, mas sempre obedecendo a uma ordem superior, universal, da qual não podem escapar. Cada indivíduo é uma peça no imenso quebra-cabeça cósmico.

Não é a cronologia do mundo, as circunstâncias e pessoas que se moldam para atender nossos caprichos pessoais ou mesmo exigências de progresso material ou espiritual. Somos nós que temos que nos adaptar ao macro, encaixar a nossa pequena peça no melhor ou no lugar possível. O mundo não existe para nós, mas nós é que estamos aqui para servi-lo e ajudar na sua constituição.

Antecipamos aqui um exemplo de Ernesto Bozzano que veremos logo mais. A morte de um homem foi prevista por uma médium numa guerra que sequer iniciara. Se, de algum modo, ele pudesse escapar de seu destino pelo livre-arbítrio, nem por isso a guerra, evento coletivo, deixaria de ocorrer, representando uma espécie de fatalidade ou destino coletivo.

Aquele homem, por razão desconhecida, teve que submeter sua vontade consciente, do presente, de não morrer, e ir ao encontro da morte ao ser convocado para a guerra. O escritor italiano dirá que esta fatalidade não abate e, antes, consola por demonstrar que existe um poder superior que governa o mundo e a vida dos homens. A propósito leia-se a questão 532 do LE onde os Espíritos admitem que "há males que estão nos decretos da Providência".

Entenda-se, mal na nossa curta visão espiritual, pois é um mal passageiro do qual redundará um bem, bem de acordo com o modo de pensar de Tomás de Aquino e Leibniz como vimos no capítulo "Filosofia". Para o primeiro, o Mal era simplesmente a ausência do Bem, embora tenha recebido críticas como na analogia de um arquiteto que construísse uma casa sem janelas, prejudicando a qualidade da mesma devido à escuridão interna. Ou seja, haveria falta de previsão divina ao permitir que o Bem não se instale desde o início. Diante desta discussão, a solução encontrada pelo Espiritismo é demonstrar que o homem não é um mero fantoche, porém, coautor da obra divina.

O destino, previamente definido em suas linhas mestras, gera uma tendência que, somado a certo grau de autonomia decorrente do livre-arbítrio, permite, em certas ocasiões, movimentos com direção e ritmo próprios, que podem facilitar ou comprometer os interesses da coletividade, causando progresso e paz ou perturbação e atraso para todos.

Ernesto Bozzano (*Os enigmas da psicometria*, pág. 74) transcreve caso interessante que serve de ilustração. A médium Sra. Feignez, em agosto de 1913, previu a morte acidental, num prazo de dois anos, por ferimento de pedaço de ferro no rosto, do Sr. Raimundo Raynal, caso ele saísse de Paris, situação a que ele seria de algum modo constrangido. Isto se confirmou em setembro de 1915 durante a 1ª Guerra Mundial – que só teve início em 1914 – quando ele foi atingido por uma bala no olho.

O acerto do episódio principal e de outros detalhes fez com que o primeiro relator do caso refletisse sobre o papel de ator que o homem parece desempenhar na Terra: "perguntar se não estará já escrito e para um cenário preparado por alguém que ignoramos. Não seremos atores; se quando julgamos improvisar, não fazemos mais que repetir...". E adianta a solução: "... por mais reduzido que fosse o nosso livre-arbítrio, ele não deixaria de existir, tanto quanto existiu o do ator Raynal. (...) Entre os atores há os que interpretam mal... e outros que os representam fielmente." Logo abaixo Bozzano chega ao conceito de liberdade condicionada, por nós anteriormente referida.

Pressentimentos, profecias, precognições e sonhos premonitórios

Avancemos para o interior deste empolgante campo de estudos. Os dicionários definem o pressentimento como "o sentimento intuitivo e alheio a uma causa conhecida, que permite a previsão de acontecimentos do futuro; palpite e presságio". Classificada como uma variedade da mediunidade de inspiração (LM, item 184) que, por sua vez, é uma variedade da intuição (idem, item 182), a mediunidade de pressentimentos (item 190) é ali definida como uma vaga intuição de ocorrências vulgares do futuro e (item 184) como resultado das comunicações ocultas ou "espécie de dupla-vista (clarividência – acréscimo nosso) que permite ver as consequências do presente e o encadeamento natural dos acontecimentos", não fatal, acrescenta o tradutor Herculano Pires, em nota de rodapé, devido ao livre-arbítrio.

Quanto às profecias, também uma variante da inspiração, possuem um caráter de alcance coletivo diferentemente dos pressentimentos que são mais pessoais. Estas revelações de interesse geral seriam delegadas a espíritos missionários. Tanto estas como os pressentimentos podem resultar da faculdade mediúnica propriamente dita ou de percepções somente da alma daquele que prevê.

Em *A Gênese*, capítulo XVI, há o informe de que as profecias modernas são simples e claras, constituindo-se em advertências dos espíritos desencarnados ou de médiuns videntes. Como não há fatalidade absoluta, as previsões não passam de opiniões e não configuram um destino inexorável. Deve-se desconfiar, principalmente, da fixação de datas para certos eventos (LM, item 267, subitem 8) e das predições pessoais (idem, item 289, subitem 9). As revelações dos espíritos têm por base uma visão de conjunto. Se uma guerra, por exemplo, estiver nos desígnios de Deus para atender ao cumprimento de alguma necessidade coletiva, é certo que ela ocorrerá, porém os detalhes e modo de execução dependerão das circunstâncias e das decisões que ainda serão tomadas por aqueles que mais efetivamente atuarão para a sua eclosão.

Os sonhos premonitórios são de natureza anímica, isto é, não apresentam a interferência ostensiva de Espíritos a se comunicarem por médiuns, embora as vivências obtidas no estado de desdobramento por aqueles que dizemos estar sonhando possam contemplar também visões ou diálogos com seres desencarnados. Já precognições é o termo utilizado em Parapsicologia para designar todas as modalidades anteriores, incluindo pensamentos, emoções ou sensações, vozes, visões etc referentes a supostos fatos futuros.

Na questão 522 do LE está dito que os pressentimentos constituem-se de conselhos dos espíritos que nos querem bem e também de intuições referentes às escolhas marcantes que realizamos antes de reencarnar e que afloram como 'vozes do instinto'.

Uma análise racional da problemática das previsões do futuro aponta que as mesmas só podem ocorrer em condições totalmente excepcionais. Em teoria, somente alguém de posse de informações completas sobre as causas de um evento cujas leis sejam do tipo determinista, estaria apto a efetuar corretamente as deduções necessárias dos efeitos daquelas causas.

Quando falamos de fenômenos materiais isto pode não parecer tão difícil. A ciência atual é capaz de indicar acontecimentos futuros em muitas áreas com graus diversos de precisão. Em outras os resultados ainda são incipientes. Mas quando introduzimos o fator humano, especialmente os comportamentos morais, o leque de possibilidades joga-nos para um mar de incertezas. O livre-arbítrio é determinante para promover, a todo instante, alterações que surpreendem até os maiores especialistas da psicologia, psiquiatria e outras ciências da área da humanística.

Mas então como é possível que pessoas do nosso meio em transe anímico/mediúnico ou não e, no primeiro caso, os desencarnados que por eles então se manifestam, consigam prever o futuro? A chave pode estar na questão conceitual da dimensão tempo e/ou por apreensões de fatos de modo intuitivo, sem participação da razão. Autores espirituais comentam sobre a existência de arquivos pessoais e da própria história do mundo localizados, por exemplo, em departamentos especializados de colônias espirituais como Nosso Lar.

Bozzano (*Enigmas da psicometria*, pág. 71-2) transcreve comunicação mediúnica do livro *Letters from a Living Dead Man*, de Elsa Barker: "O éter... tem nele gravados, em séries ininterruptas, os fatos do seu passado...", ao que o sábio italiano acrescenta que tal teoria já era por ele defendida como " 'o meio' receptor e conservador das vibrações correspondentes à atividade do Universo".

Estes registros têm diversos empregos como o de servir para a avaliação de solicitações dos espíritos habitantes daqueles locais, organização de suas atividades enquanto ali permanecerem e, talvez, o principal deles, fornecer elementos para o planejamento da sua futura reencarnação. Realizações e fracassos do pretérito, disposição do presente e necessidades futuras são analisadas criteriosamente em trabalho conjunto do próprio interessado e de benfeitores atuantes desta área de serviço espiritual.

Retornando ao exemplo do supercomputador divino e reduzindo sua capacidade de processamento de informações zilhões de vezes, ainda assim, poderíamos admitir que estes ou outros espíritos, bem como, em determinadas circunstâncias, alguém encarnado possa acessar essas informações quer as de natureza individual ou de pequenos agrupamentos, quer para outras maiores como um país ou até a humanidade toda.

Pensamos que isso nos remete às referências sobre a "ciência da concordância dos números ou datas" comentada por Kardec na RE (julho/1868 pág. 193-201). O codificador especula sobre a possível existência de leis numéricas regendo também os fatos morais e sua relação com a fatalidade, diríamos hoje numerologia. Há até uma comunicação obtida de um grupo que não o dirigido por ele na qual consta: "Há, certamente, no conjunto dos fenômenos morais, como nos fenômenos físicos, relações baseadas em números. A lei da concordância de datas não é uma quimera... para compreender... seu princípio e utilização... ideias virão a seu tempo".

Kardec, porém, é taxativo que este princípio é hipotético, embora evidente em muitos aspectos da natureza, nas probabilidades matemáticas dos jogos como de dados e loterias onde há "irregularidades caprichosas" quando em pequeno número de eventos, mas prevalece a ordem esperada em grandes conjuntos ou repetições. Por isso "... é permitido supor que todas as eventualidades que parecem efeito do acaso, na vida individual, como nas dos povos e da humanidade, são regidas por leis numéricas...".

E completa: "... nada haveria de absolutamente impossível que o conjunto dos fatos e ordem moral e metafísica fosse igualmente subordinado a uma lei numérica, cujos elementos e as bases, até agora, nos são totalmente desconhecidos... essa lei ou fatalidade do conjunto, de modo algum eliminaria o livre-arbítrio. Não se exercendo o livre-arbítrio senão sobre pontos isolados de detalhe, não entravaria a realização da lei geral, quanto a irregularidade da saída de cada número não entrava a repartição proporcional desses mesmos números sobre um certo número de jogadas".

As profecias, por se reportarem aos acontecimentos de interesse coletivo, teriam mais facilidade para captar projeções probabilísticas. Suas imprecisões ou fracassos totais ficariam por conta de intervenções interpostas ao conjunto pelo livre-arbítrio individual ou de grandes grupos, provocando adiamentos, alterações ou cancelamentos.

Como este computador é sempre precário e tem o seu desempenho fortemente comprometido pelo operador que lhe determina os comandos, as previsões estarão sujeitas a interferências e erros. Mas os espíritos alertam (questão 868) que o futuro só é revelado em casos raros e excepcionais, acrescentando (questão 870) que frequentemente é uma prova para se avaliar como ele reagirá em relação aos acontecimentos anunciados e também, no caso de não se confirmarem, como o recebimento de uma herança, por exemplo.

O subitem 10 do item 289 do LM indica que, além do caráter de teste quanto às intenções, "os Espíritos anunciam espontaneamente acontecimentos que não se realizam na maioria das vezes para se divertirem com a credulidade, com o terror ou alegria que causam...". É o caso do vaticínio sobre dia e hora da morte de alguém (subitem 13). Entretanto, no subitem seguinte, admite-se que isso pode ocorrer, de fato, inclusive para outras predições, mas, em geral, por ação do espírito da própria pessoa que capta a informação quando desdobrado pelo sono físico. Já a ocultação do que acontecerá (questão 869 do LE e LM, item 289, subitem 7)) objetiva não negligenciar o presente e preservar a liberdade e consequente responsabilidade individual na consecução dos fatos.

A explicação de Kardec contida em *A Gênese* (cap. XVI) que compara o vidente ou profeta a um observador postado no alto da montanha é também interessante. Em contraste ao viajante que se locomove no vale obscurecido pelo nevoeiro, o primeiro possui uma visão privilegiada, sendo capaz de efetuar considerações sobre o caminho já percorrido pelo outro, a situação atual e todo o percurso que lhe resta. De posse das informações sobre velocidade de deslocamento e métodos utilizados para superar os obstáculos e dificuldades já vencidas, deduz da natureza do caráter do viajante, como ele enfrentará o que está por vir, que ele também está vendo em detalhes.

Afinal, via de regra, é exatamente este o método empregado pelas cartomantes para "ler a sorte". Perguntam muito, esmiuçam a vida do consulente e arriscam prognósticos com razoáveis chances de acerto. Mas o próprio Kardec admite que esta teoria não resolve todos os casos. De outras vezes a percepção ocorre sobre probabilidades baseadas no estágio atual. Muitas causas do passado ainda não esgotaram os seus efeitos no presente, avançando para o futuro. Se do presente podemos tirar ilações do pretérito, podemos de igual forma arriscar palpites mais ou menos corretos sobre o futuro.

Outra hipótese, em alguns casos, é o sensitivo ou espírito que se comunica, 'ler' diretamente do planejamento reencarnatório traçado pelo indivíduo sobre cujo futuro especula, o que, mais uma vez, poderá se cumprir ou não pelos motivos que já explicamos, ou seja, a possibilidade de, pelo livre-arbítrio, serem realizadas alterações naquele destino inicial.

Outra possibilidade conjecturada por Kardec é a de que em certos casos as previsões estão contidas em quadros fixos e instantâneos que poderiam ser retirados da mente de outras personalidades. Por representarem apenas projetos ou desejos formulados por aqueles que são alvo da previsão, sobre os quais pode haver desistência ou impedimentos, justificam-se erros de fatos e datas. Nestas, em particular, em função de antecipações ou adiamentos.

Bozzano, ao tentar resolver o caso que narramos linhas

atrás da previsão correta em todos os detalhes da morte de um homem causada por um ferro no rosto, na qual, porém, não foi mencionado que seria na guerra que ainda não começara, opina que tal se deu porque a relação do médium se faz com o subconsciente do consulente e ali só havia o fato do destino pessoal do indivíduo, fixado durante o planejamento pré-reencarnatório. A realização posterior do evento obedeceria a um impulso semelhante ao de uma sugestão pós-hipnótica.

Carlos Tinoco (*O modelo organizador biológico*) também trabalha com os conceitos de múltiplas dimensões, porém focado no espaço e não no tempo. O MOB – Modelo Organizador Biológico, termo que substitui o perispírito, é capaz de estender sua ação para além do nosso espaço tridimensional, atingindo um outro, de quatro dimensões, de onde captaria as informações referentes a fatos futuros, os quais estariam predeterminados pelos vínculos entre estes dois espaços ou dimensões através do CBM ou Campo Biomagnético.

Esta problemática de enganos é muito comum, mesmo que excluídos todos os casos de falsos profetas e charlatanismos. No LM (item 289, subitem 11), os Espíritos esclarecem que nem sempre eles próprios estão capacitados a informar sobre as épocas dos acontecimentos porque estes podem depender de outros que ainda nem ocorreram.

Observam que eles veem ou pressentem por indução "(...) num tempo que não medem como vós". E no subitem seguinte contam que existem homens especialmente dotados "cuja alma se desprende da matéria". Na respectiva nota do tradutor, temos: "(...) a precognição, a profecia ou visão do futuro é uma faculdade da alma". Finalmente, no item 290 (subitem 16) somos informados que "revelações sobre nossas existências futuras são impossíveis" e não passam de travessura porque elas serão aquilo que nós mesmos determinarmos segundo a conduta pessoal aqui na Terra e as resoluções tomadas depois como Espíritos (desencarnados – nosso). A única exceção, muito rara, seria para alguns Espíritos missionários "cujo roteiro é de alguma forma traçado com antecedência".

Viagens no tempo

Fantasiosas ou não, no livro *Viagens psíquicas no tempo*, de L. Palhano Jr., há relatos sobre experiências, entre 1981 e 1984, de progressão no tempo com 2500 americanos, realizadas pelos doutores Helen Wambach, Chet Snow e Leo Sprinkle que avançaram até o ano 2500. Entre 1985 e 1988, Snow fez experiências semelhantes nos EUA e França, obtendo resultados similares sobre as descrições do futuro. Depois Lamartine acrescenta o seu próprio trabalho no ano de 1995 com progressões da percipiente Jamile d'Alambert vários séculos à frente.

Há informações de curto prazo (até o final do II Milênio) que foram aproximadamente confirmadas como uma série de tornados que atingiu o oeste americano em 1989, dez deles num único dia, nos estados do Tenesse e do Arkansas. Tal cenário havia sido visto numa progressão do próprio Snow em julho de 1983, localizando o evento exatamente neste ano no Arizona. As de longo prazo, obviamente não puderam ser conferidas ainda.

Já que estamos viajando no tempo, recuemos para o início do século XX quando Albert De Rochas também procedeu a experiências deste tipo, narradas em seu livro *As vidas sucessivas*. Em muitos casos os fatos se confirmaram. Em outros verificaram-se erros nos detalhes como locais e datas que ele atribuiu a enganos durante as anotações, mudanças no destino, equívocos propriamente ditos e até mesmo efeito da imaginação.

Uma das previsões corretas mais notáveis ocorreu em 1905 quando uma sensitiva vê-se em 1916, já desencarnada. Expressa felicidade, está na luz e recorda-se dos que foram bons para ela, especialmente De Rochas que, segundo ela, teria morrido dois anos antes, de uma enfermidade da qual sofria há muito tempo. Realmente o nobre pesquisador desencarnou em 1914.

Em outro caso muito interessante narrado no mesmo livro, a sensitiva projeta-se até a desencarnação, passa pelo estágio no mundo espiritual, pelo renascimento e novamente por uma segunda morte. O destaque fica por conta do período abrangido. Obviamente não houve possibilidade de confirmação.

As previsões podiam incluir detalhes corriqueiros da vida pessoal da sensitiva como o que comeria em certo dia, ocupações domésticas, por qual rua passaria em tal dia. Ou no caso de Lamartine Palhano Jr., descrições pormenorizadas do ambiente físico, social e moral, além de sua estatura em 2150 ou roupas em uso. Isto, de algum modo, justificaria a maior incidência de erros, pois só no ato de pensar, desejar ou pressupor que algo ocorrerá, podemos estar contribuindo para a realização do acontecimento. Ao conhecermos o futuro, estamos mais propensos a interferir sobre ele e parece ser esta uma das finalidades de algumas destas revelações (questão 870).

Mas temos que observar que predições que incluem detalhes contrariam os ensinamentos dos Espíritos como vimos atrás (questões 872 e 859, p. ex.). Se assim fosse não passaríamos de robôs programados para obedecer automaticamente às ordens do seu criador – determinismo divino – ou joguetes do acaso e da fatalidade das leis naturais, num simulacro de vida inteligente e total anulação do livre-arbítrio.

Como seria possível alguém saber qual será o meu cardápio para daqui um ano se eu próprio não sei o que irei querer para amanhã? Por outro lado, se Deus sabe tudo – e tudo quer dizer tudo – Ele deve saber. Se Ele pode, teoricamente alguém outro também poderia em algum grau. O problema mais difícil de solucionar não está em se acessar ocorrências futuras, mas em saber como elas já podem estar lá.

De qualquer forma parece-nos prematuro afirmar que as

informações trazidas pelos Espíritos a Kardec contenham erro neste aspecto, a despeito de seu alerta de que eles estão, "longe de tudo saber" e por isso, no que ignoram, "possuem opiniões pessoais mais ou menos sensatas" (questão 613). Somente a continuidade das pesquisas na área que, necessariamente, deveriam incluir o acompanhamento dos fatos preditos para os próximos séculos, poderia dizer quem está com a razão. O tema é intrigante e se não se deve desprezar as descobertas científicas e o codificador foi enfático a respeito, também não se deve tirar conclusões apressadas sobre certos fatos que podem até ser autênticos, mas representar exceções e não a regra.

Aludimos em outro ponto deste capítulo sobre a posição equivocada de certos espíritas ao estabelecer conexões radicais entre causas e efeitos para justificar certos acontecimentos na vida das pessoas. Entre estes estão os estupros, certos acidentes e os homicídios. Poderíamos incluir também, segundo o espírito de Deolindo Amorim, na psicografia de Elzio Ferreira de Souza, em *Espiritismo em movimento*, os erros judiciários e mesmo o aborto, a eutanásia e os casamentos múltiplos em única reencarnação.

Para muitos desavisados todos estes tipos de ocorrências seriam determinados pela lei de ação e reação com o que se justificaria, em parte, os autores de crimes e obrigaria as vítimas a um comportamento de aceitação resignada sem que se questione a lógica, ou falta dela, embutida neste raciocínio. Despreza-se a presença do livre-arbítrio que, não raro, se impõem de uns sobre outros em relações ocasionais e mesmo acidentais do presente.

Judas

Na exposição, o autor desencarnado toca em um fato histórico dos mais significativos: a traição de Judas a Jesus. E com ele indagamos: Judas fora 'escolhido' para esta tarefa? Mas não aprendemos antes que ninguém reencarna com a determinação de cometer atos morais reprováveis?

Certamente Jesus poderia saber que seria traído e quem o faria, pois possuía pleno conhecimento de toda a missão que voluntariamente aceitara executar. Seu avançadíssimo grau evolutivo aproxima-o dos poderes de Deus, incluindo a presciência. Mas também, da mesma forma como Deus, não significa que o fato de saber o que sucederia implicasse no aniquilamento do livre-arbítrio não só de Judas, mas de todos os outros que participaram de sua vida.

Mas Jesus poderia abster-se de saber se Judas iria mesmo consumar a traição. Com essa atitude evitaria de induzi-lo ao crime. Conhecendo-lhe a fraqueza de caráter, ao escolhê-lo para participar da missão estaria colocando-o à prova, mas não decretando-lhe a condenação.

Judas agiu por vontade própria, mas cremos que se não fosse ele, poderia ser outro em outro lugar e ocasião. Por que não Pedro, por exemplo, já que também evidenciara sua fraqueza ao negar três vezes que o conhecesse? Se preso e interrogado, não diria onde o Mestre estava? Uma missão tão importante não poderia ficar à mercê apenas do livre-arbítrio de um espírito ainda tão imperfeito. Deveria haver uma espécie de plano B. Talvez até Jesus o tenha escolhido para dar-lhe uma chance de ser testado na luta contra suas más inclinações.

Aliás, provavelmente tem-se exagerado a importância do papel do apóstolo de Iscariotis. Verdade que ele procurou as autoridades e ofereceu-se para apontá-lo. Mas para um homem que peregrinava por toda a Galileia, pregando abertamente ideias tidas como revolucionárias, será que precisava mesmo que alguém o beijasse na face para ser encontrado? Mais dia, menos dia ele acabaria perseguido, preso, condenado e executado como foi, com ou sem a ajuda particular de quem quer que fosse.

Concluindo: Jesus conhecia – ou poderia conhecer – todos os detalhes de seu destino e estava em suas mãos alterá-lo, mesmo nos momentos mais críticos, mas cumpriu sua missão em plenitude. Judas não reencarnou para ser o algoz de Jesus. Era um indivíduo de caráter fraco, ambicioso e até ingênuo o que o tornou alvo fácil da sedução dos incomodados pela doutrina de Cristo que o usaram para atingir o Mestre. Pelo seu livre--arbítrio poderia ter evitado isso e a missão de Jesus nem por isso deixaria de se cumprir, embora talvez com tons diferentes, porém nas mesmas cores básicas conforme previamente acertado, atingindo totalmente os objetivos.

Ainda com referência à possibilidade em si de se presenciar o futuro, uma explicação plausível envolve a admissão de conceitos mais revolucionários sobre a dimensão tempo e que poderiam ser resumidos na afirmação do engenheiro e matemático inglês J. W. Dune, em 1927, para quem "não é o tempo que passa por nós e sim nós que passamos pelo tempo" (*A memória e o tempo*, Hermínio C. de Miranda). A viagem empreendida pelos seres através da dimensão temporal é que proporciona a ilusão do movimento.

No mesmo sentido está a reflexão de Oliver Lodge, em discurso no *British Association,* em Cardif (*As vidas sucessivas*, pág. 298): "(...) Movimentamo-nos no meio dos fenômenos com uma rapidez determinada (...). Em certo sentido, os acontecimentos podem sempre existir, tanto no passado quanto no futuro; e somos nós que chegamos a eles e não eles que se produzem. O exemplo de uma pessoa viajando de trem pode nos ser útil. Se ela não pode jamais deixar o trem nem modificar sua rapidez, é provável que considere as diversas paisagens como necessariamente sucessivas e que seja incapaz de conceber sua coexistência."

A questão 859A do LE confirma a Kardec que há fatos que "<u>forçosamente</u> devem acontecer", fruto de escolhas do próprio indivíduo e que os Espíritos não podem evitar. Vejamos dois exemplos. Edgard Armond (*Livre-arbítrio*, pág. 93) narra que um menino de três anos possuía uma atração pelo fogo. Em mais de uma ocasião esteve na iminência de se queimar gravemente se não tivesse sido socorrido a tempo. Quando mais crescido, certo dia sua roupa incendiou-se nos restos de uma fogueira de São João e, mesmo às vistas da mãe, não pôde ser salvo porque ele havia passado um arame enferrujado na cinta com um pedaço de sarrafo simulando uma espada de soldado.

A explicação de Armond para a 'teimosia' de realização do evento analisaremos mais à frente ao tratarmos da influência dos espíritos em nossas vidas, mas fica o registro do caráter de 'fatalidade' ou inexorabilidade do destino.

Outro caso foi contado pelo pai do autor quando este era ainda muito jovem. Certo menino era atraído pelo poço que fornecia água à casa. Preocupados, os pais, primeiro reforçaram a caixa protetora com madeiramento novo. Depois amarraram uma espécie de lençol sobre a tampa de tal modo que esta não pudesse ser aberta pelo menino. Um dia acharam-no morto sobre o local como se ali tivesse deitado para dormir.

Um seriado de imenso sucesso na televisão americana e do Brasil (*Lost*) ilustra também esta permanência de decreto inelutável em relação a certos acontecimentos, especialmente a morte. O personagem Charlie, primeiro escapou de um afogamento. Depois de ser jogado pelas ondas contra um rochedo. Uma terceira vez de ser fulminado por um raio. Da seguinte livrou-se de uma armadilha inimiga na mata até, finalmente, perecer no mar, na sala de uma estação submersa que foi inundada. De todas as ocasiões anteriores, outro personagem, possuidor da faculdade da vidência premonitória, conseguiu evitar a tempo, porém da última nada pôde fazer, embora tivesse tentado substituir o companheiro na tarefa exploratória.

A morte é um capítulo importante em nosso estudo e também será abordado adiante, porém entra aqui como ilustração de fatos que, ao menos algumas vezes, parecem previamente fixados, na data aproximada e gênero, conforme, aliás, as questões 411 e 853 do LE.

Mas o inverso também ocorre. Voltemos a De Rochas, em seu *As vidas sucessivas* (pág. 289). Uma mulher é perseguida por um sonho repetitivo no qual ela e o marido morrem num incêndio. Por insistência dela, este se decide mudar da casa. No dia seguinte são informados de que um incêndio destruíra-lhes a casa. Para De Rochas isso é uma prova de que o futuro pode ser alterado e acrescenta que, às vezes, a predição só se confirma parcialmente ou não se concretiza graças à própria advertência que permite a precaução ou por interferência na recepção mediúnica.

Uma nota da editora sobre o assunto qualifica este raciocínio do autor como equivocado porque a modificação do futuro também teria que estar prevista senão não seria profecia (sic). Ficamos com De Rochas. A previsão contida no sonho era válida para o momento. Ela certamente ocorreria se o aviso não fosse considerado. A própria nota concede linhas abaixo que dos atos ainda não praticados se definirão as consequências futuras. Pelo visto, a frase popular "Quando tem que acontecer, não adianta!" aplica-se em alguns casos, em outros não.

O filme "O vidente"

Duas frases pronunciadas por personagens de filmes refletem distintas situações possíveis quando se trata de profecias e premonições oníricas ou não. Em *O vidente*, o personagem de Nicolas Cage, que tem o dom de prever o que se sucederá nos próximos cinco minutos, proclama: "Quando se vê o futuro ele já não é o mesmo". Com isso admite a possibilidade de interferência pelo livre-arbítrio em muitos acontecimentos, especialmente, talvez, nos de ordem pessoal.

A outra não temos certeza se é da mesma produção ou não, mas alguém confessa "Sou apenas testemunha". É o que acontece geralmente nas previsões de caráter coletivo. O médium vê o futuro, mas não pode modificá-lo e aqueles que poderiam não o fazem por não dar crédito à informação ou não desejarem fazê-lo.

Outro sonho premonitório com desfecho feliz envolveu Louise Rhine, esposa do eminente parapsicólogo J. B. Rhine. Ela sonhara que o filho estava caído no banheiro sufocado. Manteve sobre ele a vigilância durante dois anos até o dia em que notou que ele subitamente cessara de cantarolar. Forçou a porta e assim pôde salvá-lo da morte por asfixia com gás.

Digna de nota é a seguinte declaração de Sidarta Ribeiro, Ph.D. em neurobiologia pela Universidade Rockefeller (Livro do Ano 2008 da Barsa): "...propõe a neurociência moderna que o sonho talvez funcione como um oráculo probabilístico, simulando futuros possíveis com base na experiência do passado".

Em relação às profecias, previsões, portanto, de alcance coletivo, Saara Nousiainen (*As profecias*) coloca que suas inexatidões se devem a fatores como a interferência do sensitivo, o caráter de simbolismo com que geralmente se revestem e a consequente diversidade de interpretações. Explica que há profecias locais e universais, válidas para o mundo físico e outras para o moral e espiritual e que elas podem ser modificadas, atenuadas e mesmo canceladas.

Quanto à forma de se chegar até elas, a analogia é mais ou menos a mesma por nós proposta anteriormente. Deus preveria por uma espécie de aceleração do tempo como uma simulação de computador. Excepcionalmente, para indivíduos especialmente dotados ou com a missão de revelar certos acontecimentos, o acesso a estas informações também poderia lhes ser franqueado.

Família, casamento e filhos

Costuma-se afirmar que a família na qual o espírito irá renascer, seu futuro cônjuge e os filhos que serão acolhidos no novo lar, por se constituírem em elementos fundamentais na experiência terrena de qualquer indivíduo, já estão definidos no planejamento reencarnatório. Isto é correto só até certo ponto.

Em primeiro lugar já vimos inúmeras vezes ao longo deste texto que planejamento não significa realização na prática. Verdade que alguns acontecimentos se impõem com mais força e deles parece impossível escapar, mas na maioria das situações o livre-arbítrio pode alterar os rumos. Por exemplo: programamos na vida espiritual receber três espíritos na condição de filhos, mas decisão posterior, por razões mais ou menos justas, limita a um único.

Para a maioria dos casais os cuidados preventivos contra nova gravidez são suficientes, mas para alguns, apesar deles, a mulher acaba surpreendida pela gravidez. De outras, o espírito que foi impedido de renascer ligado pelos laços de sangue, tendo sido gerado por outros pais, em algum momento da infância pode surgir no lar que antes lhe era reservado mediante a adoção voluntária ou induzido por espíritos familiares.

Aliás, por se falar em nascimento, convém consultar as questões 872 e 332 do LE. A primeira afirma, a certa altura, que "A fatalidade, verdadeiramente, não consiste senão na hora em que deveis aparecer e desaparecer deste mundo". Da morte trataremos mais à frente, porém, em relação ao nascimento, a 332 admite que o Espírito reencarnante pode aproximar ou retardar o momento deste evento. O apressamento seria por mérito e a protelação por covardia com recuo diante das provas que teria que sustentar. Ora, se ele pode alterar é porque não estava fixada de modo irreversível. Quer nos parecer que a fatalidade está no fato de todos nós, espíritos pouco evoluídos, termos que continuar submetidos ao processo reencarnatório, não, contudo, quanto a uma hora exata para isso se consumar.

Voltando à família, outro fato muito comum é a passagem pela experiência de uniões múltiplas, formalizadas ou não. Quem defende a ideia de que todas elas já estavam programadas baseiam-se principalmente na declaração do autor espiritual André Luiz (*Evolução em dois mundos*, pág. 186) quando diz que "não existem na Terra, uniões conjugais, legalizadas ou não, sem vínculos graves no princípio da responsabilidade assumida em comum". Em *Vida e sexo* (cap. 7, pág. 35), há declaração semelhante: "... é forçoso reconhecer que não existem no mundo conjugações afetivas, sejam elas quais forem, sem raízes nos princípios cármicos, nos quais as nossas responsabilidades são esposadas em comum".

Na nossa interpretação, na primeira citação, o autor refere-se a consequências futuras e não a causas do pretérito. Uma vez que haja a união, há compromisso, deveres a cumprir. Mas não, necessariamente, impostos pelos reajustes na lei de causa e efeito e incluídos no planejamento reencarnatório por força de vontades que não possam ser mudadas.

Tanto isso é verdade que três parágrafos antes ele alerta que "(...) acidentalmente, o homem ou a mulher podem experimentar o casamento terrestre diversas vezes, sem encontrar a companhia das almas afins...". E isso, sim, por ter que "resgatar dívida contraída com a energia sexual".

Já na segunda citação, fala em 'conjugações afetivas'. Será que todas estas uniões que duram poucos meses ou mesmo semanas guardam algum componente que podemos chamar de afetivo? Não são aproximações ditadas apenas por impulsos instintivos motivadores, no máximo, de paixões sexuais sem qualquer envolvimento de sentimentos? E quantas outras acordadas pela conveniência, interesse financeiro, de promoção social?

Os espíritos Augusto Cezar Neto e Emmanuel (*Falou e disse*, pág. 52 e 61), de acordo com citação de M. Paulo Vanin, no jornal *Universo Espírita* (dezembro/1999) criticam este raciocínio simplista dos múltiplos casamentos e separações.

Imaginam alguns que Deus já sabe antecipadamente que fulano abandonará o lar para uma segunda união e talvez outras mais, o mesmo ocorrendo para os casos de "gravidez casual" que, na verdade, já estaria programada. As decisões tomadas a respeito sob a forma aparente de livre-arbítrio seria uma ilusão, pois o indivíduo nada mais estaria fazendo do que obedecer ao determinismo imposto pelo destino traçado antes de reencarnar.

Convenhamos que raciocínio deste tipo é mais apropriado a um protestante do que a um espírita ao reduzir drasticamente o livre-arbítrio humano. Além do mais, confunde Deus tudo saber com determinar, amesquinhando-O ao fazê-Lo preocupar-se com os volúveis caprichos humanos.

Pretender que quatro, cinco ou mais uniões estejam todas previstas, soa-nos como algo irreal. O afrouxamento dos costumes e consequente flexibilização das leis oferecem uma facilidade muito grande para as separações e posteriores buscas de novos parceiros. Infelizmente, a instituição do casamento atualmente está desgastada e não é mais um compromisso levado a sério. Em certos meios como o artístico e esportivo, por exemplo, com algum exagero, evidentemente, troca-se de marido e esposa senão como se troca de roupa, pelo menos, de automóvel.

Motivos fúteis na maioria das vezes levam à separação e logo surge nova paixão. Como os hábitos sexuais foram liberalizados ao extremo e o preconceito desapareceu, 'fica-se' e 'mora-se junto' tantas vezes quantas o caráter volúvel e a afetividade desequilibrada assim determinar.

Destas uniões podem resultar filhos aqui, ali. Imaginar que o destino previamente traçado pelo livre-arbítrio antes de re-

encarnar levou a isso é tolice. No máximo o que temos é o livre-
-arbítrio do presente que desprezou aquilo que escolheu quando estava mais consciente e contava com o auxílio dos Benfeitores e agora rasga a boa carta de intenções, arrastado pela
ilusão e paixões descontroladas. Neste caso como em todos os
outros, sem dúvida arcará com as responsabilidades pela leviandade cometida.

O homem não se reduz ao espírito como bem definiram os
Espíritos. Ele tem a sua contraparte corporal regida por leis
biológicas e que se manifestam livremente em todos os animais. Nestes, devido a ausência da razão, limitam-se a cumprir os seus próprios objetivos: reprodução, conservação, destruição. Nos homens, a presença da consciência é um diferen-
cial importante quando obedece aos princípios morais contidos
nas leis naturais ou divinas. Entretanto, para muitos isso é
relegado a segundo plano, prevalecendo o instinto herdado
de nossos irmãos menores. O resultado é que o livre-arbítrio
deformado ou ausente em certos atos delega o governo do
destino àquelas leis puramente materiais como, por exemplo, em uma gravidez não programada. Algum espírito apro-
veitará a porta aberta sem que necessariamente tivesse sido
convidado.

O conforto para os mais românticos é que, embora o Espiritismo esclareça que a teoria das almas-gêmeas não se sustente,
o fato é que milhares, milhões de casais têm, sim, suas reuniões decretadas por enigmáticos caprichos do destino. A questão 388 trata disso: "... encontros que se atribuem ao acaso, por
efeito... de relações simpáticas, onde o magnetismo tem papel
de destaque".

Às vezes, nascidos e criados muito distantes um do outro,
num belo dia, circunstâncias triviais ou impactantes conduzem-
-nos a se conhecer – e se reconhecer porque já se amaram, tiveram experiências juntos e por isso decidiram iniciar nova eta-

pa, escrever nova página na história de suas vidas. Com estas que tanto se buscam não há obstáculo que não seja vencido e até quando pessoas ou acontecimentos conspiram ou porque decidiram partilhar algum outro tipo de aprendizado ou prova antes, uma vez libertados do compromisso, já na velhice, reencontram-se para seguirem caminho comum.

Naturalmente, e isso para a maioria, a atração tem outras finalidades constituindo as uniões solicitadas não por desejarem dar continuidade a construções no campo da afetividade própria ou pelo bem da sociedade, mas por possuírem muitas arestas mútuas a serem aparadas que só a convivência prolongada sob o mesmo teto poderá proporcionar. Sempre será ocasião também de construir, melhorar e progredir, mas antes a lei de causa e efeito exige reparações e sacrifícios, recomeços e lições difíceis, gerando aptidões para projetos futuros mais brilhantes.

Influência dos espíritos. A prece. Obsessão.

Vamos estudar agora quando e como os espíritos desencarnados podem atuar sobre nós para interferir, positivamente ou não, em nossas vidas. É bom lembrarmos que os encarnados também nos influenciam. Obviamente que quando isto ocorre de modo explícito ou visível, todos reconhecem de pronto, entretanto, referimo-nos às influências ocultas por conta de pensamentos, sentimentos, desejos, motivações, afinidade ou antipatia.

Antes, porém, cabe observar que não podemos debitar todos os infortúnios do caminho na conta dos outros. Em geral, a falha está em nós próprios, mesmo quando há o bloqueio de uma faculdade mental. Segundo a questão 847, frequentemente tratar-se-ia de uma punição por abuso daquela ou outras faculdades. O livre-arbítrio está tolhido no presente, mas como reflexo do mau uso que se fez dele no passado. Da mesma forma, na questão seguinte, analisa-se o problema da embriaguez, onde fica explícita a responsabilidade total pelos atos cometidos naquele estado, a despeito da alegação de que não possuía consciência deles.

Encarnados e desencarnados vivem numa mesma sociedade e as barreiras físicas (corpo, distância geográfica, idioma) podem aproximar ou afastar os seres espiritualmente, mas não impedir. Neste assunto, a questão 459 do LE é clássica. "Os Espíritos influem sobre os nossos pensamentos e ações?" E a resposta: "A este respeito sua influência é maior do que credes porque frequentemente são eles que vos dirigem". E aí surge a dúvida: se é tão forte assim essa influência, qual o papel que nos cabe na condução da vida? Onde fica nosso livre-arbítrio?

Cremos que a questão fica mais clara quando examinamos a pergunta 525. Primeiramente os Espíritos confirmam que eles exercem influência nos acontecimentos da vida e na sequência explicam com exemplo: "... provocarão uma reunião de duas pessoas que parecerão se reencontrar por acaso; eles inspirarão a alguém o pensamento de passar por tal lugar; eles chamarão sua atenção sobre tal ponto se isso deve causar o resultado que querem obter...". "São conselhos e não ordens – conforme a RE (novembro/1867) – porque sempre fica livre de agir à sua vontade".

Em geral, para encontros e desencontros, envolvimentos e fatos, há uma "mãozinha" dando um "empurrãozinho" dos espíritos para que as coisas deem certo. Uma decisão de casamento é estimulada por eles em *E a vida continua* (cap. 25); nas atividades profissionais (*Nos domínios da mediunidade*, cap.15) e para o cumprimento da lei de causa e efeito (*Missionários da luz*, cap. 12).

O Espírito Louis Nivard, em comunicação à Sociedade Parisiense de Estudos Espíritas em 07 de julho de 1867 (RE, agosto/1867, pág. 256-7), ensina que muitas vezes os pensamentos dos homens, seus raciocínios, cálculos e conclusões são o resultado do exercício intelectual, não significando, porém que eles não sejam assistidos pelos espíritos benevolentes ou malévolos. Mas como ignoramos totalmente as circunstâncias disso, com preservação do nosso livre-arbítrio e responsabilidade pelos atos, garantimos o mérito ou demérito por eles.

De modo idêntico a alguém que comete um crime insuflado por outro e a justiça terrena partilha a responsabilidade entre ambos, o mesmo ocorre com as leis divinas em relação aos cúmplices espirituais. Isto também é verdadeiro no caso inverso. Se um ato bom fosse 'determinado' pelos espíritos teria mérito menor do que quando de total iniciativa dele próprio. E é isto o que ocorre com maior frequência. Em termos mais práticos diríamos que há maior mérito na ação que segue à inspiração do que na mediunidade ostensiva.

Adesio Alves Machado (*Tribuna Espírita* – João Pessoa-PB, jan-fev/2009) narra caso pessoal e da esposa para a compra de uma máquina fotográfica profissional no Rio de Janeiro. Dias, horários e locais combinam precisamente para encontrarem alguém que necessitava vender com urgência uma da marca e especificações que eles desejavam. O articulista, utilizando o conceito de Jung, denomina de sincronismo divino.

De idêntica natureza foi o que aconteceu com o ator Herson Capri. Ele participaria da representação da Paixão de Cristo durante a Semana Santa de 2007 e concedeu entrevista à TV Globo, ocasião em que confessou o seguinte. No ano anterior ele fizera o papel de Jesus e para fazê-lo bem feito, decidiu antes fazer uma lipoaspiração quando foi detectado um câncer inicial no abdômen.

Mas não é só para encontros desta natureza que os espíritos trabalham. Até para gerar circunstâncias que culminam com desencarnações individuais ou coletivas eles atuam como veremos mais adiante. Edgard Armond (*Livre-arbítrio*, pág. 93) propõe que aqueles tidos como colaboradores e executores, de posse dos elementos relacionados com as causas, fariam com que os efeitos atingissem aqueles que os provocaram, no caso sob sua análise, a desencarnação.

Complementaríamos que o livre-arbítrio se exerce nas duas ou mais opções disponíveis, mas as leis determinísticas (livre--arbítrio do passado, causa e efeito, de progresso, da natureza) agem no sentido de fazer chegar a certas estações obrigatórias. Se tomarmos o caminho errado, certos sinais alertam para o equívoco com retorno compulsório ainda que protelado. Estes indicativos seriam da alçada dos Espíritos preparando detalhes e prestando orientação.

Conhecendo e analisando o caráter, temperamento, motivações, ambiente social, educação e grau de maturidade emocional do indivíduo, calculam, ajustam, sincronizam com outros fatos e pessoas e cumprem o seu papel. Como diz Durval Ciampioni em *O perispírito e o corpo mental* (pág. 38), o homem possui o livre-arbítrio para mover as cartas, mas os espíritos guardam os curingas para interferir. Ou dito de outra forma, compara-se o livre-arbítrio e o homem e os Espíritos atuando sob ordem divina a um cão e seu guia. O primeiro irá somente até e por onde o seu dono o permitir.

A influência dos bons é sutil e poderá ser aceita ou desprezada. Já os maus, podem iniciar ou só conseguir influenciar também deste modo. Outros, porém, mais poderosos ou pela persistência, poderão até atingir o domínio pleno da razão de suas vítimas nos dolorosos processos obsessivos.

Num esforço para resumir os ensinamentos dos Espíritos a respeito, percorremos algumas outras questões do LE. Por exemplo, a 532. Os Espíritos têm o poder de afastar males e atrair prosperidade para certas pessoas, mas alguns acontecimentos interpretados à primeira vista como males, são inevitáveis porque pertencem aos decretos divinos. "... porque aquilo que é um grande mal sob o vosso ponto de vista mesquinho e a vossa vida efêmera, é, frequentemente, um grande bem na ordem geral do Universo" (questão 663), ou seja, os denominados "males que vêm para bem". Na mesma questão informam os Espíritos que Deus assiste os homens por meios naturais que parecem o efeito do acaso ou da força das coisas. Mas acrescente-se que para isso é indispensável a colaboração do próprio indivíduo dentro dos princípios do "pedi e obtereis"; "procurai e achareis; batei e abrir-se-vos-á".

Caso curioso descobrimos na questão seguinte. Uma vantagem material significativa pode ser facilitada tanto por Espíritos bons como por maus. Os primeiros estariam preparando o caminho de uma prova enquanto os últimos até serviriam para o mesmo objetivo, embora motivados pelo desejo de arrastar o afortunado para as paixões desequilibrantes.

Na 534 o que se questiona é a presença, em certos casos, de obstáculos intransponíveis que impedem a realização de alguns objetivos, sendo que isto pode ocorrer também pela influência dos desencarnados, mas em outros resultam da própria escolha errada da pessoa. Exemplo típico temos nas carreiras profissionais quando se opta por determinado tipo de trabalho apenas influenciado pela família ou ambições financeiras.

As obsessões sempre surgem quando apresentamos alguma vulnerabilidade moral, mas, ao contrário do que muita gente pensa, nem sempre estão vinculadas à lei de causa e efeito. Espíritos desencarnados ou ignorantes costumam associar-se aos encarnados muito distantes da perfeição porque estes lhes propiciam as condições para isso sem reagir pela prece e prática do Bem. As tendências instintivas inferiores são secundadas por espíritos afins.

A RE (fevereiro/1866, pág. 42) ratifica o que dizemos. Há obsessões decorrentes unicamente da inferioridade do meio. São permitidas por Deus e não causadas por razões pessoais. Possuem o mesmo efeito depurador das doenças de origem não cármica, causadas por fatores externos como o ambiente (poluição), agentes naturais, velhice. Ou as próprias aflições impostas entre os encarnados as quais fazem parte das provas e misérias inerentes à inferioridade do planeta onde fomos colocados devido à nossa própria imperfeição.

Igualmente Espíritos levianos e zombeteiros divertem-se ao provocar contratempos e pequenos desgostos aos encarnados, provando-nos a paciência. Mas não devemos atribuir a eles a autoria de muitas ocorrências desagradáveis do dia a dia cuja origem está na nossa imperícia (questão 530).

Podemos, portanto, falar em obsessões mais fatais e menos fatais. Nas primeiras estão aquelas em que há fortes vínculos do passado a algemar os protagonistas e que só encontram solução pela terapêutica do perdão e reparação. Já as últimas seriam mais 'circunstanciais' e aproveitadas com fins didáticos, porém mais facilmente contornáveis. Uma obsessão sobre um alcoólatra pode lhe servir de prova ao desejo de largar o vício, mas sem relação particular com o obsessor. Este só está atrás da satisfação de seus apetites dos quais a morte não foi suficiente para libertá-lo.

Não podemos esquecer que há obsessores que querem nos fazer o bem, embora talvez soe absurdo. Tais são os parentes recém-desencarnados que não conseguem se libertar do ambiente em que viveram, preocupados com o bem-estar dos que ficaram. Sua influência, em vez de ajudar, só perturba.

Deus permite as perturbações gratuitas dos maus como provação, principalmente da nossa fé – e, diríamos – paciência. Se a pessoa possui a propensão ao homicídio, terá à sua disposição 'uma multidão de Espíritos que manterão nela esse pensamento', embora outros de índole superior tentarão neutralizar. A ação dos maus torna-os, de certa forma, instrumentos para nos provar, contudo, como sabemos, não é uma missão de que foram incumbidos (questão 470), situação diferente da analisada no exemplo da escada. 'Há necessidade dos escândalos, mas ai daqueles por quem vêm os escândalos'.

Tanto se aproveitam eles de circunstâncias já existentes como podem provocá-las (questão 472). E a saída para suas vítimas é opor resistência moral porque se ligaram a elas pelo pensamento, similitude de desejos (questão 467) e pela conduta em geral. A prece, assunto que adentramos agora é "um poderoso socorro em tudo" e muito eficaz para combater as obsessões desde que o necessitado de auxílio faça a sua parte porque Deus olha pelos que agem e não somente sabem pedir (questão 479).

Mas há quem não pense assim. Para o físico Carlos de Brito Imbassahy a 'excelsa misericórdia divina' não existe porque tudo obedece a leis exatas, independentes de 'vontades'. Respeitável opinião, mas não concordamos. Para isso nos auxiliamos de Mateus, cap. VI, vs. 19 a 21 e 25 a 34 e cap. VII, vs. 7 a 11, com citação no capítulo XXV do ESE. Ali, aparentemente estão reunidos dois conceitos antagônicos: 'Olhai as aves do céu que não semeiam e não colhem, mas o Pai os alimenta e olhai os lírios do campo que não trabalham e não tecem, mas nem Salomão se vestiu como um deles' *versus* 'Pedi e obtereis; buscai e achareis; batei e se vos abrirá' (Mateus, cap. VII, 7 a 11), equivalentes ao 'Ajuda-te que o céu te ajudará'.

Perguntas que podemos nos impor: devemos lutar por certos objetivos ou *deixar tudo nas mãos de Deus* confiantes de que o que Ele nos reservou ninguém nos tirará e sempre virá? Se ficarmos com a segunda resposta, não estamos alimentando a lei do menor esforço, aceitando a inércia e cultivando a preguiça? Se preferirmos a primeira, como saber por qual caminho seguir? Ignoramos o futuro individual e coletivo e não somos joguetes do destino, mas a lei de causa e efeito se cumpre, embora modificável. Então tentamos exercer o *sois deuses* ou comportamo-nos como as aves e as flores? Evitamos *nadar contra a correnteza* ou nos deixamos arrastar pela correnteza?

Se as aves, tomadas para simbolizar todos os animais silvestres, e os lírios, representando o reino vegetal, não são esquecidos pelo Criador, com mais razão o homem não deve exagerar preocupações com o seu bem-estar. As palavras do Mestre parecem ser mais um convite ou recomendação à moderação, ao combate ao egoísmo que quer acumular sempre mais, à paciência e à fé na escassez e à mansuetude que evita os conflitos e disputas pessoais e as guerras por domínio de território, riquezas, poder.

Claro que a analogia deve ser tomada como pontual. Num deserto não nascem flores e certos *habitats* são ou tornam-se impróprios para sustentar a vida de certas espécies animais, mas no geral a pródiga mãe-natureza a tudo provê: água, nutrientes, abrigo, defesa e proteção contra predadores até o limite de sua função no respectivo estágio evolutivo, contribuindo para a cadeia alimentar.

Mas até eles e as plantas trabalham silenciosamente. Há o esforço instintivo para retirar do meio onde vivem e dos outros seres os elementos que necessitam à sua sobrevivência e manutenção da espécie. Com mais razão o homem deve confiar na providência divina, convicto de que se fizer a sua parte, se pedir, se buscar, se bater, se esforçar-se e trabalhar, obterá o necessário para cumprir com o seu papel e ser feliz. Recordamos aqui os comentários em torno do "fruto maduro", a resignação necessária diante da impossibilidade de realização de certos desejos ou antes da hora e a possibilidade, em outros, de até mesmo se obter a antecipação deles.

Às vezes, o meio em que reencarnamos é hostil, a vereda cheia de obstáculos, pedras e desvios. Foi o que pedimos ou merecemos. Fatalidade resultante da lei de causa e efeito ou do livre-arbítrio exercido no passado ou, talvez, de todos eles, num determinismo político, social, familiar, econômico, ao qual nos vimos atraídos e constrangidos. Mas o livre-arbítrio do presente, pela fé e ação no Bem, ameniza, transforma, corrige e melhora todas estas influências.

Mas há quem só saiba pedir e ainda frequentemente pede errado, aquilo que não deve, que lhe fará mal ou não merece. Este não receberá. Há os que procuram no lugar ou do modo errado. Exigem de Deus, são impacientes, arrogantes, orgulhosos, usam métodos violentos, desonestos. Estes não acharão ou, se acharem, terão mais motivo para lamentar do que para júbilo. Há os que batem na porta da ilusão das seitas fanáticas, nos templos interesseiros. Batem com a força da fé cega, das promessas de facilidades mundanas para entrar e se apoderar do que não lhes pertence. Para estes também Deus manterá as portas da verdade, da paz e da felicidade cerradas.

Wilson Garcia (*Kardec é razão*, pág. 115) raciocina com Kardec que 'seria uma posição extremamente calculista' pensar que Deus só 'nos fale através do silêncio de Suas leis, pois a voz dos filhos... é ouvida e respondida pelo Pai...'.

"Há leis naturais e imutáveis que Deus não pode derrogar segundo o capricho de cada um; mas daí a acreditar que todas as circunstâncias da vida estão submetidas à fatalidade, a distância é grande... acontecimentos que escapam à fatalidade... não destroem a harmonia das leis universais..." (ESE, cap. XXVII, item 6). Isso abre espaço para os créditos adiantados, prazos dilatados, dívidas adiadas ou transformadas pela prática do bem, as amortizações parceladas.

Perfeição não é inexorabilidade. Na própria exatidão das leis divinas a flexibilidade reserva lugar para a misericórdia aberta pelo arrependimento do culpado e posterior ação reconstrutiva. Deus é justiça, mas também amor e bondade. Não é um mero espectador, mas o diretor do espetáculo.

A prece não pode alterar os desígnios de Deus, mas se realizada pelos outros, sensibiliza e favorece o reconhecimento do erro e desejo de buscar a felicidade pela via do amor, além de atrair as boas companhias espirituais (questão 664). O espírito de André Luiz cita várias vezes no conjunto de sua obra o valor das preces intercessórias nas quais, mediante créditos de um parente ou amigo desencarnado, outro indivíduo, na mesma dimensão ou aqui entre os vivos, pode ser auxiliado. É uma espécie de doação de recursos e méritos transferidos para quem esteja em trânsito por situação grave, certamente por sua incúria, e feita em nome do amor. É também disto que trata a questão 665: a prece por outrem é uma lembrança, prova de amizade ou piedade e que traz alívio e consolo.

A oração por si mesmo é demonstração de resignação, comportamento bem recebido por Deus, além de atrair os Espíritos que transmitem forças para suportar as provas e expiações até o final (questão 663). Eles não têm o poder de afastar de nós o sofrimento que nos cabe por força da lei de causa e efeito ou de provas e missões solicitadas. "Não entravam em nada os decretos de Deus nem suspendem o curso da natureza, mas nos impedem de infringir essas leis, dirigindo nosso livre-arbítrio" (ESE, cap. XXVII, item 12).

"No limite das coisas que dependem da vontade do homem – diz o instrutor espiritual na RE (maio/1866, pág. 155) – Deus pode, sem derrogar Suas leis, aceder a uma prece, quando é justa... Os Espíritos, executores de Sua vontade, são encarregados de provocar as circunstâncias que devem conduzir ao resultado desejado".

Voltando à questão 852 do LE, temos um alerta. Por falta de humildade, é mais simples atribuir aos outros, encarnados e desencarnados, a culpa pelos nossos fracassos. Se a influência dos Espíritos concorre algumas vezes para isso, lembremos que sempre podemos repelir suas sugestões nocivas e nos subtrair ao seu assédio. Comparemos cada reencarnação a uma viagem. Podemos nos munir de muitas informações a respeito dos lugares pelos quais passaremos, mas sempre dependeremos do taxista ou de um guia turístico para nos conduzir. Atenção, experiência e autoridade moral prevenirão sermos ludibriados por um falso guia ou um taxista desonesto que quer nos conduzir por vias perigosas ou cumprir itinerário desnecessário para nos explorar o bolso. De idêntico modo, a prece, vigilância e busca de maiores conhecimentos evitarão de sermos enganados pelos obsessores espertalhões.

Não podemos fechar este assunto sem antes comentar a respeito dos Espíritos designados para proteger grupos de pessoas, lugares e os ligados aos fenômenos da natureza. "As sociedades, cidades e nações" são "individualidades coletivas" (questão 519) que necessitam e contam com direção superior. Além do espírito protetor ou individual, somos acompanhados mais ou menos de perto, em primeiro lugar pelos espíritos familiares quando estes têm condições e permissão de auxílio, bem como outros protetores. Além destes, contamos com os amigos e simpáticos, aqueles que se afinizam com o nosso modo de ser e agir. Naturalmente sua índole poderá ser boa ou má, pois a aproximação ocorre justamente pela atração exercida pelo magnetismo dos pensamentos e sentimentos que exteriorizamos.

Adiante, na 537, Kardec lembra dos deuses mitológicos e os Espíritos confirmam que os fenômenos da natureza são regidos por seres desencarnados, capazes de presidir fenômenos geológicos, e nas tempestades (questão 539), por exemplo, atuam "massas inumeráveis" deles.

Outras situações em que há atuação dos desencarnados sobre os que se encontram na Terra são nas artes (questão 521) e nos combates (questão 541 e seguintes). Vemos assim que a interação entre os seres das duas dimensões é muito mais dinâmica e intensa do que poderíamos imaginar, bem de acordo com a questão inicial 459.

Doenças. Hereditariedade. Engenharia genética.

As enfermidades que atacam o organismo humano podem ter origem espiritual ou não. Quadros infecciosos, por exemplo, têm mais a ver com a exposição a alguns agentes mórbidos e estado momentâneo do sistema imunológico do que com a alma, embora a ação da mente – na depressão, p. ex., – possa contribuir para a queda da resistência orgânica e consequente favorecimento de vírus e bactérias.

Nas patologias primariamente espirituais há as congênitas, as que já se nasce com elas, e as hereditárias que se manifestam em algum momento da vida e, portanto, com um perceptível componente cármico ou decorrente da lei de causa e efeito acionada em vias pretéritas.

Outras vezes, porém, doenças surgem por desenvolvimento exclusivo no presente. Tanto se abusa dos vícios como o tabaco, o álcool, a glutonaria, excesso de trabalho ou falta de repouso que o corpo não suporta e adoece. De certa forma, constata-se também aí os mecanismos da ação e reação, mas de um modo um pouco diferente do que pretendemos tratar.

Mesmo que as doenças fossem determinadas exclusivamente pela genética, fácil perceber, para nós espíritas, que estaríamos diante somente de causas imediatas visto que as mediatas ou primárias teriam raízes no passado, expressando no corpo somático aquilo que jazia adormecido no perispírito desde a última ou mais distantes reencarnações.

A presença e ativação de certos genes cumprem apenas determinação da livre vontade do Espírito durante o planejamento para a nova etapa da vida terrestre ou uma imposição mais rígida da lei de causa e efeito e não uma combinação fortuita. Assim, genes associados ao alcoolismo ou à agressividade e outras peculiaridades psicológicas só servem para dar relevância a qualidades ou defeitos, pontos fortes e fracos, que o espírito traz dentro de si de forma latente, os quais poderão aflorar ou ser sufocados.

Estudos recentes indicam que a genética não é a única a comandar o aparecimento de doenças e determinar a duração da vida humana. Entre muitas outras fontes a tratar do assunto, citamos a revista *Veja* (n° 2109, de 22/04/2009). Tem-se por certo que o ambiente em que vive o indivíduo e o seu estilo de vida, fatores cujo estudo compõe a epigenética, podem ativar ou desativar mais de 70% de nossos genes. As comprovações encontram-se no espaço intramolecular cujos efeitos notam-se mais nitidamente em gêmeos univitelinos.

Craig Venter, um dos cientistas envolvidos no Projeto Genoma (Waldemar Lisso, *Clonagem*, pág. 103) é peremptório: "... há genes que controlam outros genes, os quais respondem ao meio ambiente; o determinismo biológico está morto". Talvez esta afirmação seja um exagero, mas de há muito que, amparado pelo conhecimento espírita, raciocinamos que saúde ou doença depende apenas parcialmente da hereditariedade. Se assim não fosse, como explicar que entre vários irmãos, somente um manifeste ou deixe de manifestar certa enfermidade? Que capricho divino premia um e pune outro e, às vezes, em contradição com o caráter e temperamento?

Para os cientistas falta dizer que ambiente e estilo de vida, ora escolhidos, ora impostos (pela sociedade, educação, recursos econômicos) representam ação direta do espírito. A maior ou menor liberdade do indivíduo para fazer opções mais saudáveis está associada ao mérito pessoal das vidas anteriores e desta também. Reencarnou filho de pais com tais ou quais bagagens genéticas, mas selecionou, quando do planejamento da futura existência, aqueles genes que eram necessários às suas experiências. Ou, se passou a carregar alguns que possuem o potencial de determinadas morbidades, os mantêm desligados. Como desligados poderão permanecer até o momento certo de serem ativados e darem cumprimento a uma prova ou expiação. Neste caso temos os genes como causas imediatas da doença, mas por trás delas há outras de ordem moral que classificamos como mediatas.

É como se estivesse na fase de aquisição dos materiais de construção de sua casa. Escolhe a loja na qual tem confiança, amizade ou já é freguês. De toda a disponibilidade de marcas e produtos, faz a cesta daquilo que julga ser mais necessário ou apropriado. Muitos itens são obrigatórios como cimento, cal, barras de ferro, tijolos. Com eles funda os alicerces e ergue paredes (a morfologia básica com esqueleto, tecidos, órgãos internos, os diversos aparelhos, órgãos dos sentidos em número e lugar certo, mãos e pés com cinco dedos).

Outros são acessórios ou facultativos para o acabamento onde considera a beleza, funcionalidade, decoração etc. Inclui-se aí a altura, cor dos olhos e cabelos, aparência geral. Mas também os dons especiais e as limitações manifestas ou latentes de todo o organismo, a predisposição à longevidade, a acidentes corporais e outras. E pode ser precavido e adquirir algumas coisas em quantidade acima do necessário para eventual uso futuro.

Todavia, como nem todos os espíritos sabem fazer ou merecem maior orientação na hora da 'compra', pode errar na escolha ou adquirir qualquer coisa que o vendedor empurrar. É o determinismo biológico. Pelo livre-arbítrio, depois poderá neutralizar, por exemplo, um gene predisponente à obesidade e à diabetes.

Mas se há tantas possibilidades, por que este espírito não escolheu logo pais que não oferecessem o risco de desenvolver a doença? Porque a ligação se faz por afinidade afetiva ou necessidade de reajuste. De volta ao exemplo, nem sempre podemos ou convém escolher os melhores produtos. Temos que adequá-los às posses econômicas (mérito) ou à preferência de uma construção mais humilde, simples e pequena. De outras, mesmo desejando melhor qualidade e dispondo de melhores recursos, naquela loja escolhida ou imposta por ser a única disposta a lhe fornecer os materiais (futuros pais), não há em estoque certos itens com as características exatas de sua preferência.

Vejamos o que dizem certas autoridades encarnadas e desencarnadas sobre os complexos mecanismos de escolha e ação dos genes na interação com o espírito. André Luiz (*Evolução em dois mundos*, pág. 27) aponta o centro de força coronário do perispírito, que tem base física no plexo nervoso representado pela glândula epífise, como o ponto de conexão entre o determinismo do espírito imposto ao organismo. Se, por deliberação consciente da própria vontade ou instigado por irrefreável coerção, a alma assinalou uma experiência dolorosa na futura encarnação, aquilo que depois parecerá fatalidade para os mais desinformados, será, na verdade, o resultado do livre-arbítrio acionado anteriormente que escolheu, ou de quando praticou certa ação no passado mais recuado que desencadeou a aceitação dos efeitos.

Ainda da mesma obra (pág. 152-3) o autor explica que na elaboração do mapa genético, os espíritos que já têm possibilidade evolutiva para isso, auxiliados pelos trabalhadores especializados, atuam diretamente nos cromossomas, enquanto os inferiores, vítimas da 'ovoidização' – redução perispiritual à forma aproximada de um ovo –, consequência do monoideísmo, são atraídos inelutavelmente ao ventre materno para uma reencarnação na qual estarão totalmente submissos ao determinismo da hereditariedade.

O espírito de Manoel Philomeno de Miranda, em página psicografada por Divaldo P. Franco em 23/01/1986 e publicada em *O mundo espírita* de julho do mesmo ano, informa que "cada gameta exterioriza ondas que correspondem à sua finalidade biológica, na programação genética de que se faz portador". Já outro artigo publicado na *Revista Internacional de Espiritismo*

– RIE (abril/1989), acrescenta que a necessidade dos processos de reparação e os fluidos genotóxicos afetariam o código genético, provocando doenças congênitas ou não.

Para Ercília Zilli (*O espírito em terapia – hereditariedade, destino e fé*, pág. 90-2) a escolha não se limita às características físicas, indo além ao definir aspectos de caráter e personalidade das famílias. Isto proporcionaria 'tendências' naturais capazes de serem desenvolvidas mais tarde em qualidades. Este detalhe, a nosso ver, explica melhor a multiplicação de membros da mesma família com idêntico talento para a música, por exemplo. O que reencarna com propensão para esta arte é atraído por afinidade para um lar onde alguém também a cultive e herdará dele os genes associados às habilidades manuais, auditivas ou da voz.

É o próprio André Luiz (*Evolução em dois mundos*, pág. 59) ainda a informar que "à hereditariedade relativa, mas compulsória" pode se contrapor a conduta feliz ou infeliz que acentua ou suaviza o destino traçado. Nos sítios celulares isto se daria pelos 'bióforos' ou unidades de força psicossomática que geram um campo energético correspondente às vibrações mentais irradiadas ao perispírito e daí ao citoplasma com projeção nas células e no corpo todo.

Osvaldo Hely Moreira (informativo AME-Brasil, n° 3) amplia a explicação. Os bióforos ou partículas de pensamento atuariam sobre o RNA, o mensageiro que conduz as informações ao DNA provenientes do núcleo celular, alterando-lhes as ordens. A contraordem mental agiria sobre os albuminoides nas organelas citoplasmáticas impedindo – ou facilitando – a manifestação do comando de uma doença emitida pelo núcleo.

Alguma semelhança com a palavra da ciência a respeito? Não temos aí a mente trabalhando interna – otimismo, preces, equilíbrio emocional, aspirações elevadas – e externamente (opção por ambiente saudável, nutrição adequada, exercícios físicos), ativando e desativando genes, atenuando o determinismo genético e fazendo prevalecer o livre-arbítrio do presente?

Dizem os cientistas que são três os processos epigenéticos resultantes da interação entre o genoma e os fatores exteriores. Num deles a ação dos micro-RNAs, nucleotídeos que percorrem o DNA ligando e desligando os genes em até 70% de seu potencial.

Digno de nota o que nos diz Richard Simonetti (RIE, julho/1998). A lei do carma, segundo ele, é antes um meio do que uma causa. Homens e animais estão sujeitos, por exemplo, às aberrações genéticas (que é uma causa isolada e natural), mas só nos primeiros elas se convertem em mecanismo expiatório ou de expressão da lei divina de justiça. A anomalia existe de qualquer modo, mas nos homens assume uma finalidade determinada.

Para ele, o destino fixado por uma doença cármica pode ser mudado pela reforma moral do indivíduo, porém, se a experiência foi solicitada por ele próprio, a boa conduta amenizará os efeitos, mas não os eliminará. Mesmo que durante a vigília o indivíduo seja tentado à fuga do planejado, durante o sono seu compromisso será reafirmado em face da lembrança e melhor compreensão do problema.

Complementando nós: entre uma imposição que parecia inexorável e a manifestação do livre-arbítrio, prevalece o respeito a este último. Ou seja, a vontade individual é mais fatal do que a própria fatalidade aparente que estaria a expressar somente os efeitos de atos praticados anteriormente.

A interferência da TVP, da engenharia genética e da mediunidade curativa no destino e no carma

Diante do que dissemos no tópico anterior sobre a importância da prece e da fé na mudança do destino, desnecessário repetir que muitas curas, quer através da medicina tradicional, quer pelas chamadas terapias alternativas ou complementares ou, ainda, por intervenção mediúnica-espiritual, respondem ao mesmo imperativo. O carma, em muitos casos e em certo grau, pode ser 'queimado' pela ação no bem e pela mobilização interior no sentido de aproximação e harmonização com a natureza, com a vida e com Deus. Isto pode ser sintetizado nas palavras de Jesus ao cego de Jericó: "Tua fé te curou".

Já no caso de outro cego, o de nascença, o Mestre esclarece que aquele sofrimento não era uma expiação dele nem muito menos de seus pais. Verdade que alguns interpretam a menção àquele 'homem' – espírito, perispírito e corpo –, mas, dizem, poderia ser do homem anterior – mesmo espírito em outro corpo. Alguns propõem que ele desempenhava um papel secundário na missão de Jesus para provar o caráter especial de sua missão. Outros pensam que, além disso, estaria provando a reencarnação, pois se já nascera cego e perguntavam se era por culpa dele é porque deveria ter já vivido antes. Finalmente, Kardec e outros tantos preferem ver naquela experiência uma provação solicitada pelo próprio personagem para apressar o progresso.

Ajuntamos nós que talvez todos tenham um pouco de razão. Provação solicitada que, pelo contexto, acabou inferindo a ideia da reencarnação e, por isso e pela cura verificada, contribuiu para a confirmação e êxito da missão de Jesus. Ele era um peão no complexo palco desta missão, mas não um joguete, pois possuía suas próprias motivações.

De certo modo, tanto os transplantes, como a engenharia genética, a mediunidade curativa e a TRVP ou Terapia Regressiva a Vidas Passadas podem ser vistos como interferências no destino traçado no planejamento reencarnatório e até na execução das leis divinas. Passemos a algumas considerações. No ESE (cap. V, item 26), os Espíritos tranquilizam. Se é permitido àquele que se afoga procurar se salvar ou àquele que tem um espinho cravado retirá-lo ou que está doente chamar um médico, é permitido abrandar as nossas próprias provas. Estas visam exercitar a inteligência, a paciência e a resignação. Isto proporciona mérito, mas não o abandono à luta que seria mais preguiça do que virtude.

Se nos limitarmos aqui às curas espirituais, diríamos que se o procedimento conflitar com o planejamento reencarnatório ou o carma não estiver esgotado, a cura simplesmente não ocorrerá. É o que afirmam todos os médiuns sérios que atuaram ou atuam neste tipo de mediunidade e os agentes invisíveis que por eles se servem.

O mesmo é válido para os transplantes, apresentando, contudo, outro obstáculo qual seja a ausência de doadores. Em ambos os casos, porém, com frequência, mesmo com saldos de dívidas ainda a resgatar, o possível beneficiário pode ser sondado em suas futuras intenções e obter solução como forma de crédito antecipado.

Na prática observa-se que os efeitos positivos de quem recebeu um transplante vai muito além da cura física. Ocorre verdadeira revolução na forma de encarar a vida, com transformações, para melhor, sentidos no ambiente familiar, no relacionamento com os amigos, no modo de enfrentar os problemas e até na relação com Deus. Esta mudança traz mais ganhos do que a permanência no sofrimento até o esgotamento completo das causas que deram origem àquele desequilíbrio.

A Terapia de Vidas Passadas até certo ponto é combatida pelos espíritas baseados no fato de que os Espíritos justificam o esquecimento do passado como forma de "virar a página" e seguir em frente. Lembranças do que fomos e fizemos poderia atrapalhar a nova jornada estimulando o orgulho ou causando constrangimentos, além de reavivar conflitos pela identificação nos companheiros atuais de personagens ligados a experiências mal-sucedidas lá atrás. Mas a TVP não faz nada disso. Se bem conduzida, em realidade, liberta o indivíduo do sentimento de culpa, esclarecendo os motivos de condutas inadequadas no presente e permitindo-lhe um recomeço mais equilibrado. As lembranças são seletivas e, em geral, não há uma conexão direta das lembranças com as pessoas do convívio atual.

A TVP não mexe no carma, ao contrário, é um instrumento facilitador para que a pessoa liberte-se dos erros pela expiação e reparação de agora. Com a tomada de consciência dos fatos e razões do distúrbio comportamental (fobias, depressão etc) ela passa a olhar para frente numa dinâmica de reconstrução e o que Deus quer não é o sofrimento da criatura, que deve ser eminentemente educativo e não punitivo, mas que ela aprenda com a lição, supere as dificuldades e seja feliz. O sofrimento só deve durar o tempo necessário ao seu melhoramento (questão 1004 do LE).

Voltando a Hermínio Miranda, obra já citada (pág. 225) ao comentar o trabalho da Dra. Helen Wambach analisa: "Deve-se curar uma disfunção suscitada precisamente para corrigir um crime anterior? A resposta é sim... as leis que regulam o universo ético não são punitivas, elas são corretivas". E compara a vida humana à viagem de um navio que, por força de uma tempestade, corrente marítima ou – complementaríamos nós – imperícia, negligência ou interesses escusos, sofreu desvios de rota. Uma vez corrigido o rumo, a embarcação seguirá seu destino até que um novo imprevisto obrigue automaticamente outro impulso corretivo. "O que a lei pretende é que o indivíduo assuma a consciência de seu erro e se disponha a corrigir a tendência que o levou a falhar".

A confirmação da ideia está no item 27 do mesmo capítulo V do ESE antes citado, quando orienta para que ao vermos irmãos em sofrimento, não nos acomodemos em pensar que tal se dá por força da justiça divina e que não devemos interferir deixando tudo seguir seu curso, mas procurar auxiliar por legítima caridade, pois talvez isto seja uma prova ou expiação também nossa. Oportunidade do exercício da caridade, solidariedade, crescimento espiritual e, principalmente, do *não julgueis para não serdes julgados*.

Fiquemos com o resumo de um exemplo que ilustra o excelente livro *Terapia de vida passada e Espiritismo – distância e aproximações*, de Milton Menezes. Uma senhora casada e bem-sucedida profissionalmente, após a primeira e, principalmente, a segunda gravidez, passa a apresentar comportamento anômalo, obsessivamente preocupada com os cuidados dos filhos a ponto de prejudicar o trabalho e o relacionamento com o marido. Ao recorrer à TVP descobre que numa encarnação passada, também casada e com filhos, envolveu-se num caso extraconjugal. Ao retornar de um de seus encontros furtivos, encontrou a casa em chamas com os filhos dentro. O marido nunca descobriu o segredo, mas ela, atormentada pelo remorso, abandonou-o, rolou o mundo e morreu de desgosto e arrependimento. Numa outra encarnação as leis divinas bloquearam-lhe o desejo de maternidade e, novamente, frustrada, deixou o atual marido e desencarnou em idênticas condições.

O fato é que o distúrbio emocional, desencadeado após ter os filhos, em função dos fatos registrados no inconsciente que poderia aprimorar o sentimento de responsabilidade para evitar recair nos mesmos erros, acaba por gerar um efeito perturbador, causando intenso sofrimento e desequilíbrio prejudicial ao cumprimento da proposta inicial. O comportamento atual estava sufocando os filhos de cuidados descabidos, desestabilizando o casamento, afetando-lhe a vida profissional e causando uma dor inútil e sem explicação.

Uma vez tratada e tomando conhecimento das matrizes do problema enraizados no passado distante, pôde racionalizar a situação, compreendendo que os temores que a assombravam sobre a possibilidade de ocorrer algo de grave com eles eram totalmente infundados e que para ser uma boa mãe não era necessário agir daquela forma irracional.

Já o emprego da engenharia genética, encontramos apoio na questão 692 do LE. Perguntados por Kardec se o aperfeiçoamento das espécies vegetais e animais pela ciência seria contrário à lei natural e mais recomendável deixá-la seguir seu curso normal, os Espíritos responderam que o homem é instrumento de Deus e a perfeição, para a qual tende a própria Natureza, solicita a cooperação dele. Em muitos outros pontos da Codificação, os Espíritos conclamam o homem no mesmo sentido. "Sois deuses – disse Jesus –, fareis o que faço e muito mais".

Se eventualmente há interferência no carma individual, podemos raciocinar que se os desencarnados elaboram o mapa cromossômico, compondo o modelo ou matriz do futuro corpo físico do indivíduo, os agentes encarnados, somados os méritos deles e do paciente ou expectativas de vantajosa relação custo-benefício espiritual, também devem contar com a permissão de Deus para alterá-los.

A interação entre os habitantes das duas dimensões prevê e mesmo exige a cooperação entre eles e a capacidade intelectual aliada à elevação moral pressupõe perfeita liberdade de ação aqui como lá. Afinal, como alertava Kardec, aqueles nada mais são do que os que estavam aqui, transferidos para o mundo dos espíritos e, vice-versa, os de lá amanhã estarão entre nós.

Raul Teixeira (Revista *Harmonia*, maio/2000) põe-se a favor da engenharia genética por impedir ou consertar os fenômenos teratológicos em indivíduos que teriam corpos físicos monstruosos ou deficiências graves, desde que não tivessem mais necessidade de reencarnar com essas anomalias. Mas não podemos conceber que sem necessidade expiatória alguém venha a reencarnar nestas condições. Do contrário seria admitir a presença do acaso, caracterizando um acidente biológico e ausência da justiça divina.

Quanto aos embriões congelados é o mesmo Raul Teixeira que cogita se tratar de "espíritos devedores da sociedade ligados para que vivam hermeticamente vinculados a eles, sofrendo aquele processo de mutismo... ao invés de renascerem na Terra e sofrerem situações de enfermidades durante largos anos".

Pensamos que, ao menos em alguns casos, possa ser diferente. Os Espíritos afirmam que só pela reencarnação as faltas podem, de fato, ser expiadas e reparadas (LE, questão 393 e 964; ESE, cap. IV, item 26, cap. XIV, item 9 e cap. XXVIII, item 70). Ainda que o congelamento substituísse o processo finalizado, podemos argumentar que os laços perispirituais vão encurtando aos poucos durante a gestação (questão 344), período em que, o espírito ali vinculado, desfruta ainda de liberdade para agir quase que normalmente em situação próxima ao do encarnado durante o sono (questão 351). Ele não é um prisioneiro absoluto do corpo em formação. Basta lembrar que quando encarnado, ele pode se desdobrar, locomover-se, ver, ouvir, e se comunicar com encarnados e desencarnados. Onde ficaria o mutismo? Caso, porém, estivesse totalmente inconsciente, qual o mérito de tal expiação?

Francisco Cajazeiras (*Eutanásia – enfoque espírita*, pág. 38) parece contornar esta dificuldade. Como habitantes de um mundo de provas e expiações, diz ele, estamos sujeitos às "dissonâncias genéticas que são, via de regra, decorrentes da má utilização do livre-arbítrio ou provações solicitadas". Mas admite que "Há, pela primariedade do princípio vital e imaturidade do mecanismo filogenético, grande soma de casos, cujas distorções da forma e da função não estão relacionadas com a vontade e ação do ser que a sofre". Assim, "... o excepcional não é obra do *acaso* ou da vontade divina, nem muito menos *descuido da Natureza*, mas simplesmente a resposta à atividade e realização do Espírito em sua trajetória para a Perfeição".

Se as aberrações genéticas – e não podemos deixar de considerar as decorrentes de medicamentos e radiações a que ficaram expostas as mães antes ou durante a gravidez – são consequência da lei de causa e efeito em muitos casos ou, em outros tantos, indicativas da presença de uma alma evolutivamente primária como propõe Cajazeiras, o fato é que a engenharia genética, de uma forma ou de outra, está interferindo no curso do destino. Está provocando autênticos 'saltos' no progresso anímico – quando não apenas artificiais que podem obrigar a uma recapitulação das experiências suprimidas – ou alterando o planejamento reencarnatório daquele ser mais consciente, o que poderia motivar a mesma necessidade anterior. Isso é inegável.

A interferência da medicina agiria para conter temporariamente o fluxo energético mórbido contido no perispírito, impedindo a sua manifestação somática até que possa ser neutralizado e substituído por outros de teor equilibrado.

Porém, preferimos ver em todos estes avanços científicos a sabedoria e bondade divinas que pede cooperação dos próprios homens no progresso da vida e das criaturas. Não se trata, pois, de brincar de Deus, desde que eles também aceitem os limites morais e éticos para trabalhar por aquilo que é justo e bom sem descambar para a satisfação de caprichos pessoais ou usos de dominação, geração de seres em escala ou discriminatoriamente em qualquer situação.

Devemos entender que se a supressão de uma doença via intervenção humana, apenas detectada potencialmente na forma de tendência, pela presença de determinado gene, não encontrar correspondência espiritual com transformações interiores para a melhoria da alma, esta energia desequilibrada não se desfará e buscará outra válvula de escape, exteriorizando-se na forma de outra enfermidade e todo o trabalho anterior terá sido inútil.

Outro aspecto interessante é o que associa certas doenças às condições sociais de cada lugar, entre elas as infectocontagiosas ou consequentes à desnutrição. Exemplo clássico é abordado na obra *A CEPA e a atualização do Espiritismo* (pág. 131) quando se refere à hanseníase. Em oposição à tese da maioria dos espíritas que veem também aí uma relação direta entre causa e efeito espiritual, Jaci Regis, autor do tópico, opina sobre a prevalência do fator socioeconômico que faz com que em países desenvolvidos a doença esteja erradicada e, no entanto, eles não são muito diferentes dos demais quanto às condutas morais de seus habitantes.

Entretanto, poderíamos arguir que nestes países morre-se mais de outras doenças, algumas diretamente ligadas aos abusos da saúde, como a ingestão excessiva de gorduras, ou certos tipos de cânceres. Além do mais, temos que considerar a migração dos espíritos entre uma encarnação e outra. Se o indivíduo é intimado ao reajuste ou pagamento da dívida moral de uma maneira específica, o reencarnante procurará um lugar que possibilite esta experiência. Ou seja, a lei divina alcança o devedor de uma forma ou de outra, esteja onde estiver.

Merece ilustração o caso narrado em *Ação e reação* (Chico Xavier/André Luiz, cap. 13). Trata-se do drama de um anão disforme, surdo, mudo e idiota cuja mãe fora sua cúmplice no passado. Solicitara a reencarnação naquelas terríveis circunstâncias para expiar erros que se repetiam há mil anos, mas na condição de alienado físico e mental, apresentava-se intimamente aos socorristas espirituais como um fidalgo rico e poderoso. O instrutor Silas designa o caso como um *débito estacionário* visto que todas as deficiências físicas e mentais visavam protegê-lo das inúmeras vítimas que fizera. Mas ele pudera ser resgatado do Umbral enquanto outros *são colocados para dormir mergulhados em seus pesadelos.*

Outra observação contida na mesma obra (pág. 278) informa que muitas doenças não são resultantes de abusos cometidos contra o próprio corpo, porém, contra os de terceiros e dá um exemplo de alguém vítima de eczema, forma de punição por ter planejado a morte do pai por queimaduras.

Homossexualidade

Sobre a homossexualidade ocupei-me, inclusive com o aspecto de sua possível conexão com o determinismo, livre-arbítrio e carma, no livro *Espiritismo, uma visão panorâmica*, cujas ideias aqui resumimos. A sexualidade é uma força da alma. Nos espíritos superiores está plenamente desenvolvida e equilibrada, atendendo aos ditames de ideais ligados à edificação do bem em geral. Nos medianos e inferiores, até pela necessidade da renovação da vida biológica, está mais associada à criação das formas e, em certo grau, às relações afetivas e maturação emocional. O espírito não tem sexo, mas se percebe, em sua constituição mais íntima, as polaridades masculina e feminina, presentes em todos os seres em valores maiores ou menores.

Pelo livre-arbítrio, pode escolher reencarnar tanto como homem como mulher, dependendo das experiências necessárias, solicitadas, sugeridas ou impostas. A simples inversão de um sexo, após longo período de permanência nele, para outro, pode causar dificuldades de adaptação, caracterizando um ser com perfil psicológico oposto ao do corpo físico pelo qual se manifesta. Estas dificuldades, se não administradas adequadamente, podem fazer o indivíduo resvalar para as práticas homossexuais devido à atração exercida em relação àqueles que possuem uma polaridade sexual predominantemente oposta a sua.

Outra situação ocorre quando o indivíduo comete vários abusos nesta área e se vê na contingência de assumir um sexo diferente daquele pelo qual vinha se manifestando. É um impositivo da lei divina para que ele, na mesma condição das vítimas do passado, experimente o que elas sofreram por sua culpa.

Há ainda o caso daqueles que Jorge Andréa (*Forças sexuais da alma*) denomina de transexuais não fronteiriços. Espíritos que mesmo tendo capacidade normal de desempenhar as atividades sexuais, abstêm-se das mesmas por livre deliberação – anterior e mantida agora – para poder dispensar mais tempo e energia a tarefas de caráter missionário.

Como afirma Hermínio C. Miranda que concluiu o livro de Deolindo Amorim *O Espiritismo e os problemas humanos* (pág. 181), a homossexualidade como a transexualidade não ocorrem por acaso. Resultam de situações cármicas bem definidas destinadas a retificar desvios anteriores... se não corretivos, ao menos para a diversificação de experiências. Estes reajustes podem assumir o aspecto de limitações ou claras enfermidades como a impotência, frigidez, infertilidade, malformações diversas no aparelho reprodutor etc e não somente através da homossexualidade. Outras vezes conta-se com a morfologia e fisiologia normais, porém numa determinada época podem ocorrer os processos obsessivos de antigas vítimas que assediam o antigo algoz, estimulando tendências ou explorando vulnerabilidades de caráter e circunstâncias momentâneas para induzi-lo às práticas homossexuais.

Estudo divulgado pela revista *Veja* (nº 2066, 25/06/2008) revela que há diferenças anatômicas e funcionais no cérebro entre os indivíduos homo e heterossexuais, mas com situação invertida nos sexos. Homens do segundo grupo e mulheres do primeiro possuem uma assimetria no hemisfério direito maior do que no esquerdo, maiores conexões neuroniais na amígdala direita. Já homens homossexuais e mulheres hétero os têm iguais, apresentam mais conexões neuroniais na amígdala esquerda e têm desempenho inferior em tarefas de orientação e navegação, funções processadas no lobo parietal direito que é mais desenvolvido nos homens do que nas mulheres. Porém, sobressaem-se nos testes verbais porque utilizam os dois lados do cérebro para executar uma tarefa enquanto os homens concentram apenas no esquerdo. O próprio artigo avisa que há quem entenda que essas pesquisas podem levar à conclusão de que a homossexualidade seja uma anomalia, doença hereditária e não fruto da influência do meio social, educação e cultura.

Já a genética fornece vários estudos que põem em evidência sua influência no comportamento homossexual. A mesma *Veja*, nº 1973, de 13/09/2006 comenta pesquisa levada a efeito pela Universidade de Boston, segundo a qual se um gêmeo univitelino é homossexual, a probabilidade de que o outro também o seja é de 52%. Já entre os gêmeos bivitelinos esse percentual cai para 22%.

Só para ficar em mais um exemplo e este com caráter mais amplo, citamos mais uma matéria da *Veja* (nº 1860, de 30/06/2004). Para a maioria dos cientistas, a carga genética exerce forte influência nas características pessoais a que damos o nome de talentos. Exemplo disso são os seis ganhadores do Nobel cujos pais também foram laureados com o mesmo prêmio, mas admitem que é um erro tomar a herança genética como destino. André Ramos, doutor na área pela Universidade de França prefere o termo tendências e não uma inexorabilidade.

Vale mencionar ainda o Livro do Ano Barsa – 2004 (pág. 284) referindo-se a outro estudo, segundo o qual as diferenças no desenvolvimento do cérebro e de comportamento dos sexos, estariam ligadas à ação de certos genes e não só a hormônios e "sugere que a sensação de ter nascido em corpo errado estaria relacionada ao cérebro".

Se há um gene identificado como responsável por esta tendência ou o comportamento homossexual é associado à atuação ou disfunções hormonais, sempre recairemos na mesma explicação. Tudo o que se vê são apenas efeitos. As verdadeiras causas residem no âmago do ser imortal: prova ou expiação.

Importa, para finalizar, dizer que se o indivíduo vivenciando este tipo de experiência, não aprender a controlar seus impulsos, canalizando a poderosa energia sexual para fins mais elevados como as artes, para o campo das ideias na filosofia, religião ou ciência, no envolvimento com a prática do mais profundo humanismo, e deixar-se arrastar para a repetição das práticas antigas, outras decepções ficarão à espreita no horizonte. Novas transgressões às leis divinas, novas dívidas e nova necessidade de reajuste. É a lei.

As diferenças raciais

O assunto é polêmico e delicado, mas não podemos nos omitir, ao menos no que concerne às implicações mais diretas com a lei de causa e efeito e destino. Referimo-nos às diferenças raciais. Não desejamos e nem convém se alongar aqui, pelo excesso de espaço que tomaria e por extrapolar a finalidade do trabalho.

Não pretendemos defender Kardec ou os Espíritos que se manifestaram a respeito, porém cabe uma ou duas ressalvas. As citações mais controvertidas estão na *Revista Espírita* como veremos a seguir. Embora respeitáveis todas as informações ali contidas, não se pode esquecer que era nela que o codificador sentia-se mais à vontade para expressar as ideias oriundas das milhares de comunicações mediúnicas que recebia do mundo todo e as suas próprias, fruto de profundas reflexões.

Entre várias outras seções, o periódico reproduzia mensagens obtidas dentro e fora da Sociedade Parisiense de Estudos Espíritas seguidas de seus comentários e ainda longos ensaios pessoais e opiniões de correspondentes. Significa dizer que muitos conceitos emitidos na *Revue* careciam daquilo que o próprio Kardec tanto prezava e apresentado como um dos suportes fundamentais de toda a Doutrina: o Consenso Universal dos Ensinamentos dos Espíritos. Ou seja, que houvesse, senão coincidência absoluta, pelo menos coerência nos pontos principais no que era transmitido em vários lugares, por Espíritos diversos, através de médiuns diferentes e sem relação entre si.

O Espiritismo nascente, a despeito de, então, ter já firmado os princípios básicos, desenvolvia e estruturava ainda muitos de seus conceitos. Fácil ver que o tema racial é tratado com muito mais sobriedade em *O Livro dos Espíritos* e, mais brevemente, em *O Evangelho segundo o Espiritismo* e em *A Gênese*.

Um segundo ponto que não pode ser esquecido é o contexto social e científico da época em que Kardec ocupou-se do assunto. Socialmente a escravidão estava presente em vários países e colônias, inclusive no Brasil. No viés da intelectualidade, houve, conforme a revista *Veja* (n° 2128, de 02/09/2009), uma apropriação de teses darwinistas de seleção natural, elevando ao ápice o chamado racismo científico que estabelecia hierarquias entre grupos humanos com base em fundamentos biológicos.

Se até hoje o tema provoca acaloradas discussões quando não até conflitos sangrentos, imagine-se à época. O mesmo se dá, se bem que levado com muito mais bom humor, em relação às diferenças de inteligência entre homens e mulheres. Um estudo dos professores de psicologia Paul Irwing e Richard Lynn (*Veja* n° 1920, de 31/08/2005) em que foram analisados 2400 testes de QI de universitários de vários países e mais 57 estudos relacionados, apontou que, em média, os homens estavam cinco pontos acima das mulheres. Mas outros apontam em sentido contrário.

Apesar das inegáveis diferenças psicológicas entre os sexos, pelo conhecimento espírita sabemos que isso tudo é relativo, pois o que conta não são as características transitórias do corpo e sim as do espírito milenar que nele habita. Se alguém que foi homem na última reencarnação, voltar como mulher não significa que perdeu ou adquiriu capacidades e talentos além daqueles que já possuía. E vice-versa. Mudaram as necessidades e as escolhas que ele fez. Nada mais.

Antes de examinarmos os conteúdos da *Revista Espírita,* julgamos imprescindível reportar o leitor, entre outras, às questões 54, 831 e 918 do LE, bem como ao ESE, cap. XVII, item 3. Lá, percebemos como pontos pacíficos que Kardec e os Espíritos Superiores mostraram-se explicitamente contra a escravidão e intransigentes defensores da igualdade de todos os homens perante Deus.

Na mesma última obra citada, capítulo III, item 14, somos até surpreendidos com o seguinte esclarecimento. Do ponto de vista racial, quem poderia ser considerado em expiação eram os pertencentes à raça mais civilizada. Já os indivíduos constituintes das raças selvagens e semisselvagens, em estado de infância espiritual, estavam em processo de educação e não expiatório.

Se havia algo que pudesse ser denominado de castigo, naqueles tempos mais recuados, cabia aos do primeiro grupo, Espíritos que, vivendo em mundos mais adiantados que a Terra, com elevado desenvolvimento intelectual, porém obstinados na prática do mal, haviam sido degredados para a Terra com a missão de auxiliar aqueles seres criados ou emergentes dos reinos inferiores da natureza mais recentemente. Segundo Emmanuel, em *A caminho da luz*, os exilados de Capela ou raça adâmica, teriam originado sobre a Terra quatro grandes civilizações que depois constituíram a raça indo-europeia: hindus, egípcios, arianos na região da Mesopotâmia e os hebreus. Estamos falando de algo como 40.000 anos.

Na *Revista Espírita*, das três citações que Kardec faz sobre o assunto, somente duas nos interessam e ambas se referem à notícia que circulava na imprensa sobre um escravo americano chamado Tom que era cego e, no entanto, era detentor de excepcional talento musical. Na edição de setembro de 1866, pág. 279 a 282, Kardec comenta sobre a possibilidade de o fenômeno ser explicado pela reencarnação. Note-se que o interesse no caso não estava somente no fato de Tom ser negro, mas da sua condição física de deficiente visual, além da social, absolutamente inculto.

Diante de tudo o que os Espíritos haviam ensinado até então, nesta primeira hipótese, Kardec achava possível que o espírito da personalidade Tom nesta existência, vivenciava aquela experiência em função de ocorrências de alguma vida passada. Tanto que ele alarga o raciocínio, não limitando, necessariamente a um resgate cármico. Explica: "... o que se vê todos os dias, quando, de rico, se renasce pobre ou de senhor, como servo, mas não retrogradação do Espírito, pois teria conservado suas aptidões e aquisições... seria uma prova ou expiação; talvez ainda uma missão ..." (grifo nosso).

Cinco meses depois (RE, fevereiro/1867, pág. 49 a 52), Kardec retoma o mesmo caso e inicia aventando a hipótese de que Tom, o referido escravo prodígio, tocaria excepcionalmente ao piano sob influência de outro espírito e não por talento próprio. Isso é sempre possível, para qualquer pessoa, como sabemos, pela mediunidade.

Aos indivíduos que reencarnam no seio de um grupo racial, étnico, religioso ou social diferente, pode ser expiação, prova ou missão, fruto das próprias escolhas ou a determinação de necessidades imperiosas como, por exemplo, a lei do progresso. Kardec cita as tribos de selvagens, alguns povos da Oceania, mongóis, indígenas, como povos, à época, ainda primitivos, mais sujeitos ao determinismo e menor grau de livre-arbítrio. De fato, não há como negar o atraso intelectual em que vivem muitos deles. Moralmente, muitos costumes bárbaros ali presentes denotam senão maldade, ao menos traços culturais e religiosos incompatíveis com os hábitos civilizados mais avançados.

Entretanto, atualmente, há um conjunto de explicações históricas, antropológicas, políticas, geográficas, sociais e econômicas, sem recorrer às raciais, para justificar, por exemplo, porque o continente africano está tão atrasado materialmente em relação à maior parte do mundo. Moralidade e intelecto, qualidades do patrimônio espiritual, provavelmente estão submetidas a estas condições gerais. Se lá o ambiente é adverso, pode-se especular quantos brancos lá não estão reencarnados em caráter expiatório, num contingente maior, e provacional e missionário, em menor número.

A fascinante transição chamada morte. A hora. Antecipações.

"Nascer, viver, morrer, renascer ainda e progredir sempre, tal é a lei". A frase cunhada por Allan Kardec tornou-se uma máxima da Doutrina Espírita e sintetiza magistralmente o ciclo temporário ao qual o ser humano está submetido para atingir os fins para os quais foi criado por Deus. É pelo processo das reencarnações que o espírito ainda necessitado de experiências nos mundos inferiores e médios, utilizando corpos densos como o carnal, evoluirá a ponto de um dia libertar-se deles.

Neste capítulo já analisamos o intervalo entre uma encarnação e outra, ao menos no aspecto que aqui nos interessa: o de preparação ao retorno à Terra. Depois acompanhamos sua trajetória abarcando a sequência palingenética: a evolução geral. Perpassamos a elaboração e execução do destino e sua dinâmica de mudanças, os marcos principais e mais deterministas, as influências externas do meio e das outras pessoas, inclusive desencarnadas, no nosso roteiro e, por último, as enfermidades.

Representamos o ato final e aproxima-se o momento de cair a cortina! Estamos no limiar entre mais uma existência e a morte que se aproxima, inexorável, tão fascinante em suas nuances, em geral, temida, indesejada, mas natural e necessária ao fechamento de mais uma volta no círculo. É a ela que passaremos nos dedicar agora. Quanto de destino ou fatalidade pode ser detectado nela? Então, direto ao assunto.

A questão 853 do LE é clássica. Kardec pondera que algumas pessoas mal escapam de um perigo de morte para logo cair em outro. Isto não seria fatalidade? "Não há de fatalidade, no verdadeiro sentido da palavra, senão o instante da morte... seja por um meio ou por outro...". Confirmado na 859: "(...) A fatalidade, verdadeiramente, não consiste senão na hora em que deveis aparecer e desaparecer deste mundo". E lá na 872 está: "é na morte que o homem está submetido de maneira absoluta à inexorável lei da fatalidade, porque não pode fugir à sentença que fixa o termo de sua existência, nem ao gênero de morte...".

Para amarrar melhor, citemos também a 411 onde os Espíritos esclarecem que desligados da matéria (geralmente pelo sono) "... frequentemente, ele a pressente, algumas vezes tem plena consciência... o que, no estado de vigília, lhe dá a intuição. Daí... certas pessoas preverem... morte com grande exatidão" e a 853A reafirmando que "chegada a tua hora..., nada pode subtrair-te dela. Deus sabe o gênero de morte... e, frequentemente, teu Espírito... também".

Fixemo-nos inicialmente na questão do momento da morte. No comentário da questão 738B, após os Espíritos admitirem nesta e na anterior que algumas vítimas das catástrofes podem perecer sem amparo da lei de causa e efeito, Kardec insiste que "Quer chegue a morte por um flagelo ou por uma causa ordinária, não se pode escapar a ela quando soa a hora de partida...".

Mas apesar disso, possuímos fortes argumentos para suspeitar de que não devemos levar isso ao pé da letra. Primeiro: algumas colocações da própria Codificação. Em *O que é o Espiritismo* (Terceiro Diálogo, pág. 87), encontramos: "Não podendo conseguir um desenvolvimento completo numa única existência, quase sempre <u>abreviada</u> por causas acidentais...". Parece, então, que de certa forma, Kardec foi contraditório, visto que desde a primeira edição do LE, diferente em algumas questões e tópicos e com menor número delas, já se enfatizava a fatalidade da hora da morte. *O que é o Espiritismo* foi publicado em 1859, dois anos após a primeira edição e um antes da segunda.

Para ilustrar melhor este ponto, vemos que estas questões (p. ex. 859, 860, 861) na primeira edição constavam da Nota 15 relativa à questão 441 e constituída de uma comunicação obtida do Espírito Théophile Z., segundo Kardec, recentemente desencarnado. Entre elas uma foi suprimida na segunda edição: "Quem morre assassinado sabia previamente de que gênero de morte iria sucumbir, e pode evitá-lo?" R. "Quando sabemos antes que vamos ser assassinado, não sabemos por quem... Espera! Digo, sabemos ter de morrer assassinado, mas sabemos igualmente as lutas que devemos travar para o evitar, e que, se Deus o permitir, não o seremos". A parte final desta resposta foi mantida na segunda edição na questão 857. Kardec preferiu apenas manter na segunda edição a questão 861 que se refere àquele que comete um homicídio, e também presente naquela Nota.

Nas questões 854 e 855, damo-nos conta de que os riscos à vida que corremos são advertências por nós solicitadas para nos desviarmos do mal, bem como consequências de uma falta cometida ou de um dever negligenciado. Importa saber que as precauções tomadas nos "são sugeridas para evitar a morte... um dos meios para que ela não ocorra". Retrocedendo à 730, não só ratifica-se este aspecto de advertência representado pelos perigos como manifestação do instinto de conservação, mas acrescenta que tal configura uma moratória.

Se é possível alguém estar marcado para morrer de modo violento, sabemos que a resposta é sim. Mas esta prescrição poderia também ser fruto de uma escolha prévia da própria vítima? Teoricamente sim, todavia isto poderia ser tomado como um suicídio inconsciente quando ele se consumasse. O indivíduo procuraria provocar as circunstâncias favoráveis à realização daquilo que ele tivera a intenção anterior de fazer, ainda que fosse apenas relaxando as precauções de sua ocorrência. Como agravante, estaria com essa atitude, transferindo para terceiros a responsabilidade do cumprimento de sua livre deliberação. Inclusive em alguns casos de acidentes se aplicaria este raciocínio.

Então já sabemos que a vida pode ser abreviada por acidentes e prolongada desde que sejamos prudentes. No primeiro caso, o exemplo mais contundente é o suicídio. Raciocinamos que se os cuidados evitam a morte, é porque sem eles aquela ocorreria <u>antes</u> da hora. Assim, a exposição a certos riscos pode ser livre escolha como a prática de esportes radicais ou o exercício de certas profissões como a de policial, bombeiro, caminhoneiro.

Quem sai na chuva está sujeito a se molhar, porém, sairá ileso na maioria das vezes se usar capa, isto é, prudência, reconhecer seus limites, respeitar as forças da natureza. Se dirigir a 150 km horários ou pretender atravessar um rio sem saber nadar (questão 862) e sucumbir, não será o destino, a fatalidade ou o determinismo a causa, mas o orgulho, a imperícia ou a irresponsabilidade. Seja como for, morreu antes da hora, caracterizando um suicídio indireto.

É bem verdade que nem todo suicídio implica em idênticos efeitos em seu autor. O livro *O Céu e o Inferno*, em sua segunda parte, apresenta fatos desta natureza cercados de circunstâncias diversas que determinam expiações·diferenciadas. Segundo os Espíritos, a justiça divina leva muito em conta a intenção do ato e não tanto ele em si. Isto está ratificado na questão 954 do LE. Lá, à pergunta de Kardec se "uma imprudência que compromete a vida sem necessidade é represensível", a resposta fornecida é de que "Não há culpabilidade quando não há intenção ou consciência positiva de fazer o mal".

Servindo-nos destes mesmos exemplos, instiguemos mais. Muitas vezes pessoas são salvas de falecerem em acidentes ou mesmo de tentativa de suicídio. Aquele que intervém – um médico, parente, amigo ou desconhecido – pode ter recebido essa incumbência como missão, mas suponhamos que fracasse. Aliás, é o sentimento de culpa que acomete muitas pessoas que julgam não terem tomado todas as providências para evitar o fato. Então, o que temos? A vítima deveria continuar viva, entretanto, acabou morrendo antes da hora. E no caso anterior, quando a morte é evitada, o que ocorreu: a hora foi adiada ou já estava previsto que alguém a impediria?

Quando na questão 861 se diz que um homicida não está predestinado a isso, embora, pelo gênero de vida que escolheu, saiba que há probabilidades disso ocorrer, dependendo quase sempre dele deliberar neste sentido, significa que qualquer que fosse a possível vítima, a sua morte não poderia estar com a hora marcada ou estaria, ao menos, suscetível de ser antecipada. Resta a suposição de o primeiro ser substituído por um segundo e, caso este também desistisse, por um terceiro e assim sucessivamente, o que convenhamos, seria forçar demais o princípio.

Dando um passo à frente, diríamos que o mesmo raciocínio pode ser aplicado ao gênero de morte. Como poderia este já estar definido se o seu agente em potencial poderá, pelo livre-arbítrio, evitar de cometer o homicídio? Haveria uma fila de assassinos à espera, sempre o imediato pronto a substituir o primeiro caso esse desistisse?

Apenas para realçar o aspecto de maleabilidade das leis e o confronto entre livre-arbítrio e determinismo, destacamos a expressão acima "quase sempre", abrindo espaço para a possibilidade de que um homicídio 'nem sempre' seja cometido só por vontade própria do assassino. Que circunstâncias seriam essas? Doença mental, obsessão, instinto de conservação expressa na legítima defesa.

Há casos e casos. A morte pode estar à espreita na carona de um acidente de automóvel efetivamente marcado num ponto da estrada da vida. Escolha ou imposição, expiação ou prova, é o destino inapelável. Bem, nem sempre. Altivo Ferreira, então vice-presidente da FEB, no vídeo *Determinismo e livre-arbítrio*, de 1997, explica que mesmo assim, a colisão poderá ser evitada porque um dos motoristas toma um desvio ou outra estrada, estaciona, alguém previne.

Por outro lado, talvez o destino não preveja tal tragédia e, apesar disso, ela ocorre. Por quê? Deus foi discriminatório? Certamente que não. Mérito pessoal diferenciado? É possível. Mas mesmo em condição de igualdade acreditamos que certos acidentes – senão a maioria – não estavam previstos. Ocorrem e causam a morte prematura de pessoas sem qualquer relação com a lei de causa e efeito.

Que fique bem claro: nem tudo o que acontece hoje é consequência de ontem. A cada dia estamos tomando novas decisões e praticando novos atos sem vínculos diretos com o passado. Mesmo casos milenares de ódio e vingança, um dia tiveram início. Quantos estão começando hoje? Estes atos originais trarão por certo efeitos a se refletir ainda na vida atual, na dimensão espiritual após a morte ou em próximas, porém, explicam-se por causas do presente.

Não se pode chamar de destino ou fatalidade nem para os causadores nem para as vítimas, o abuso da velocidade, o desrespeito à sinalização, a negligência na manutenção do veículo ou a irresponsabilidade da embriaguez. Se o momento da morte estivesse totalmente determinado, os cuidados ao volante seriam dispensáveis e de nenhuma utilidade seriam as preces que fazemos antes de uma viagem pedindo proteção a Deus e aos bons espíritos.

E quanto aos tratamentos médicos? Dispensáveis decerto porque, com ou sem eles, a hora da morte seria a mesma, mesmo quando, por teimosia ou falta de recursos, o paciente recusasse a segui-los. Ora, conforme o item 26 do capítulo V do ESE citado linhas atrás, se é lícito buscar a cura, assim agimos com o intuito de preservar a vida. Se tal medida é necessária, é porque sem ela, a morte adviria antes da hora.

Fernando A. Moreira (*www.ajornada.hpg.ig.com.br* – consulta em 19/10/2009), articulista espírita, é quem diz: "... o momento da morte virá naturalmente no tempo e maneira pré-estabelecida... <u>instante</u> é um momento de tempo indefinido, mais ou menos elástico, diferente de hora, minuto e segundo...".

Em 1996 foi publicada originalmente na revista *Nature*, citada na *Veja* de 14/08/1996 e reproduzida em *Espiritismo em movimento*, pág. 276, a descoberta do gene Age-I cuja ausência no cérebro de um verme terrestre, implicava em tempo de vida em dobro.

O autor espiritual Deolindo Amorim (*Espiritismo em movimento*, pág. 72), esclarece que a questão 853 do LE estabelece um princípio geral, detalhe que se desconsiderado, levaria à equivocada conclusão de que o suicídio seria legítimo por apenas dar cumprimento ao fixado no destino. Diríamos que isto é verdadeiro tanto quanto à hora como ao gênero de morte, o que examinaremos logo mais.

Deolindo declara que os genes possuem registros para viver "x" anos, mas que tal prazo pode ser modificado por atividades autodestrutivas ou intervenção espiritual para diminuir ou alongar a duração da vida. E traz exemplos narrados nas seguintes obras: *Obreiros da vida eterna* (cap. XVII) e *Sexo e destino* (pág. 170 e 182). Aqui um parêntese. Consultando esta última obra, observamos que as duas possibilidades acima estão presentes no mesmo caso, Marita.

Em verdade, a equipe socorrista se vê às voltas com um caso de intenção de suicídio seguido de atropelamento. Na primeira referência, há a prece intercessória rogando a Deus alguns dias a mais de vida para ela. Na segunda, o atendimento com uma moratória de quinze a vinte dias.

Retomando Deolindo Amorim, os casos narrados nestas duas obras, bem como em *Loucura e obsessão* (cap. 25) e *Painéis da obsessão* (cap. 4 e 5), ambas de Manoel P. de Miranda e psicografia de Divaldo P. Franco, tratam de dilatação da encarnação. Mas há a situação inversa como o de José Xavier, irmão de Chico Xavier (*Chico, de Francisco*, Adelino da Silveira, pág.56-58) em *Lições de sabedoria: Chico Xavier nos 23 anos da Folha Espírita*, Marlene Nobre, pág. 249) que teve sua vida abreviada em 11 anos, período que deveria ficar recluso num sanatório, isto por mérito dele. Outro caso está em *Presença de luz* (Chico Xavier/Augusto Cezar, pág.45-50) onde o próprio autor espiritual teria tido sua vida encurtada em quatorze anos que, se vividos, seriam passados num leito.

Moratórias ou dilatação do tempo de vida

Jorge Andréa (*Enfoques científicos da doutrina espírita*, pág.151) informa que "... o Espírito carrega consigo impulsos específicos que proporcionarão um determinado tempo de vida no corpo não como condição fixista de data, mas tempo provável...". Depende do desempenho no cumprimento das missões a que cada um está compromissado, sendo que os que estão "ampliando-se na fraternidade e virtudes, terão proteção específica da lei" até com "protelação da vida".

Em *Missionários da luz* (pág. 227-228) deparamos com a confirmação dessa ampliação de tarefas durante a reencarnação: "... o mapa de provas úteis é organizado com antecedência, como caderno de apontamentos dos aprendizes nas escolas comuns. (...) a criatura renasce com independência relativa e, por vezes, subordinada a certas condições mais ásperas... finalidades educativas, mas... não suprime... o impulso livre da alma... Existe um programa de tarefas edificantes a serem cumpridas... onde fixam a cota aproximada de valores que o reencarnante é suscetível de adquirir. O Espírito pode melhorar essa cota, ultrapassando a previsão superior, pelo esforço intensivo, ou distanciar-se dela...".

Afirmação semelhante ouvimos de Altivo Ferreira, em conferência realizada em Curitiba em 1997. Disse que Chico era um desses casos. No mesmo sentido, Rubens Faria, em entrevista, declarou que conhecia a data marcada para sua desencarnação, mas que a mesma poderia ser adiada se mantivesse sua atuação de auxílio ao próximo através da sua mediunidade curadora.

Em *Interferência dos Espíritos – aprendendo sobre o espírito*, de Flávio Távora Pinheiro, há o seguinte relato. José Gonçalves, trabalhador espírita, estando gravemente enfermo, teria sido sondado pelos espíritos quanto ao seu desejo de desencarnar para poder melhor se preparar para construir a Casa Transitória Fabiano de Cristo de São Paulo ou receber uma moratória para fazê-lo imediatamente. Ele teria aceito a última opção, cumprido a missão e vivido por mais trinta e sete anos.

Outro caso semelhante, reproduzido por Ricardo Orestes Forni (RIE, agosto/2009), narrado por Newton Boechat no livro *Lições de sabedoria*, conta que Ismael Gomes Braga aos sessenta e cinco anos, estava muito doente, quase à porta da desencarnação quando então procurou o médium Chico Xavier. O mentor Emmanuel disse-lhe que ele recebera uma suplementação de energia vital, em grupo de materialização e efeitos físicos no Rio de Janeiro, a qual faria com que sua existência se alongasse por mais vinte anos para que ele pudesse ampliar a sua tarefa no campo do esperanto e da Doutrina Espírita. E ele, de fato, viveu até os oitenta e cinco ou oitenta e seis anos.

Mas aqui fazemos duas ressalvas. Sem duvidar do tal acerto com José Gonçalves, questionamos o fato de que as moratórias, ao que sabíamos até então, só ocorreriam para períodos curtos, de dias, semanas ou poucos meses e não para tantos anos. Mais que isso causa-nos estranheza que a tarefa pudesse ser adiada por tanto tempo visto que esta pessoa permaneceria desencarnada por certo período até estar devidamente preparada para a nova jornada terrestre e passar por todo o período de infância e entrada na fase adulta até ter condições de assumir a empreitada. Será que durante estes, no mínimo, vinte, vinte e cinco anos, não se encontraria algum outro para realizar a tarefa? Recordemos que o próprio Allan Kardec foi comunicado que se ele recusasse a obra da sistematização da Doutrina Espírita, outra pessoa seria designada para o empreendimento.

Pensamos que não houve moratória, mas simplesmente a enfermidade providenciada para 'pressionar' este senhor a assumir logo o empreendimento, pondo fim à protelação, talvez por algum tipo de relutância pessoal dele em colocá-lo logo em prática.

Kardec e os Espíritos Superiores ensinam que o corpo morre não porque a alma o abandona, mas pela impossibilidade do organismo continuar retendo o fluido vital (questões 68 e 70 do LE). Mas este fluido, derivado do Fluido Cósmico Universal não se encontra em todos os seres igualmente e varia no mesmo indivíduo conforme suas condições de saúde ou esforço despendido. A fluidoterapia tem a finalidade de transferir esse fluido ou energia de um ser para outro, substituindo as energias mórbidas, ou equilibrando-lhe a circulação, dissolvendo os estrangulamentos provocados por fluidos nocivos gerados por si mesmo ou absorvidos do ambiente e de outros.

Também a questão 424 ratifica esse ponto. Cuidados a tempo – pergunta Kardec – poderiam reatar os laços que estão prestes a se romper e tornar à vida um ser que sem isso estaria definitivamente morto? Sim, a conversão do magnetismo em fluido vital permitiria a manutenção do funcionamento dos órgãos, é a resposta. É o que nos parece ter ocorrido no caso Ismael. O aporte de energia vital serviu para restaurar as funções orgânicas debilitadas potencializando ao corpo físico recuperar a capacidade de absorver e entreter o fluido vital por si só.

Portanto não podemos falar que o potencial biológico que trazemos ao reencarnar seja em termos quantitativos de fluido vital como de um único tanque de combustível de um veículo motorizado, mas de capacidade de absorção ou de reabastecimento. Mas, claro, quanto mais gastarmos e formos obrigados a plugar nosso corpo ao posto cósmico, mais rapidamente expirará o número de vezes que dispomos. Para o motorista cuidadoso que segue algumas regras como não acelerar sem necessidade, rodar com pneus calibrados e motor regulado, cada tanque durará mais tempo e, por consequência, demandará mais tempo para atingir o número limite de reabastecimento.

Os excessos de toda ordem: vícios, alimentação, trabalho e falta de repouso e de atividade física etc provocarão desgastes mais rápidos no corpo, levando-o à desorganização dos órgãos e à morte. Daí o conceito de suicídio indireto.

Já no caso oposto, o das moratórias ou adiamentos da morte, podemos, em analogia, especular que o veículo recebeu bônus para reabastecer algumas vezes extras pelo esforço próprio e trabalho dos 'mecânicos espirituais' que fizeram alguns reparos. Outra hipótese seria pensarmos que na verdade aquele indivíduo – e deve ser o que acontece com a maioria – mesmo sem cometer desperdícios de energia, sofreu maior desgaste em função das exigências da própria vida como longos sacrifícios familiares ou em tarefas humanitárias, pesquisas científicas. Esse tempo a mais seria aparente, concedido, na realidade, para chegar ao ponto inicialmente programado e consolidar a situação a que André Luiz denomina de espírito completista ou aquele que viveu e realizou tudo o que estava planejado.

Para fechar este tópico da hora da morte, pensamos ser possível que ao falar da fatalidade da hora da morte como algo previamente definido, os Espíritos possam ter tomado como referência a média evolutiva dos encarnados. Nos extremos teríamos os casos fora do padrão, de um lado, os espíritos primitivos quase que totalmente subjugados pelas leis da natureza e sujeitos ao processo de desencarnação prematura (homicídios, vítimas diretas ou indiretas de guerras tribais e outras, falta de recursos preventivos às inclemências climáticas ou de atendimentos à saúde).

De outro, os espíritos mais evoluídos, assenhoreados dos rumos de seus destinos, possuidores de méritos capazes de alterar a programação reencarnatória ou controlar eventos, estabelecem no presente muitos dos fatos de sua existência, inclusive momento e circunstâncias do retorno ao mundo espiritual.

Se de um lado, presume-se que para os mais evoluídos o planejamento da futura existência carnal deve ser mais elaborado, rico em detalhes, por outro, não há porque duvidar que ele seja mais flexível, oferecendo mais liberdade de ação a qualquer momento.

Como mencionamos há pouco quando tratamos das doenças, os genes contidos nos cromossomas são efeitos e não causas, resultantes de escolhas do espírito reencarnante sob a supervisão dos operadores espirituais. Essa tarefa pré-reencarnatória inicia com a análise das necessidades do indivíduo e disponibilidade dos agentes hereditários compatíveis na bagagem genética dos futuros pais e segue pela composição de um campo magnético cujo influxo é capaz de ser transferido ao perispírito já na forma de um modelo, contendo potencialmente todas as características do novo corpo somático.

Ocorre que mesmo presente determinado gene – cabe à ciência demonstrar se todos ou não – a manifestação dependerá de ser ativado ou não. Podemos especular que mesmo presente o Age-I – se ele também fizer parte do repertório humano – a pessoa poderia ter vida longa se os demais fatores como o ambiente e estilo de vida lhe forem favoráveis.

Enfim, retomando outra analogia aqui utilizada, a do livro da vida que se vai escrevendo e alterando o destino dos personagens, até a respeito do último parágrafo e ponto final temos autonomia para definir, desde que respeite alguns critérios da boa literatura.

Sobre esse assunto ainda devemos relacionar o caso das mortes prematuras, por enfermidade ou em circunstâncias violentas. Na questão 199 do LE diz que "A duração da vida de uma criança <u>pode</u> (portanto, não necessariamente) ser... o complemento de uma existência interrompida antes do tempo marcado e sua morte..., <u>no mais das vezes</u> é uma prova ou uma expiação para os pais"

É o que também pensa Léon Denis (*O problema do ser...*, pág. 304). Para ele, além disso "Em geral, é simplesmente uma entrada falsa no teatro da vida, quer por causas físicas, quer por falta de adaptação dos fluidos". Quanto às mortes prematuras de adultos, Denis localiza as causas em atos de crueldade, homicídio, suicídio, aos vícios e desregramentos gerais. Suas consequências, em vida futura, se materializariam em uma existência longa de sofrimentos ou curta e difícil, terminada em morte trágica.

Já André Luiz (*Evolução em dois mundos*, pág. 208) inclui a morte de crianças como fator expiatório: "... morte acidental ou violenta na infância... traduzindo inevitável... resgate". Porém, do mesmo autor, em *Ação e reação* (pág. 312), há indicações de que esse tipo de resgate não é tão inevitável assim uma vez que lá consta que muitos que poderiam ter que desencarnar de forma violenta, têm sua situação contornada graças às preces intercessórias e aos atos bons praticados capazes de neutralizar consequências de um passado delituoso.

Os gêneros de morte

Analisemos agora a questão do gênero de morte, também

muito interessante. De certa forma surpreendemos algo contraditório mesmo no LE. Vimos na questão 872 "(...) que o homem... não pode fugir à sentença que fixa... gênero de morte...", mas na 853 concede que a desencarnação ocorre "por um meio ou outro".

Perguntamos: o que significa exatamente gênero de morte? Natural ou violenta? Rápida como num infarto ou um acidente ou lenta como num câncer? Ou cada tipo de doença representa um diferente? Essa problemática aparece mais flexibilizada nas questões 862, 856 e 861. Na primeira tem-se que "Há fatalidade, se queres chamá-la assim; ela, porém, se prende à escolha do gênero de existência...". Notemos que fatalidade, como consequência do exercício do livre-arbítrio, seria o gênero de vida e não de morte.

Na 856 ratifica-se que esta escolha "... o expõe mais a morrer de tal maneira antes que de outra, mas sabe igualmente as lutas que terá que sustentar para o evitar e que se Deus o permitir, não sucumbirá". Então estamos falando de probabilidades, mas não de certezas.

Retomemos o exemplo da floresta a ser cruzada. O espírito solicita ou é induzido a aceitar a reencarnação sob condições socioeconômicas desfavoráveis, em um subúrbio violento, por exemplo, ou talvez opte por uma profissão perigosa. Esse gênero de vida o predispõe mais aos riscos de sofrer um homicídio ou acidente de trabalho. Ele, ao planejar a reencarnação sabe disso, mas se sujeita a enfrentar. Se sairá ileso do outro lado da floresta é uma questão de competência, força de vontade e fé pessoais e auxílio dos guias espirituais com permissão de Deus.

Falta falarmos da questão 861: "Se algumas vezes há fatalidade, é nos acontecimentos materiais cuja causa está fora de vós, independentes de vossa vontade". Vejamos um pouco mais desta relação de fatalidade em relação à morte em si, além da fixação de momento ou gênero. Primeiro, as questões 526, 527 e 528, três exemplos para culminar com a mesma conclusão. Kardec interroga a respeito da influência dos espíritos na vida dos encarnados e se a mesma incluiria a ação sobre a matéria.

Se um homem deve perecer após sofrer queda de uma escada que se quebra, teriam sido os Espíritos que provocaram isso? E a resposta: os Espíritos agem sobre a matéria, mas cumprindo as leis da natureza e não para derrogá-las. A escada quebrou porque estava apodrecida. Eles apenas o inspiraram pelo pensamento para nela subir e a morte decorre de um efeito natural.

Na 527 o evento prevê a morte por raio. Não é a descarga elétrica que é direcionada pelos Espíritos para a árvore sob a qual o homem buscou refúgio, mas ele que foi intuído a se abrigar na árvore que seria atingida por ela. Na 528 chegamos a um exemplo em que se inverte a situação: a morte por um projétil será evitada. Os Espíritos desviariam a bala? Não, eles o inspirarão para se desviar ou fazem com que o atirador erre a pontaria ou sua mão trema no momento exato. Ou, como já se verificou, os movimentos de um ou ambos são tais que a bala recocheteie numa moeda ou caneta.

Decerto que no exemplo da escada, desde que não fosse para a pessoa sofrer a queda – e não necessariamente apenas a morte – os Espíritos também poderiam intuir a pessoa para não subir nela, uma vez pressentido o perigo. E, como forma de precaução, conforme o enunciado da questão 864, sempre se deveria examinar atentamente as suas condições de uso. Ou seja, literalmente, olhar onde pisa.

Temos outro exemplo interessante no já citado "Interferência dos Espíritos – Aprendendo Sobre o Espírito". Conta o autor que, na condição de piloto da FAB, em certa ocasião, entre um grupo numeroso de pessoas, foi o único atacado por um enxame de insetos, episódio não percebido pelos companheiros e que lhe provocou choque anafilático e diagnosticado pelo médico como infarto. Seu espírito, desdobrado pelo próprio choque, foi orientado a obter o socorro correto o que o salvou da morte.

Ele afirma que o ataque foi casual, no que nos permitimos discordar, visto que ele próprio admite que o fator de atração dos insetos sobre ele e mais ninguém teria sido o seu odor corporal. Mas esta característica pessoal decorrente do sistema endócrino e a própria suscetibilidade alérgica não eram fortuitas. Provavelmente já eram constantes de seu mapa genético expressando planejamento pré-reencarnatório de conformidade com experiências necessárias pelas quais ele deveria passar.

Um evento cercado por circunstâncias tão especiais que colocam o indivíduo no limiar da desencarnação certamente não pode ser creditado somente ao acaso. Poderia ocorrer ou não, mas sob imperativo de causas definidas. Não foram os Espíritos que incitaram os insetos a assediá-lo, mas o pouso do avião na localidade tornou-o exposto ao acontecimento.

Antes de seguirmos em frente, recordemos a questão 259 já citada, taxativa quanto a nem tudo que nos acontece tratar-se de algo prefixado pelo destino. "Se uma telha te cair na cabeça, não creias que estava escrito...". Disso deduzimos que em certas ocasiões, por trás da fatalidade material, oculta-se a ação dos espíritos para fins providenciais, mas em outros não, caracterizando somente um fato produzido pela negligência ou imprudência humana.

No primeiro caso, quando há ação espiritual, à primeira vista parece estarmos diante de uma situação absurda em que os agentes do bem transformam-se em mensageiros do mal ao conduzir os indivíduos à morte. Acontece, porém, que o conceito de morte, como já vimos, para eles e, mesmo para nós, quando desencarnados, é diferente. Supervalorizamos a vida material. Agarramo-nos a ela porque é a mais palpável e, para a maioria, a única possível. Mas a morte, além de natural é necessária.

Se o indivíduo incluiu em seu roteiro certo gênero de desencarnação, por prova ou expiação, os espíritos nada mais estarão fazendo do que o ajudando a atender à própria deliberação. Além do mais, eles não agem aleatoriamente. Na condição de cooperadores de Deus, dão cumprimento a Sua vontade expressa em leis perfeitas. Reconhecem nossa ignorância, condoem-se com nossa dor e oferecem-nos o amparo, mas sabem, melhor que nós, sobre a oportunidade e necessidade do remédio amargo que curará as chagas da alma. Recordemos o explanado por Armond no início do tópico "Influência dos espíritos".

Os erros médicos. Homicídios e acidentes. Balas perdidas.

Para finalizar este tópico apresentamos algumas outras questões pertinentes. Por exemplo: os chamados erros médicos constituem fatalidade ou crime? Se fatalidade, seria no sentido de acaso ou destino previamente delineado? E a queda de um operário de uma obra em construção que não observava o uso de equipamentos de segurança? Uma construção civil como um edifício ou um local público qualquer que desaba por falhas estruturais ou de conservação e tira a vida de pessoas, em que situação se enquadra?

Pode ser uma ou outra. Devemos aceitar o fato de que não estamos sós por aqui. Nossos destinos são solidários, estão entrelaçados e muitas vezes o que é livre-arbítrio para uns torna-se fatalidade para outro. O erro médico pode ser apenas uma fatalidade porque é inerente à condição humana, mas a fronteira entre o equívoco e a negligência é tênue. O engenheiro da construção não desejou a morte do operário, mas contribuiu para que ela ocorresse.

O médico errou porque era mal preparado? Por culpa dele ou da faculdade em que se formou? Nos dois casos pessoas serão responsabilizadas em maior ou menor grau. Ou o atendimento foi ineficiente porque o paciente foi discriminado pelo fato de ser pobre, anônimo ou não saber fazer valer os seus direitos? Talvez houve uma improvisação por falta de um especialista. Quem o responsável? Um mérito maior do paciente poderia ter evitado a morte ou a sequela, mediante uma intuição ou recomendação de um encarnado que ajudasse na indicação de outro profissional mais capaz? Uma prece intercessória do próprio paciente ou do médico, em demonstração de humildade e fé, poderia ter contribuído para o êxito na cirurgia? Quantas possibilidades!

Portanto, mesmo que estas pessoas estivessem *programadas para morrer*, em havendo descaso profissional, há responsabilidade. Valendo-nos das últimas questões citadas do LE, tais personagens não foram designadas para preparar, pela sua negligência ou ambição, as circunstâncias da tragédia. Muito menos os espíritos. Estes apenas tentaram reunir ali alguns em cujos destinos estivesse prevista a possibilidade de desencarnação desse modo, mas a causa foi humana e por ela terão os culpados que responder.

Falamos da morte, mas outros eventos revestidos de importância podem ser enquadrados como fatalidade, como enfermidades e acidentes diversos. Merecem essa qualificação por se diferenciarem dos puramente morais. Estão em jogo leis físicas da matéria como dinâmica (colisão de automóvel), ruptura (quebra da escada), elétrica (raio), gravidade (queda de avião), reações químicas (doenças congênitas ou adquiridas e suas curas) e tantas outras. Apenas parcialmente o homem é capaz de controlá-las. Ao contrário, atos morais (homicídios, suicídios, ofensas, furtos, estupros, ódio) como também os valores positivos de caráter (sentimentos nobres, caridade, trabalho, estudo) dependem exclusivamente do livre-arbítrio.

Para reforçar nossa compreensão, recordamos as questões 851 e 861 do LE. "Se, algumas vezes, há fatalidade" ela decorre das escolhas prévias que geram uma *espécie de destino*, mas somente para os atos da vida material, pois para os da vida moral o livre-arbítrio pode alterar e controlar os acontecimentos a qualquer tempo. Além desta situação geral, como vimos, há a fatalidade material não ligada ao passado dos indivíduos e sim por conta dos determinismos planetários: flagelos naturais, frio, epidemias, fome ou episódios isolados acidentais.

Importante notar que, mesmo considerando esse grau de fatalidade contida nos fatos materiais, sempre há <u>repercussões morais ou espirituais</u>. São as dores físicas acompanhadas de desconfortos psicológicos, as preocupações com e dos familiares, as alterações afetivas e sociais e no próprio relacionamento com a religião e com Deus.

Citemos um exemplo. Em 1997, a treinadora de ginástica feminina do Flamengo, Georgette Vidor Mello ficou paraplégica após um acidente de ônibus. Tempos depois ela concedeu uma entrevista na qual dizia de quanto a sua vida mudara a partir de então. Ela que era muito ansiosa e perfeccionista, passou a ser mais maleável e paciente. Resignou-se diante do fato e teve força de vontade suficiente para seguir em frente com o trabalho ainda que presa a uma cadeira de rodas.

Assim, há muitos outros exemplos de pessoas conhecidas (Lars Grael, perna amputada por uma lancha em 1998) ou anônimas que, aparentemente, teriam motivos de sobra para se revoltar contra o mundo e contra Deus e, no entanto, dão a volta por cima e tornam suas vidas até melhores do que eram. Com isso queremos demonstrar que, se em nem todos os casos de acidentes naturais ou provocados não intencionalmente pelo homem, há uma determinação prévia no destino traçado lá atrás antes da reencarnação, ou seja, são nuances fatais de leis físicas, ainda assim, o indivíduo pode levar à conta e receber os respectivos créditos de uma difícil provação superada com êxito. Claro que estamos falando de gente que sobreviveu a certos eventos e não da morte propriamente dita.

Outra questão intrigante: um policial que mata um sequestrador é fatalidade? E se errar e acertar o sequestrado? No primeiro caso é mais fácil. Afinal, esse é seu dever: salvar a vida – aos olhos da justiça terrena – de um inocente. Já no segundo... Bem, aí entramos numa situação mais ampla: as vítimas de balas perdidas, tão comuns em metrópoles brasileiras como o Rio de Janeiro.

Nada é por acaso e tudo tem uma causa. Sim, mas que causas são essas? Violência, permissividade no contrabando e uso de armas, ação policial para prender meliantes, imprudência. Se há ou não causas imediatas espirituais por trás disso, difícil saber com certeza. Provavelmente, algumas vezes sim e outras não. Voltamos aos fatores de merecimento, preces e até inteligência. Porém, mesmo diante da impossibilidade de sondar as vidas pretéritas das pessoas, o fato é que, para muitas delas que se tornam vítimas dessas balas perdidas, mais razoável imaginar que estejamos, de fato, diante de atos praticados no presente que trarão efeitos no futuro, mas sem raízes no passado.

Isto é muito importante considerar. Nem tudo o que acontece em nossas vidas é decorrência do passado. Normalmente são consequências de outros atos consumados nesta vida. Ou têm sua origem naquilo que denominamos de livre-arbítrio de terceiros, não raro, mais poderosos que o nosso. Com isso, a carta de intenções nem sempre se cumprirá integralmente, quer por vontade própria, quer por impedimentos alheios a ela.

E o que é mais fatal: a morte por bala perdida ou um câncer? A primeira, sem dúvida porque provocada por terceiros, situação circunstancial. Na segunda, é mais personalizada, cármica, pré-estabelecida e até imposta.

Mortes coletivas.

A morte pode ter causas naturais – enfermidades, velhice –, provocadas – homicídio, suicídio, guerras –, ou violentas – aci-

Destino: determinismo ou livre-arbítrio? | 239

dentes materiais ou eventos da natureza, embora o segundo grupo possa também, às vezes, se enquadrar neste último. Tratamos das mortes individuais. Agora complementaremos com as coletivas. Tudo o que escrevemos sobre aquelas permanecem válidas para estas, acrescentando-se somente algumas particularidades especiais.

No livro *Obras Póstumas* (pág. 175), de Allan Kardec, no tópico "Expiações Coletivas", o Espírito de Clélie Duplantier revela que "Há faltas do indivíduo, as da família, as da nação... que são expiadas... crimes cometidos de comum acordo por um grupo de pessoas... expiações solidárias, o que não impede que, simultaneamente, estejam sendo expiadas as faltas individuais".

"Disseste que as desgraças gerais atingem tanto o inocente como o culpado" – isso foi colocado por Kardec na formulação da pergunta dirigida ao espírito. "Mas não sabeis – responde ele – que o inocente de hoje pode ter sido o culpado de ontem? Quer seja ferido individual ou coletivamente, só o é porque merece".

Mais abaixo, Kardec comenta que "Não há dúvida de que há famílias, cidades, nações, raças culpadas. Dominadas pelo orgulho, pelo egoísmo, pela ambição, pela cobiça, seguem o mau caminho, fazendo em comum o que faz um indivíduo isoladamente. Uma família enriquece à custa de outra, um povo domina outro, levando-lhe ruína e a desolação; uma raça procura destruir outra. Eis porque... sobre as quais pesa a pena de talião".

Aqui, tanto a afirmação do mensageiro espiritual sobre uma vinculação inexorável entre este tipo de morte e culpa como o termo 'pena de talião' do codificador devem ser aceitos com reservas. A própria Duplantier diz "... o inocente de hoje <u>pode</u> ter sido o culpado de ontem". Não é taxativa de que sempre o seja. Já em Kardec é mais uma força de expressão para sintetizar o pensamento geral. O que estudamos sobre o assunto até agora sobre a possibilidade de atenuamento e mesmo cancelamento de certas dívidas morais pela reeducação e prática do Bem que anulam a necessidade de muitas expiações e provas é suficiente para não termos que repetir.

Pela questão 737 do LE somos instruídos que Deus impõe à humanidade os flagelos naturais como terremotos, furacões, inundações e secas para fazê-la avançar mais rapidamente, realizando-se em poucos anos o progresso que normalmente levaria séculos. Na seguinte que se desdobra em três, os Espíritos seguem esclarecendo que Deus poderia e, de fato, emprega todos os dias outros meios, além deste que se faz necessário ainda porque o homem não aproveita aqueles, pelo discernimento do Bem e do Mal.

Os grandes cataclismos ferem-lhe o orgulho e expõem-lhe as fraquezas. Kardec então atinge o ponto nevrálgico sobre a aparente injustiça com o perecimento simultâneo dos perversos e dos bons ao que os Espíritos respondem sobre a relativa importância que se dá à vida física após a morte e ao tempo. Mas Kardec insiste e eles concluem: "Essas vítimas encontrarão, em outra existência uma larga compensação aos seus sofrimentos, se elas souberem suportá-los sem murmurar".

Importante observar que em nenhum momento, ao tratar das catástrofes naturais, os Espíritos afirmam que as mortes ali verificadas tenham o caráter expiatório. Ou é para o progresso como na 737 e também na 741 ("... entre os males que afligem a Humanidade, há os gerais que estão nos desígnios da Providência...") ou como provas, conforme a 740, para exercitar-lhe a inteligência, paciência, resignação, desinteresse e amor ao próximo. Embora, ainda na 741, digam que muitos destes flagelos sejam o resultado direto da própria imprevidência.

Enquanto a mensagem de *Obras Póstumas* defende a tese de expiação, no LE há uma propensão para se colocar como uma necessidade da lei de progresso. Estudamos antes que provas e expiações entram de mescla em nossas vidas. Mas em *O con-*

solador (questão 250), isso surge na mesma linha, tomando-se umas pelas outras: "Na provação coletiva... espíritos do mesmo débito... intitulais doloroso acaso... a morte ou mutilações...". Posto assim, parece levar à confusão. Se é débito trata-se de expiação e não prova. Porém, lembramos que uma expiação pode se revestir concomitantemente do caráter de prova. O autor Emmanuel, de *O consolador*, descarta o acaso.

Aproveitamos para ouvir Ernesto Bozzano (*Enigmas da psicometria*, pág. 79-80): "... eis-nos resvalando no problema formidável da existência de uma fatalidade transcendente, na orientação das coletividades. (...) à vista dos fenômenos incontestes de clarividência do futuro é difícil recusar... a existência de uma fatalidade regendo o mundo, ao menos nas suas grandes linhas diretivas. (...) tal postulado... implicaria a existência de entidades espirituais, prepostas à governança da humanidade... (...) Mas... restaria resolver o problema... moral... entidades que permitissem ou preparassem o desencadeamento de espantosas e sangrentas hecatombes...". E suaviza citando Gustave Geley: "... a existência do Mal é a medida da inferioridade dos mundos" e de si mesmo diz que o Mal é o Bem que nós desconhecemos porque ele, o Mal é propulsor do progresso e contribui para a valorização do seu oposto.

Como se vê, o cientista espírita italiano preocupa-se com certo aspecto analisado há pouco por nós, ou seja, o papel dos espíritos como agentes fomentadores dos fenômenos da natureza e de graves conflitos humanos como as guerras, assunto focalizado nas questões 541 a 548 do LE.

O Titanic. O tsunami da Ásia. As torres gêmeas e o 11 de setembro.

Encontramos em Léon Denis (*O problema do ser, do destino e da dor*, pág. 304) a reafirmação de que tragédias em geral seriam expiações coletivas. Denis especifica o naufrágio do *Titanic*.

"Uma atração misteriosa reúne às vezes os criminosos de lugares muito afastados num dado ponto... daí as catástrofes célebres, os naufrágios, os grandes sinistros, as mortes coletivas como... o naufrágio do Titanic".

Mas os encarnados também pensam, estudam e podem apresentar suas opiniões que merecem todo o respeito e reflexão, por sua vez, de quem toma conhecimento delas. Richard Simonetti (RIE, abril/1998), sobre o mesmo *Titanic* primeiramente nega a fatalidade visto que poderia ser evitado e atribui o naufrágio à desonestidade (aço de má qualidade), imprudência, incompetência, velocidade excessiva em meio aos *icebergs* e manobra errada com reversão das máquinas quando jogou o navio contra o gelo. Mas também, segundo ele, não era pagamento de dívidas do pretérito por parte das vítimas. As mortes 'não estavam escritas'. A causa delas teria sido a discriminação porque a maioria das pessoas que sucumbiram estava na terceira classe.

A base de seu raciocínio é a seguinte. Sendo a Terra um mundo de provas e expiações, estamos sujeitos a certas vicissitudes não programadas, com o que, neste trabalho, já concordamos plenamente. Se alguém é condenado – exemplifica ele – por certo delito e na prisão é agredido ou morto, isto é uma consequência do primeiro evento, mas não uma imposição do destino de caráter cármico. Para ele seria fantasioso imaginar que entre os pobres estava o maior número de endividados e também interpreta que a citação evangélica sobre a queda da folha da árvore implica apenas em consentimento e não da vontade de Deus.

Como se vê, este modo de pensar nos remete de volta aos exemplos do LE (escada, raio, projétil) e nossos (construção civil, médico, motorista). De fato, as mortes poderiam ser evitadas, mas se não devemos radicalizar o ensinamento de que todos os que morrem em circunstâncias semelhantes são ali reunidos para este fim por contingência da lei de causa e efeito, não menos devemos resvalar para o extremo oposto e achar que nenhum deles é atraído para tal situação em cumprimento de um destino marcado por dura prova ou expiação.

Simonetti, no exemplo do indivíduo morto na prisão, ao afirmar que tal fato era somente consequência dele ter sido penalizado a estar naquele lugar, deveria ter acrescentado a condição de não ser *necessariamente* uma imposição do destino. Ou seja, nem sempre – o que pode significar "quase sempre", "às vezes" ou "quase nunca" – a morte estaria marcada para aquele momento e do modo como sucede.

No caso do *Titanic*, para ele, o fato de ser pobre que obrigou muitos a ocupar a terceira classe, gerou uma probabilidade maior de morte. Diríamos que a condição econômica poderia, ela em si, ser uma prova ou expiação com finalidades diversas na vida – e até mesmo na morte – daquelas vítimas. Assim, tanto poderiam estar decretadas previamente ou não. Uma certeza: não foi por acaso porque este não existe. Não foi fatalidade porque poderia ser evitado. E outra quase certeza: dentre as 1500 vítimas, haveria pessoas enquadradas nos dois casos. Umas cuja morte estava fixada e outras que foram surpreendidas pela irresponsabilidade humana somadas às condições climáticas.

Cada indivíduo apreende grau diferente das lições ministradas na mesma sala de aula. A uns diz respeito mais ao passado. A outros ao futuro. Depende das necessidades impostas ou requeridas em cada trajetória evolutiva. Apesar da relativização da importância da morte demonstrada pelos Espíritos, a verdade é que para a grande maioria ela é um evento marcante e não pode ser fortuito, especialmente para aqueles que já possuem certo desenvolvimento espiritual. Se em muitas ocasiões, em particularidades bem menos significativas da vida, percebe-se *a mão de Deus* atuando, quanto mais deve ser para aquela que determina o encerramento de mais uma jornada terrena?

A presciência e sabedoria divinas podem valer-se das próprias imperfeições humanas para dar cumprimento às Suas leis. Retornamos *à necessidade dos escândalos*, sempre com efeitos de responsabilidade para seus autores.

Por falar em Simonetti, dentro desta temática dispomos de mais duas situações por ele analisadas. A primeira sobre o *tsunami* de 2004 na Ásia quando cerca de 288 mil pessoas perderam a vida. Na RIE (março/2005), o escritor de Bauru escrevera que afirmar que 'existe dia certo para morrer é uma fantasia' e as mortes 'não estavam escritas nas estrelas'. Suas declarações repercutiram e na edição seguinte da mesma revista, outro articulista e diversos leitores não nomeados pelos editores, contestaram-no, evocando as questões 526 a 528 e 258 do LE por nós já analisadas e o *O Céu e o Inferno*, parte II (última comunicação assinada por Maurício) em que ele diz: "O tempo que eu deveria viver na Terra estava predeterminado, e nada poderia aqui prender-me por mais tempo".

Além de ser uma manifestação pessoal, este assunto já analisamos amplamente, dispensando o retorno ao mesmo. Para completar o pensamento de Simonetti, entre seus argumentos à tese de que o *tsunami* não representou uma expiação coletiva, alega que tal não seria possível até por uma questão de logística, ou seja, a dificuldade que se teria para reunir numa só região, duas centenas e meia de milhares de 'endividados', visto que um número muito grande de vítimas era de turistas do mundo inteiro.

Vejamos agora o que ele tem a dizer sobre o atentado terrorista de 11 de setembro de 2001 que derrubou as Torres Gêmeas do *World Trade Center* e matou quase três mil pessoas. Na RIE (novembro/2001) pondera que é preciso ser cuidadoso para definir esse acontecimento como resgate coletivo, o que poderia conduzir à ideia de que Deus reuniu todas aquelas pessoas para morrerem juntas, o que justificaria a ação criminosa.

Neste caso, os terroristas seriam vistos como instrumentos divinos. Para ele, como não há inocentes sobre a face da Terra, haja vista ser ela um mundo de provas e expiações, tal ocorrência seria uma contingência inerente a esta condição.

Raul Teixeira (jornal *Mundo Espírita*, outubro/2001), a respeito do mesmo tema, opina que os indivíduos possuem um projeto de vida que os conduz a determinadas consequências, ainda que isto implique na saída do corpo físico por meio violento, mas não há necessidade de que alguém ponha uma bomba onde quer que seja. Essa morte poderá ocorrer em meio a um furacão ou terremoto.

No livro *Ação e reação* (André Luiz/Chico Xavier, pág. 314--6) narra-se a preparação de "centenas de entidades com dívidas mais ou menos semelhantes" para reencarnar com fins de 'resgates coletivos'. Apenas três linhas depois informa que "Aqueles que possuíam grandes créditos podiam selecionar o gênero de luta, habilitando-se para sofrer a morte violenta a favor do progresso da aeronáutica e da engenharia, da navegação marítima e dos transportes terrestres, da ciência médica e da indústria em geral". Os demais "por força dos débitos aceitavam sem discutir as amargas provas para sofrer acidentes diversos na infância, mocidade ou velhice". Aos pais destes, se crianças, seriam resgates em função de terem sido cúmplices de crimes ou maus pais.

Chamo a atenção, já acentuada nos grifos acima, sobre a falta de clareza a se tratar de expiações coletivas, provações ou mesmo missão. Se alguém, com conhecimento de causa e 'grandes créditos pessoais' apresenta-se voluntariamente para o sacrifício em contribuição a benefícios científicos, será que poderíamos estar ao mesmo tempo falando de expiação? E os recalcitrantes cujas experiências eram impostas, classificaríamos de provas?

Os casos reais que acrescentaremos no capítulo seguinte esclarecerão melhor nossa opinião sobre as mortes coletivas, mas adiantamos aqui uma conclusão. Acreditamos que a maioria dessas vítimas tem contas a acertar com a justiça divina decorrentes da execução da lei de causa e efeito. Como dito várias vezes, o destino traçado antes da reencarnação contempla, a título de precária tendência ou probabilidades, a ocorrência dos fatos mais importantes da futura existência, incluindo para muitos o gênero e a data aproximada da morte. Nada que não possa ser alterado pelo livre-arbítrio individual exercido no transcorrer da vida e não só o dele, mas o de terceiros que pode se impor, no caso, fisicamente, mudando essas previsões.

Porém, pensamos que, conforme mencionado no caso das mortes violentas individuais, nem sempre se trata de destino prévio ou que "não pode ser modificado", que tem que acontecer "forçosamente", conforme questão 859A, mas há a incidência de muitas delas precipitadamente, em decorrência de uma escolha errada, de uma influência obsessiva, de atitude negligente de um profissional ou autoridade.

As "coincidências" que salvam e as que matam. O holocausto.

Isso fica flagrante quando tomamos conhecimento de que em muitos destes eventos trágicos sempre há os que escapam por 'milagre' ou pelo 'acaso', enquanto para outros o fato acaba sendo inevitável porque eles mesmos parecem procurar determinadamente as circunstâncias 'fatais'.

Cremos também que nas mortes coletivas nem sempre ou nem todas as vítimas cometeram juntas o mesmo delito. Num exemplo citado em *Ação e reação* (pág. 314), dois homens que haviam pertencido ao exército de Joana D'Arc e arremessado colegas do alto de uma fortaleza em 1429, programaram-se para tornarem-se pilotos e desencarnar juntos numa queda de avião. Em outro caso, durante o resgate espiritual de vítimas de um acidente consumado (pág. 311), o instrutor conjectura que elas poderiam ter cometido suicídio ou jogado pessoas ao mar.

Embora haja aí uma conexão radical de causas e efeitos, aquelas poderiam ter origem em momentos, lugares e situações diferentes. A expiação pode perfeitamente decorrer de atos praticados individualmente, em momentos e lugares distintos. São reunidos dezenas, centenas ou milhares de devedores sem conexão entre si que poderiam expiar individualmente seus erros. A reunião atende à natureza da dívida e não à similitude geográfica ou coincidência cronológica.

Isto também torna mais fácil aceitar que as vítimas inocentes, circunstanciais, sejam a exceção e não a regra. Caso contrário seria muito difícil explicar qual crime poderiam ter cometido juntos os estimados entre trezentos mil a seis milhões de judeus exterminados no holocausto nazista ou os 140 a 220 mil japoneses mortos em Hiroshima e Nagasaki com as bombas atômicas em 1945.

A propósito do holocausto vejamos as opiniões de dois religiosos a respeito. O rabino Ovadia Yossef, chefe espiritual do partido ortodoxo Shas de Israel, causou escândalo em 2000 ao declarar que os judeus mortos pelos nazistas eram a reencarnação de pecadores. Já o americano John Hagge foi mais além. Para ele Hitler e o holocausto foram obra da Providência Divina para levar os judeus à Palestina (*Veja* nº 2070, 23/07/2008).

Será? Infelizmente, para muitos espíritas também ortodoxos, declarações dessa natureza talvez não causem estranheza. No livro *O perispírito e suas modelações* (pág. 262), Luiz Gonzaga Pinheiro conta experiência em que, desdobrado perispiritualmente, visita um pavilhão espiritual onde estão milhares de vítimas de Hiroshima, segundo ele, um "desencarne coletivo ligado ao carma daquele povo" no qual, somente alguns tiveram seus perispíritos desligados antes da explosão, tal como, ainda segundo o autor, acontece em outros tipos de acidentes como os aéreos, graças ao mérito pessoal.

Por fim, na questão da logística levantada por Richard Simonetti, claro que é difícil imaginar a complexidade da operação para reunir quase 300 mil pessoas em alguns poucos pontos próximos, mas há que se considerar que se nós encarnados conseguimos reunir até milhões de pessoas atraídos por um *show* artístico ou peregrinação religiosa, por que os trabalhadores desencarnados não poderiam fazer o mesmo haja vista que seu poder é maior que o nosso e há motivação inconsciente dos encarnados para lá se dirigir e cumprir com o objetivo traçado?

É exatamente o que diz Edgard Armond, autor de *O livre--arbítrio* (pág. 94). "Às vezes, num desastre sucumbem todos menos um, ou salvam-se todos menos um", pois os espíritos encarregados de dar cumprimento ao destino daquelas pessoas conseguem "ao custo de quantos esforços e malogros prévios, reunir finalmente todos os elementos necessários à execução plena da tarefa em vista".

Cremos que para um evento destes contribuem vários caminhos, variantes tortuosas, preparados uns de longa data, outros por aparente decisão súbita. Quando se vai a um estádio de futebol para assistir um jogo com dia e horário marcados, cada qual sai de casa, utiliza-se de meios de transportes diversos, percorre ruas diferentes, escolhe direções e cruzamentos, mas todos convergem para o mesmo ponto.

* * *

De todo o visto concluímos que a fatalidade está presente na vida humana nas seguintes ocasiões; no nascer (não o momento, mas a necessidade de reencarnar até um determinado estágio evolutivo); no morrer (faz parte do ciclo biológico); nos acontecimentos materiais, inclusive o estado geral do mundo em que vivemos; na escolha prévia que faz o espírito antes de reencarnar *traçando para si uma espécie de destino*, embora na maioria das vezes sempre modificável pelo livre-arbítrio do presente; nas expiações, principalmente, como consequência da lei de causa e efeito acionada deliberadamente ou não; e na exigência da lei de progresso à qual ninguém pode se eximir.

Já o livre-arbítrio poderíamos resumir na frase de Paulo de Tarso: "Todas as coisas me são lícitas, mas nem todas me convêm (I Coríntios, 6:12)... não me deixarei dominar por elas (10:23)... nem todas me edificam (10:23)."

Em complemento a isso e como resumo norteador de nosso pensamento no transcorrer de todo o trabalho, estabelecemos quatro premissas: a existência de novas causas alterando, no presente e para o futuro, os efeitos do passado; a constituição dualista do homem com influência recíproca de toda a bagagem intelecto-moral do espírito sobre o corpo material e da ação das leis físicas que regem este último sobre aquele; a admissão da fatalidade material sem vínculos obrigatórios com a lei de causa e efeito, bem como a coexistência do determinismo com o livre-arbítrio na elaboração do destino; e a diferença notável entre estar sujeito a certas vicissitudes não por demérito (erros do passado), mas por ausência de mérito.

Estudo de casos

NESTE CAPÍTULO LISTAMOS DEZENOVE artigos elaborados para jornais e *sites* que tratam especialmente da temática geral do livro como destino, livre-arbítrio, lei de causa e efeito, provas e expiações etc. Através deles tentamos fornecer aos leitores daqueles veículos respostas dificilmente disponibilizadas pelos religiosos e mesmo pelos espíritas. Por suscitarem muitas dúvidas há uma natural timidez para se falar deles. Comumente as respostas são genéricas e superficiais, desconsiderando exceções e particularidades.

Decidimos incluí-los aqui como forma de confrontação e avaliação das exposições teóricas efetuadas até este ponto do trabalho. Podem servir também de modelos de propostas de solução para acontecimentos semelhantes que, infelizmente, tendem a se repetir na vida individual e das coletividades. Com isso, o leitor estará capacitado a oferecer respostas que a maioria das pessoas não é capaz de dar, colocando as doutrinas religiosas ou filosóficas e opiniões pessoais em xeque por falta de argumentos ou por lesar o bom-senso.

Ao final, o leitor será desafiado, ele próprio, a resolver outros sete casos, todos reais, tomando por base, uma vez mais, tudo o que foi exposto no transcorrer do livro, porém com a liberdade de acrescentar argumentos pessoais, desde que respeite os critérios da racionalidade. Todo espírita deve saber se posicionar diante destes e outros questionamentos. Para tanto deve se preparar pelo estudo e reflexão.

1. Análise espírita sobre o acidente com o avião da GOL[1]

Este artigo foi publicado no jornal *Comunica Ação Espírita*, da Associação de Divulgadores do Espiritismo do Paraná (ed. 58, de novembro-dezembro de 2006). Nos primeiros seis parágrafos fizemos uma introdução geral ao tema das mortes coletivas, provocadas ou não e a seguir recorremos às questões 851, 866, 259 e 860 de *O Livro dos Espíritos*. Omitimos este trecho aqui por julgar desnecessário visto que já analisamos linhas atrás estes aspectos teóricos. Reproduzimos na íntegra o artigo a partir deste ponto.

> No caso da colisão aérea entre o Boeing da GOL e o Légacy, várias falhas humanas e técnicas podem ter ocorrido. Falha do transponder, descumprimento da mudança de nível de voo do jatinho depois de passar por Brasília, não determinação do controle de tráfego aéreo para que o avião

---

1 O acidente ocorreu no dia 29 de setembro de 2006 e envolveu uma aeronave Boeing 737 da Companhia Gol, Voo 907, que ia de Manaus para Brasília e um jatinho *Légacy* que decolara de São José dos Campos com destino aos Estados Unidos e escala em Manaus. A colisão foi a cerca de onze mil metros de altitude e as 154 pessoas a bordo do Boeing morreram, tornando-se à época, a ocorrência com maior número de vítimas em solo brasileiro. Menos de um ano depois, em julho de 2007 um Airbus da TAM caiu em São Paulo fazendo 199 vítimas entre passageiros e pessoas em terra.

da GOL mudasse o seu próprio nível e outras.[2] Mas a pergunta é: Deus não pode mais? Os Espíritos que O ajudam na administração do Universo não poderiam ter intuído os envolvidos para corrigir os erros a tempo? Todos os que morreram "tinham" que morrer? E por quê?

Deus não determinou a ocorrência que poderia ser evitada. Mas, como em tudo, Ele extrai benefícios onde o homem só enxerga desgraça e dor. Deus não intervém diretamente em tudo o que ocorre. Para isso estabeleceu leis sábias e justas, imutáveis, porém flexíveis. Cabe ao homem conhecê-las e cumpri-las. Se houve imprudência, imperícia, negligência, má-intenção, desrespeito às normas de navegação aérea, Deus não pode ser culpado por isso. Os responsáveis serão penalizados proporcionalmente ao seu grau de culpabilidade, quer pela justiça terrena, quer pela divina.

Deus permitir que algo aconteça não significa que desejasse tal ocorrência. Mesmo assim alguns podem alegar que se Ele sabia que poderia acontecer e podendo intervir não o fez, então foi omisso e indiferente ao sofrimento de algumas centenas de Seus filhos. Para nós, fatos como este são muito trágicos e dolorosos e ninguém tem o direito de usar de frieza para minimizar o sentimento de dor experimentado pelas vítimas – pois que continuam a viver na dimensão espiritual –, familiares e amigos. Mas para tranquilizar, lembramos que Deus a tudo provê, porém com a visão infinita. Para a grandiosidade de Sua obra e mesmo

---

2 No dia 31 de maio de 2009, outro acidente grave de aviação. Um Airbus 330-200 da *Air France*, voo 447, que decolara do Rio de Janeiro para Paris, caiu no Oceano Atlântico a cerca de 650 quilômetros do arquipélago de Fernando de Noronha. Não houve nenhum sobrevivente entre os 228 passageiros a bordo, de 32 nacionalidades diferentes, sendo 59 brasileiros. Na ocasião reutilizamos o artigo acima do acidente da Gol, com os acréscimos abaixo para publicação na revista eletrônica *O Consolador*, de 05/07/2009.

da evolução de cada ser, o acidente não passou de um incidente isolado que em nada afetará o conjunto.

Observemos que nestas ocorrências quase sempre há exceções. Adultos, às vezes um bebê ou idoso encontrado vivo muitos dias após nos escombros de um terremoto; pessoas "salvas" por contratempos triviais como um pneu furado etc. Como há o inverso. No voo 1907 da GOL estava uma mulher que já sofrera uma queda de avião na infância. Outra antecipou a viagem com o filho em um dia; o marido não os acompanhou. Um passageiro decidiu adiar o voo devido ao número de escalas. Segunda vez que foi poupado, pois escapara de outro acidente em 2004 no Mato Grosso quando 33 pessoas pereceram.

Deus não deu preferência para poupar uns e outros não; não há milagres. Apenas o planejamento reencarnatório deste ou daquele não previa a partida da vida física neste momento. Os que sobrevivem não é por privilégio divino, por razões de diferentes religiões ou mesmo de mais ou menos fé. Simplesmente foram afastados da circunstância porque seu destino era diferente. Suas experiências no corpo ainda não haviam chegado a termo.

Finalmente, outra interrogação. Se o fato ocorreu por falhas humanas, se estas não tivessem ocorrido, as 154 pessoas não morreriam? A questão 738 de O Livro dos Espíritos dá-nos a resposta. Dizem-nos os Benfeitores que Deus pode empregar outros meios para cumprimento de Suas leis e objetivos, visando sempre o aprimoramento da humanidade. Afinal, tais leis são sempre educativas e não punitivas e têm por alvo proporcionar o progresso espiritual que conduzirá o homem à verdadeira felicidade.

O respeito do Criador para com o livre-arbítrio e necessidades dos homens perpetra condições da execução apropriada. Se não fosse assim, em grupo, seria indivi-

Destino: determinismo ou livre-arbítrio? | 255

dualmente. Se não fosse de avião poderia ser de automóvel; se não fosse naquele dia, seria em outro qualquer. Aliás, esta questão esclarece também que o conceito que os espíritos libertos do corpo físico possuem da vida material é muito diferente do que o nosso. Eles não emprestam o mesmo valor superlativo a ela porque sabem que todos são imortais, já tiveram e terão muitas outras existências carnais e, de resto, muito mais felizes serão quando delas puderem prescindir.

Se apesar disso, esclarecem-nos os Mentores ainda nesta questão, eventualmente uma ou mais pessoas que ali desencarnaram não tivessem que perecer, constituindo o que costumamos denominar de "vítimas inocentes" "... estas encontrarão em outra existência larga compensação aos seus sofrimentos desde que saibam suportá-los sem murmurar.".

Resumindo: algumas vítimas ali deviam estar "pagando" dívidas contraídas no passado enquanto outras podiam estar "adquirindo créditos" para o futuro.

No caso da queda em pleno Atlântico do voo 447 da Air France as evidências são no sentido de uma conjunção de fatores – aliás, é o que sempre aprendemos em 28 anos de Força Aérea Brasileira – climáticos e mecânicos ou técnicos e talvez mesmo humanos... Neste da Air France tivemos outro caso curioso. Uma turista italiana que passava férias no Brasil com o marido, chegou atrasada ao aeroporto e perdeu o voo. Retornaram à Europa três dias depois. Onze dias mais tarde morreu em um acidente automobilístico na Áustria. Parece que no caso dela, houve apenas um adiamento do momento da desencarnação, talvez uma espécie de moratória para que resolvesse alguma pendência ou realizasse algum último desejo. Já o marido sobreviveu às duas situações.

2. A morte da modelo: destino, acaso ou irresponsabilidade?

O caso abaixo é outro que envolve a aviação, mas além de ser uma aeronave de pequeno porte e, portanto, com menos pessoas, possui particularidades muito interessantes para o nosso estudo. Vejamos, então, o que podemos aprender com ele, escrito especialmente para o *site* da ADE-PR, na seção "O Espiritismo e os Fatos Atuais"

> Se nos propomos a comentar sobre o assunto não é com o intuito de acompanhar o sensacionalismo que a mídia procura explorar quando fatos envolvem pessoas famosas. Mas é justamente porque acidentes, como o que vitimou, no dia 27 de julho[3] no litoral de São Paulo, dois dos quatro ocupantes do helicóptero do Grupo Pão de Açúcar, tornam-se de conhecimento público e inevitavelmente surgem questionamentos das causas – e aqui falamos não só das materiais, mas também das espirituais, até porque não podemos ignorar que, segundo o ensinamento dos espíritos, para se cumprir com exatidão a lei de justiça divina, nada ocorre por acaso.
>
> No referido acidente, pereceram o piloto Ronaldo Jorge Ribeiro e a modelo Fernanda Vogel, jovem de vinte e um anos, e conseguiram se salvar o copiloto e João Paulo Diniz. Das causas materiais, há apenas probabilidades visto que as investigações pela Aeronáutica estão só no início após a localização e retirada dos restos do aparelho, uma semana depois, bem como a tomada de depoimentos dos sobreviventes.
>
> Sabe-se, porém, com certeza, que as condições de voo eram completamente adversas. Chovia e ventava muito, ou

---

3   No ano de 2001, no litoral de São Paulo.

seja, aquém dos limites mínimos de visibilidade horizontal e teto para uma aeronave deste tipo e em operação noturna. O piloto era experiente, entretanto, embora legalmente a responsabilidade pela segurança do voo lhe coubesse, não se sabe se a sua condição de funcionário não contribuiu para que fosse pressionado a infringir algumas destas regras, o que é bastante comum, principalmente em se tratando de aviação particular. É bom que se diga que João Paulo descartou desde o início esta possibilidade. Trabalhamos durante vinte e cinco anos como meteorologista no Serviço de Proteção ao Voo e, especialmente em cidades do interior, frequentemente éramos instigados a alterar os dados meteorológicos do aeródromo de tal modo a permitir que aeronaves pequenas no solo pudessem decolar. Mesmo DOVs – Despachantes Operacionais de Voo – das companhias comerciais, não raro, vinham até o nosso local de trabalho para dar 'palpites' sobre o assunto. As leis existem, mas sempre há os que as buscam burlar, especialmente pelo 'jeitinho brasileiro'.

Mas então? Deus permitiria que duas pessoas perdessem a vida por irresponsabilidade, teimosia ou excesso de confiança de alguém outro? A resposta é sim. Tudo o que ocorre na vida dos indivíduos, na natureza e no Universo tem que contar com o aval divino, caso contrário Ele teria comprometida a sua onipotência e onisciência. O que não significa necessariamente ser de Sua vontade. Deus preferiria que os elementos morais de todos os seres humanos dispensassem este tipo de atitude, mas a realidade atual ainda está distante disso. Isto se pudéssemos afirmar que a causa do acidente, de fato, foi falha humana, o que deverá ser apurado.

O livre-arbítrio de uns – devido a sua superioridade física, intelectual, social, econômica e mesmo espiritual – pode representar uma fatalidade para o mais fraco. Ou temos dúvida que encontramos sérios limites à nossa liberdade por vivermos em sociedade e em interdependência? Embora não possamos perder de vista a relação de causa e efeito nos nossos destinos, nem por isso podemos ignorar que só a condição de espírito encarnado num mundo de provas e expiações já nos sujeita a acontecimentos e situações circunstanciais a ele inerentes.

Ou seja, nem sempre uma determinada ocorrência é consequência de um ato anterior de nossa vontade. É a margem de fatalismo a que se referem os Espíritos, presente principalmente nos fatos materiais da vida. E quanto menos consciência possuir de sua própria existência e valores espirituais, mais propenso o indivíduo estará de ser "governado" pelas forças externas, sem, contudo, tornar-se um joguete delas porque a Providência não o permitiria.

Assim, quando num acidente aéreo que vitima 300 passageiros, ficamos sabendo que um só, por lance de alguma "coincidência" ou "por sorte" atrasou-se e perdeu o trágico voo ou mesmo estando nele escapou ileso[4], logo vemos por trás a mão de Deus. Muitos falam em milagres. Mas por que Deus olharia por um em especial e não pelos demais 299? Ocorre que o seu momento não havia chegado e certamente deveria haver mérito ou necessidade pessoal envolvida. Dos demais, muitos foram reunidos para aquele voo para cumprirem uma expiação coletiva.

Entretanto, errôneo seria pensar que isto tivesse obrigatoriamente acontecido com todos. Enquanto que a vida foi poupada do primeiro por razões especiais – não privilégios

---

4   No acidente de um Airbus da *Yemenia Airways* que caiu também no mar, no Oceano Índico, próximo às Ilhas Camores no dia 06 de julho de 2009, dos 153 passageiros só uma garota de doze anos sobreviveu.

– é possível que do restante, alguns não estivessem expiando nada, contudo, não puderam ser separados porque a voz providencial do espírito protetor que alertou o primeiro para não embarcar ou provocou-lhe o atraso – motivo às vezes de reclamação, ignorantes que somos e esquecidos do dito popular de que há males que vêm para o bem – ou outras vozes protetoras – e todos as temos – deixaram de ser ouvidas por alguns outros, não receptivos devido às imperfeições morais bloqueadoras. Isto é, os menos evoluídos são mais facilmente enredados pelas circunstâncias gerais; possuem menos autodeterminação. Com o livre-arbítrio pouco desenvolvido estão mais sujeitos a acontecimentos de natureza compulsória. Temos aqui presente o interesse coletivo sobrepondo-se ao individual.

Sintomáticas de toda esta linha de raciocínio foram as palavras de João Paulo Diniz. Não sei por que Deus escolheu a filha deles – referindo-se aos pais da moça, tida como dedicada, de hábitos simples, boa filha e amiga – e não os meus. Faço isso há dois anos e meio, todos os fins-de-semana e eles nem sabem nadar (possuíam quatro e dois anos).

Aqui fica-nos muito evidente a condição de, independentemente de falha humana ou não, o acidente ter sido "programado". Para o piloto, imaginemos fosse uma punição pela imprevidência em relação às condições meteorológicas ou processo expiatório por outra causa[5] – e nada de julgamentos –, porém, para Fernanda Vogel não há dúvida quanto a uma certa predestinação. Injusta? A justiça de Deus não falha. Razões há, apenas as desconhecemos. Pode ser que sequer tenha sido uma expiação. A morte, no conceito materialista e de religiões pouco esclarecedoras, é

---

5   A imprudência pode caracterizar também um suicídio indireto.

vista como um mal irreparável, sinônimo de aniquilamento e dor. Sabemos que é um fenômeno natural e necessário que nos reconduz de volta ao nosso lugar de origem que é a pátria espiritual.

Para a alma da jovem pode representar um avanço importante. Ela pode ter optado por isso antes de reencarnar, com propósitos de exemplificação, de servir de modelo, sem trocadilhos. Pode ter vindo para concluir uma etapa anterior interrompida voluntariamente antes da hora. Pode ter vindo desempenhar papel expiatório para os pais. Ou tido a trajetória carnal interrompida para evitar que enveredasse por caminhos que poderiam comprometer o seu futuro espiritual[6]. Enfim, uma série de possibilidades. Liberta do corpo físico, seu espírito segue a jornada radiante na outra dimensão, agora possivelmente já compreendendo as razões que ignoramos e afligem a família e os amigos. Como disse Voltaire "Entre o céu e a Terra há muito mais do que cogita a nossa vã filosofia".

3. Terremotos: expiação coletiva?

Novamente aqui manteremos o essencial do texto original, principalmente as particularidades ou comentários não contemplados nos demais. O tema, além dos terremotos, foi o início do 3º Milênio, fato que motivou intensas especulações de caráter místico sobre cataclismos de toda ordem, incluindo guerra atômica e choque de um asteroide com a Terra, tudo adequadamente explorado pela mídia.

Já em *Obras Póstumas*, no capítulo que trata das Expiações Coletivas, lê-se: "Há as faltas do indivíduo, as da nação

---

6 Se estava realmente marcado para ela desencarnar, se não fosse naquele dia, hora e circunstâncias, seria em outras.

e todas... são expiadas". Na página 229 (2ª ed., Lake,1979), o Espírito de Hahnemann, ao responder sobre presumíveis acontecimentos graves que adviriam, admite não se poder precisá-los. "... haverá muita ruína e desolação porque são chegados (verbo no presente para mensagem de 1856) os tempos preditos de uma renovação da humanidade". Explica que os cataclismos não seriam de ordem material, mas moral, apesar da ocorrência de guerras etc. O Espírito Verdade tranquiliza: "Não temeis dilúvio, incêndios... nem outras coisas do gênero". Há muito mais, como as referências (pág. 269) sobre quem será exilado da Terra e que não haverá aniquilamento repentino de uma geração.

3.1 Os terremotos de El Salvador e Índia

Mas então como deveremos interpretar, por exemplo, os terríveis abalos sísmicos ocorridos logo neste primeiro mês do novo milênio? Primeiro na América Central com mais de 1000 vítimas e depois na Índia, no dia 26, em pleno Dia Nacional da República, com 20.000 vítimas fatais sob os escombros e outras 160.000 pessoas feridas, além da total destruição de uma cidade.[7]

Na realidade, fatos terríveis como estes, com maior ou menor intensidade, têm ocorrido ao longo de toda a história. O século XX não foi – e nem o XXI o será – privilegiado em ocorrências naturais ou provocadas pelo homem como guerras sangrentas, naufrágios, quedas de avião; furacões, maremotos, secas e inundações, pestes, erupções vulcâni-

---

7 Desde então até meados de 2009, contabilizamos cerca de 115.000 mortos em 13 terremotos. O de maior número de vítimas foi também na Índia e Paquistão com 75.000 mortos, em outubro de 2005. Já o pior da história moderna ocorreu na China em 1976 quando pelo menos 242.000 pessoas pereceram e outras 164.000 ficaram feridas.

cas, no caso das primeiras. E o que dizer da extinção dos dinossauros, há 65 milhões de anos, provavelmente, pela queda de um meteoro gigante? O que hoje parece assustar mais as pessoas é o efeito de cobertura instantânea da mídia.

Naturalmente sabemos nada ocorrer por acaso e que por trás de tudo, indivíduos, instituições e povos, está a Providência Divina expressa em leis perfeitamente sábias e justas. Assim, tais catástrofes representam papel importante e necessário na vida do homem, especialmente do espírito imortal a caminho de Deus.

Sobre o assunto em pauta reportamos o leitor ao cap. VI de *O Livro dos Espíritos* (Lei de Destruição) e mais detidamente ao item II (Flagelos destruidores) onde encontramos as seguintes afirmações: 1 – Deus castiga (talvez hoje se possa contestar o emprego deste termo) a humanidade com flagelos para fazê-la avançar mais rápido, realizando-se certos progressos morais em alguns anos o que demandaria muitos séculos; 2 – Deus pode e emprega diariamente outros meios para atingir esse fim, mas o orgulho humano é um empecilho; 3 – o homem de bem sucumbe junto ao perverso, mas isto importa pouco quando se analisa a transitoriedade do corpo físico em relação aos valores espirituais; 4 – as vítimas eventuais, isto é, aquelas que não precisavam passar por tal experiência, *terão em outra existência larga compensação pelos seus sofrimentos. E: esses flagelos tão terríveis não nos pareceriam mais do que tempestades passageiras no destino do homem;* 5 – são <u>provas</u> (grifo nosso) que proporcionam ao homem a oportunidade de exercitar a inteligência, paciência e resignação ante a vontade de Deus, desenvolvendo os sentimentos de abnegação, desinteresse próprio e amor ao próximo; 6 – o homem pode evitar alguns deles porque resultam de sua própria imprevidência (destruição ambiental?), mas muitos são de natureza geral, pertencem aos desígnios de Deus e cada indivíduo recebe maior ou menor quota conforme sua responsabilidade.

Chamamos a atenção para o fato de que em *O Livro dos Espíritos*, nada se fala explicitamente sobre expiações coletivas o que só vai aparecer após a morte de Kardec. Em *Obras Póstumas* há uma comunicação do Espírito de Clélie Duplantier que fala dos erros do homem no âmbito individual, familiar e como cidadão. Nem sempre a postura moral é a mesma nas três esferas e quando alguém participa da exploração alheia, práticas arbitrárias de poder, enfim, qualquer ação em grupo que traz consequências negativas para uma ou mais pessoas, até nações como é o caso dos governantes, a despeito de eventualmente terem sido bons cônjuges ou pais, terão que expiar aquelas faltas perante a justiça divina. Além do mais, muitos aparentemente justos, bons e honestos hoje, têm seu passado ignorado e os olhos humanos são incapazes de lhes perceber a bagagem espiritual.

Finalizaremos com uma observação pessoal a respeito do perigo das generalizações para estes casos. Basta usar o raciocínio. No caso da Índia que é um povo milenar, segundo país mais populoso do mundo e até por sua formação religiosa, com crença na reencarnação, é possível conjecturarmos sobre razões cármicas. Aliás, nota-se que frequentemente aquele povo é atingido por todo tipo de catástrofe: inundações, terremotos como o que acaba de assolar a região noroeste, epidemias, guerras religiosas, desabamentos, ataques terroristas, inúmeros acidentes graves de ônibus, trem e avião, explosões, gases venenosos.

Já no caso de El Salvador, se sabemos que, via de regra, reencarna-se no seio da mesma coletividade e até na mesma família, historicamente, qual o grande crime que esse povo teria cometido? Vejamos a seguinte explicação dada por certa entidade a um médium já desencarnado e que, a bem da verdade, não era considerado espírita nem as suas obras, mas que exercem ainda alguma influência no nosso movimento. Em dois ou três destes livros afirma que os seis milhões de vítimas de Hitler na 2ª Guerra Mundial eram a reencarnação dos soldados e asseclas do rei David em guerras cruéis contra os amonitas e moabitas e muitos nazistas eram aquelas vítimas reencarnadas e em busca de vingança. Interessante que só David não mudou; voltou até muito pior de caráter.

Primeiro que o intervalo de tempo parece-nos excessivamente longo para que se procedessem tais reajustes. Mas o pior ainda está por vir. Sondamos dados da população mundial e descobrimos que mais ou menos à época do rei Salomão, filho de David, no século X a.C., com Israel no auge de prosperidade, sua população contava não mais que 300.000 pessoas! Ora, de onde saíram os restantes 5.700.000 vítimas do holocausto nazista?

Então, a tese de que catástrofes e mortes coletivas indicam a possibilidade também de expiações coletivas, parece correta. Mas nem sempre e nem para todos. Kardec e os Espíritos recomendaram-nos a fé raciocinada. Façamos uso dela para não cairmos em ridículo.

4. Comentários intrigantes sobre o *tsunami* na Ásia e as enchentes de Santa Catarina

Aqui reunimos e condensamos quatro artigos. Dois deles sequenciais sobre o *tsunami* de 2004 que devastou a costa do sudeste asiático, publicados no jornal "O Estado do Paraná" em 16 e 30 de janeiro de 2005. Os outros referem-se ao drama das enchentes registradas comumente no verão carioca e a de 2007 ocorrida em Santa Catarina, ambos publicados no *site* da ADE-PR. Pelo fato de abordar o mesmo tema, agrupamos num só para evitar as repetições, enfatizando somente aquilo que ainda não foi dito nos textos anteriores.

4.1 O maremoto da Ásia

Melhor se não dispússemos deste tema atualizado para análise. Profundo o pesar pelas notícias e imagens de morte e destruição no sul da Ásia e África, consequências dos *tsunamis*, ondas gigantes provocadas por um fortíssimo maremoto em 26 de dezembro. Os números dão a dimensão da tragédia: 288.000 mortes em treze países, dezenas de milhares de feridos, cinco milhões de desabrigados e 40 bilhões de dólares em prejuízos materiais.

Mas então como interpretar catástrofes como esta? Só neste início de milênio tivemos três gravíssimas ocorrências. Em 26 de janeiro de 2001 cerca de 15.000 pessoas pereceram na Índia, 166.000 ficaram feridas e 370.000 casas foram destruídas num terremoto. Numa trágica coincidência, em 26 de dezembro de 2003, outro terremoto matou 40.000 pessoas no Irã. Como se vê, não há discriminação. Ocorrências de menor escala repetem-se no Japão, Estados Unidos, América Central, Rússia, China e vitimam católicos, muçulmanos, hinduístas, budistas, xintoístas, ateus, turistas, adultos e crianças, ricos e pobres.

Recapitulamos a não exclusividade dos séculos XX e XXI em todo tipo de ocorrência catastrófica e a impressão neste sentido deixada pela cobertura da mídia. Reforçamos a não casualidade e a Providência divina e suas leis perfeitas. E a seguir discorremos sobre o capítulo VI de *O Livro dos Espíritos*, conforme vimos no artigo sobre os terremotos e também as informações de Clélie Duplantier em *Obras Póstumas*. A seguir segue o texto complementar.

Segundo a Doutrina Espírita, da mesma forma que a chamada lei de causa e efeito determina as diretrizes básicas da vida física do indivíduo, tal também ocorre em relação às coletividades, uma vez que nossas ações não são isoladas e não dizem respeito somente ao próprio ser. Em alguns aspectos nossas deliberações provocam consequências que, ao menos aparentemente, esgotam-se em seu próprio agente como os cuidados ou falta deles em relação à saúde do corpo carnal. Na íntegra isto jamais acontece. Afirmam os orientadores espirituais que nenhum pensamento deixa de repercutir e alterar, ainda que infimamente, o Universo.[8]

Mas as ações mais significativas e intensas afetam os grupos sociais a que pertencemos. Interagimos com o ambiente e com as demais pessoas, especialmente num mundo globalizado e de comunicações instantâneas. Ações que atingem as coletividades provocam efeitos que retornam a cada um dos indivíduos que participou, com sua parcela de responsabilidade, na geração dos efeitos desencadeados.

Ponderamos que desastres originados nas forças da natureza não são propriamente castigos e que, dentre o número total de vítimas, provavelmente certo percentual não estava em processo de expiação, mas de provações, talvez arbitradas previamente por iniciativa própria para acelerar o seu progresso espiritual. Uma coisa é fato: nada ocorre por acaso, com lances de sorte ou azar e nenhum sofrimento é gratuito ou inútil. Se não era um débito a ser resgatado, tornou-se um crédito antecipado para a vida pós-terrena e futuras reencarnações.

Destacamos alguns fatos e lições que ficam de episódios tão marcantes como o ora analisado. Por exemplo, as palavras da mãe da diplomata brasileira que pereceu na Tailândia. Embora tomada pela dor da perda da filha e do neto, em vez de praguejar, ela simplesmente agradeceu a Deus

---

8 Recapitulemos o "Efeito Borboleta".

por ter poupado a vida da neta que, por uma daquelas "coincidências", sentindo-se indisposta, decidiu não acompanhar a mãe e o irmão, permanecendo no hotel. Bela demonstração de resignação e fé desta senhora!

As várias sobrevivências ditas "miraculosas" merecem uma nota. Bebê flutuando sobre um colchão; mulher que depois se soube grávida, resgatada após vários dias nos quais se manteve viva agarrada a uma palmeira; homem em alto-mar também agarrado a destroços de uma embarcação e alimentando-se de cocos; o casal de brasileiros que escapou porque na hora da passagem das ondas gigantes, estava mergulhando, decisão tomada em oposição ao restante do grupo que optou pela excursão a outro local e foi todo dizimado; o grupo que procurou lugares mais elevados alertado pelo instinto dos elefantes que perceberam a iminência da tragédia.

Dir-se-ia que foi a mão de Deus que os salvou ou seus espíritos protetores. De fato, um incômodo providencial para a neta da brasileira e uma inspiração para o casal de mergulhadores. Para os outros, algo de intervenção transcendental, mas também muito de coragem, fé e força de vontade.

Mas e quanto às demais centenas de milhares? Eram pessoas sem fé? Costuma-se dizer nestas ocasiões que se foi salvo "graças a Deus". Então todos os outros foram deserdados de Sua misericórdia? Deus, apesar de sua onipotência e infinito amor, estabelece leis naturais que regem o Universo e dispensam intervenção direta em cada caso particular. Permite que muitas coisas ocorram, apesar de nem sempre concordar com elas, ou seja, não são de sua vontade. O livre-arbítrio humano é respeitado, mesmo no erro, e cada um recebe "segundo suas obras", conforme as palavras do Cristo. A dificuldade de compreensão está na curta visão da vida por desconsiderarmos as múltiplas experiências carnais a que estão submetidas as criaturas. Feridos, desabrigados, sobreviventes excepcionais foram provados ou expiaram, mas sem a necessidade de passar pela desencarnação naquele momento. Deus não comete injustiças nem erros.

4.2 A tragédia das chuvas é fatalidade?

Todos os anos no verão é a mesma coisa. O noticiário enche-se de lamentações e imagens de inundações e desmoronamentos, principalmente nos Estados do Rio de Janeiro, São Paulo e Minas Gerais. Chega a ser alvissareiro quando se resume a alagamentos de ruas, trânsito caótico, queda de árvores e automóveis arrastados pela enxurrada. O mais grave se dá com a invasão de lama e lixo nas casas inutilizando os móveis adquiridos com anos de sacrifícios ou com os desmoronamentos, desabrigados e mortos.

Este início de 2003 não está diferente. Angra dos Reis, Teresópolis, no Rio e quase todo o Estado mineiro e Espírito Santo têm sido duramente castigados pelas chuvas. Efeito estufa, desmatamento, El Niño, temperaturas elevadas da estação são as causas naturais, algumas; provocadas pela invigilância humana, outras.

As questões 536 e 536A de *O Livro dos Espíritos* nos dão conta de que os grandes fenômenos da Natureza considerados como perturbadores dos elementos, têm um fim providencial e ocorrem com a permissão de Deus, às vezes diretamente ligados ao homem, mas na maioria, apenas como reguladores do equilíbrio e da harmonia da própria Natureza.

Por sua vez, *O Evangelho segundo o Espiritismo*, cap. III, item 14, em mensagem do espírito de Santo Agostinho a respeito das condições dos mundos de provas e expiações, nas quais se inclui o nosso planeta, afirma que os espíritos que aí habitam "têm que lutar, ao mesmo tempo, contra a perversidade dos homens e contra a inclemência da natureza, duplo e penoso trabalho que desenvolve, a uma só vez, as qualidades do coração e as da inteligência". E completa que "É assim que Deus, em Sua bondade, faz reverter o próprio castigo, em proveito do progresso do Espírito".

Está, pois, dentro da capacidade humana, amenizar, contornar e mesmo evitar muitas das ações mais violentas da natureza. Há milênios que o homem estuda, observa e tenta compreender a gênese de fenômenos que põem em risco o patrimônio e a vida humana. Furacões, maremotos, erupções vulcânicas, secas, avalanches e outros enquadram-se neste grupo.

Caso perca este primeiro *round*, ou seja, não tendo conseguido salvar tudo e todos e, portanto, havendo prejuízos materiais e vítimas destas catástrofes, busca o homem exercer o seu instinto de solidariedade tingida de várias tonalidades, indo do simples dever profissional ou de cidadão até aos extremos de pôr em risco a própria vida para preservar a de outrem movido por genuíno sentimento de amor e fraternidade. Bombeiros, Defesa Civil, médicos e enfermeiros, voluntários, empresários e comerciantes com doações de medicamentos, roupas e alimentos, no momento e depois no socorro de alívio ao sofrimento alheio.

No primeiro momento vemos o homem lutando tanto quanto possível para não ser esmagado pelas forças brutais da Natureza que imperam num mundo de características físicas como o nosso. No segundo, utiliza-se também da inteligência, mas o móvel principal é o desejo de fazer o bem ao próximo, a compaixão pela dor do irmão.

No caso específico das tragédias que se repetem no Brasil devido às chuvas, pode-se levantar a seguinte interrogação: seria realmente fatalidade o que se abate sobre estas pessoas? Voltando a *O Livro dos Espíritos*, recorremos a dois exemplos dos Mentores que ilustram perfeitamente a situação. Na questão 530, indagados por Kardec se os Espíritos (desencarnados) atrasados não poderiam causar transtornos aos projetos humanos, a resposta é afirmativa, tanto quanto, aliás, outros, os mais elevados, tentam nos sustentar na luta no caminho do Bem e do aperfeiçoamento. Mas alertam que não é justo responsabilizar aqueles primeiros por todas as nossas frustrações, das quais somos os principais autores. *Se* – exemplificam – *tua baixela se quebra, é antes em virtude do teu descuido do que por culpa dos espíritos.* Na questão 862, novamente enunciam que o fracasso em muitas ocasiões não é devido à fatalidade, mas resultado de termos tomado o caminho ou decisão errada e *"aquele que quer atravessar um rio a nado, sem saber nadar, tem grande probabilidade de morrer afogado".* Emblemático! Falam em prejuízos materiais e morte na água.

Perguntamos se Deus (subentende-se que Ele existe e que nada aconteceria sem Seu conhecimento e permissão, de forma que o destino ou fatalidade estaria prevista e homologada por Ele; caso contrário teríamos que admitir que Ele não é o Todo-poderoso) é o culpado pela imprevidência do homem em jogar o lixo nos rios e bueiros, entupindo-os e provocando a inundação das casas. Perguntamos se Deus é o responsável pela opção de muitos que escolheram construir ilegalmente seus barracos em áreas de risco como margens de rios e morros e se negam a desocupá-los quando instados pelas autoridades para tal.

Um senhor, em Belo Horizonte, perdeu seis filhos soterrados quando seu barraco deslizou com o barranco que o sustentava. Inúmeras e justas lamentações. Mas se descobriu depois que há dez anos ele recebera da Prefeitura uma casa em lugar seguro e preferiu "trocar" ilegalmente pelo barraco e ali permanecer. Fatalidade? Não. Livre-arbítrio.

Ele, imprudentemente, abdicou do bom-senso e desafiou a Natureza, provavelmente por vantagem econômica. Agora ficou sem casa e sem família.

E os filhos que pereceram? Tal indagação também merece uma reflexão. Se a decisão foi do pai, a responsabilidade, inclusive espiritual, só a ele pode ser debitada. Logo, os filhos estavam destinados a morrer desta forma? Sinceramente não acreditamos. Dizer que com isto pagaram algo realizado em vida passada é solução simplista, embora não possa ser totalmente descartada. Como a vida é causal e não casual e aqui acabamos de ver qual a causa imediata, entendemos que temos um daqueles casos em que o livre-arbítrio mal direcionado, por ignorância, de um indivíduo mais forte (porque era quem decidia pelos outros) prevaleceu sobre o das crianças, dependentes. Caso estivesse previsto ou fosse necessário que os seis morressem juntos, esta ocorrência se daria desta ou de outra maneira, a despeito de qualquer esforço que tentasse evitar.

Contudo, para um número grande de pessoas que vivem nestas condições, não há opção. Às vezes, é uma avó que quer ficar mais próxima para ajudar cuidar dos netos ou a família inteira que se alojou ali provisoriamente ou porque favorece o acesso ao local de trabalho ou é o único lugar compatível com a possibilidade econômica do aluguel. Mesmo nestes casos, porém, vemos mais como a ação de uma escolha pessoal e deliberada (ainda que fortemente pressionada por fatores exógenos) do que a mão de um destino implacável e inexorável. Aqui entra o papel do Estado. Qual a parcela de responsabilidade que cabe às autoridades públicas que não tomam providências preventivas para solucionar o problema?

Vale citar as comoventes declarações do garoto Kenedy de nove anos que perdeu três irmãos em Minas. Falou em destino ("os que Deus acha que deve levar e os que deixa para trás"), a resignação, gratidão pela ajuda recebida e o sonho de ser engenheiro. Elocubrações filosóficas sobre morte e destino à parte, admira a atitude de maturidade num menino de sua idade, a menção espontânea do que seria a vontade de Deus e a corajosa postura para dar seguimento à vida.

De fato, embora constitua importante fenômeno na trajetória de todo espírito, a morte, por ignorância e medo, é superestimada em nossa sociedade. Afinal, provas, expiações, vindas e idas, tudo soma experiências e crescimento do ser imortal e ainda que dolorosa e aparentemente trágica, após ela, a morte biológica, a vida continua resplandecente do outro lado da fronteira.

4.3 As enchentes de Santa Catarina na visão espírita

Após as referências já conhecidas, incluindo as expiações coletivas onde são reunidas centenas ou milhares de pessoas para serem submetidas aos chamados resgates cármicos cujos atos no passado tanto podem ter sido praticados juntos ou separadamente, no mesmo gênero de infração moral ou não, mas que são aproveitados pelas leis divinas da justiça exatamente para liberá-las da dívida, avançamos.

Todos os dias, outras milhares de pessoas são atingidas por enfermidades, acidentes naturais ou provocados pelo próprio homem, perdas materiais, frustrações afetivas e profissionais. Estas experiências representam também e muitas vezes, mas não sempre, expiações por atos deliberados pela vontade individual que comprometeram, de alguma sorte, ele mesmo ou pessoas de um círculo mais estreito de convivência como a família, por exemplo.

Entretanto, pessoalmente, confessamos encontrar muitas dificuldades para ver no sofrimento destas vítimas (mortes, mutilações, perdas materiais, separação de entes queridos) uma conexão direta e rígida entre causas e efeitos ou ações e reações. Com isso não queremos dizer que tais ocorrências sejam fruto do acaso ou de um determinismo divino caprichoso ou despropositai.

Ainda que se recorra ao argumento de que as causas físicas de muitas destas tragédias sejam de responsabilidade humana como o desmatamento e a emissão de gases poluentes na atmosfera, a lógica tem que ser testada. O que teriam a ver, por exemplo, as vítimas de Santa Catarina com os grandes poluidores da China e Estados Unidos? Reconhecemos que a globalização não é só econômica, social ou de comunicação, mas espiritualmente qual a responsabilidade, repetimos, dos irmãos do vizinho estado?

Nesta altura do artigo, citamos novamente os seis itens que resumem a lei de destruição.

Todos repetimos que a Terra é um mundo de provas e expiações, mas na prática, raciocinamos como se fosse só de expiações. Tudo o que acontece em matéria de dores e dificuldades fica por conta de erros cometidos no passado. De minha parte prefiro enxergar um quadro muito mais voltado para a evolução do presente ao futuro do que de correção do passado no presente.

Para corroborar este modo de pensar, encontramos nas questões 398 e 399 da obra citada (LE) a informação de que, embora muitas vezes os gêneros de experiências da vida presente (provas e expiações), por assim dizer, denunciam o tipo de erro que cometemos nas anteriores, as tendências instintivas que manifestamos, isto é, nosso caráter e temperamento, são indícios mais seguros para termos uma ideia do que fomos e, principalmente, fizemos nelas.

O juízo humano pode se enganar, mas com um pouco de observação e noções básicas de psicologia, na maioria das vezes, saberemos que tipo de pessoa temos na frente. Sequer o esquecimento do passado justificaria comportamentos tão díspares caso nelas se ocultassem tão tenebrosas sombras de culpa. Como imaginar que pessoas íntegras moralmente, bondosas, pacíficas, possam ocultar a prática de crimes hediondos, imperfeições tão grotescas a ponto de merecer serem chacinadas ou estupradas? Em algum momento elas se trairiam, permitindo aflorar indícios do que realmente trazem como bagagem espiritual. Impossível ser tão perfeito ator, conscientemente ou não.[9][10]

De fato, abstraindo as diversas máscaras sociais com que nos apresentamos aos outros, ocultando por vezes verdadeiros abismos de sombras e imperfeições, o fato é que muitas destas vítimas (de Santa Catarina e outros cataclismos naturais), talvez mesmo a imensa maioria delas, possuem caráter predominantemente bom, honesto, de sentimentos nobres, são humildes. Difícil e quase ignominioso imaginá-las como grandes criminosos do passado. Suas tendências não deixam presumir ali se encontre delinquentes merecedores de dores físicas ou morais tão atrozes.

Somos partidários da ideia de que já estamos na Terra com o predomínio de provas e diminuição das expiações, caminhando a largos passos para a regeneração. Somente

---

9 A questão 399 do LE alerta que a análise das tendências ou características da personalidade é um índice mais seguro para se deduzir o gênero que se teve na vida anterior do que o tipo de provas enfrentadas na atual.

10 Se fosse o caso de uma expiação referente a uma reencarnação muito anterior, isto é, de um adiamento de resgate, ainda assim, parece-nos difícil aceitar o fato de que tal dívida permanecesse inalterada mesmo após os evidentes progressos demonstrados na existência presente. A prática do bem não teria a faculdade de comutar a pena ou mesmo cancelá-la totalmente?

cerca de 0,5% da população é reconhecida pela justiça brasileira como criminosa. Talvez mais 5% ou 10% tenham grandes débitos de outros tipos a resgatar perante a lei divina. O restante tem expiações, sim, mas de menor gravidade. Possuem muitas imperfeições por deficiências na inteligência e no senso moral subdesenvolvido, sofrem o determinismo evolutivo imposto pela geologia do planeta e a convivência com os maus, mas prevalece neles as provas redentoras.

Distantes estamos de ser totalmente bons, mas já não somos tão maus. Não devemos nos subestimar. Há provas escolhidas e provas impostas conforme questões 115 e 984, tudo visando acelerar o nosso crescimento espiritual até porque as expiações também servem como provas (Revista Espírita, setembro/1863).

5. Reflexões espíritas sobre as investidas terroristas nos EUA

No dia 11 de setembro de 2001 o mundo assistiu perplexo e estarrecido aos maiores ataques terroristas da história da humanidade que causaram quase 3.000 mortes e prejuízos imediatos superiores a um bilhão de dólares, num cenário verdadeiramente apocalíptico só visto até então nas telas do cinema. Fatos como estes, são sempre lamentáveis aos olhos humanos e certamente merecem análises sob múltiplos ângulos, mas tentaremos fixar limites o máximo possível em abordar os fatos do ponto de vista estritamente espiritual.

A despeito de embasarmos nosso raciocínio nos princípios contidos nas obras básicas de Allan Kardec, enriquecidas com trabalhos suplementares de autores encarnados e desencarnados, especialmente ao tratar de assuntos polêmicos e de tamanha magnitude, não podemos fechar questão. As leis morais são imutáveis e Deus é absolutamente imparcial ao levar em consideração mais a intenção do que o fato em si e, principalmente, o contexto dos protagonistas envolvidos.

Primeira questão: por quê? Deus não deseja que tragédias assim ocorram, trazendo tanta dor. Seria uma ideia muito deformada a Seu respeito, vendo-O como um ente truculento, impiedoso e vingativo. Deus quer a felicidade de todos os Seus filhos. O guante da dor é o preço que pagamos pela própria ignorância e mau uso da liberdade de agir. Ninguém é detentor de privilégios; todos são criados simples e ignorantes e devem percorrer o mesmo caminho até atingir a perfeição relativa. Como, em geral, preferimos a "porta larga" das facilidades e satisfação dos instintos primitivos, subvertendo o mandamento maior de Deus que é fazer aos outros o que gostaríamos que nos fizessem, acabamos arcando com as consequências. É o primado da lei de causa e efeito.

Toda ação causa reações a nível individual ou coletivo e aqueles a quem chamamos de vítimas, só o seriam de fato aparentemente. Lá poderão estar assassinos, líderes tiranos causadores de miséria e morte de seu povo, chefes militares cruéis, antigos inquisidores e outros mais.

Contudo, no capítulo VI de *O Livro dos Espíritos*, observamos que nada ali fala sobre expiações coletivas e sim em necessidade de progresso, regeneração moral e provas. Dizem os mentores que as guerras desaparecerão quando os homens compreenderem a justiça e praticarem a lei de Deus.

Cremos que nem todas as pessoas que perderam a vida física no *World Trade Center* e no Pentágono sofreram punição por erros cometidos em vidas passadas. Muitas podem ter escolhido este gênero de morte para apressar o seu progresso e muitos outros ainda nem estavam programados para morrer naquele local e momento. Eram pessoas de bem que pereceram junto porque nem todas puderam ser separadas. O interesse coletivo (da maioria) pode ter se sobreposto ao individual.

Diariamente, cerca de 150.000 pessoas morrem no mundo quer por causas naturais ou provocadas. Milhares destas reajustam-se perante as leis de Deus, ao menos parcialmente, "vítimas" de mortes violentas (acidentes, guerras, homicídios, terremotos, inundações) e muitas outras experimentam duros sofrimentos decorrentes de enfermidades que desempenham o mesmo papel reequilibrador para o espírito. Porém, há ocasiões em que a Providência aproveita certos acontecimentos para promover mudanças e renovações mais bruscas e em grande escala.

Ensinam-nos os Espíritos que quando reencarnamos, o nosso planejamento espiritual já prevê o momento e o gênero de morte que teremos (questão 853A). Devemos entender essa assertiva como regra geral e não absoluta. O suicídio antecipa este momento e altera o gênero ou causa e, por outro lado, há quem possa receber como que um bônus ou sobrevida com fins de cumprimento ou conclusão de missão especial. Há também a questão dos casos mórbidos do coma e vida artificial mantida por aparelhos cujo desligamento pode acarretar momentos diferentes para a morte. Dentro da regra geral, porém, é de se deduzir que os que tivessem que morrer naquele dia e hora o fariam de uma forma ou de outra, independente da ação dos terroristas, e o gênero tanto poderia ser um incêndio em fábrica ou escritório, em casa, dentro de um automóvel sinistrado ou por um desabamento qualquer.

Outra observação pertinente é que muitos espíritos, por incapacidade de discernimento, sequer possuem um planejamento reencarnatório, ficando mais à mercê das circunstâncias e ações dos outros que lhes impõem uma vontade mais forte, coagindo-os física, intelectual, social, econômica e mesmo espiritualmente. É o livre-arbítrio do mais forte convertendo-se em determinismo ao mais fraco, tal qual ocorre entre os animais.

Os terroristas, com toda certeza, apesar de suas supostas motivações políticas, ideológicas, socioeconômicas e religiosas, não reencarnaram com esta missão. Ou melhor, até, pela sua índole belicosa e radical, poderiam ter vindo com este intento, mas não "destinados fatalmente" para praticar o mal. Mais uma vez recorrendo aos ensinamentos dos Espíritos, vemos que (questão 851) (...) *nas provas morais o espírito, conservando o seu livre-arbítrio sobre o bem e o mal, sempre é senhor de ceder ou resistir.* Bem como, na 745, válido o ensinamento para este caso e todas as outras guerras, a despeito de eventuais atenuantes (anseios de liberdade, resistência ao totalitarismo, absoluta necessidade econômica), de que "aquele que suscita a guerra em seu proveito é o verdadeiro culpado e necessitará de muitas existências para expiar todos os homicídios de que foi responsável).

No último instante, os pilotos suicidas-homicidas poderiam evitar a colisão com os prédios se o quisessem. Também não devemos esquecer que além de todos os fatores materiais (fundamentalismo religioso, radicalismo político, miséria e opressão do povo, doutrinação para a morte) há o fator das influências espirituais. Onde houver realização de atos cruéis de qualquer natureza, estarão ali presentes espíritos trevosos inspirando, coadjuvando, empurrando encarnados desprevenidos.

Maior débito aos autores intelectuais e fomentadores do ódio racial e religioso que impera no seio de certos povos, decretando morte em nome de Deus contra os vizinhos judeus e à nação norte-americana, vista como a encarnação do Grande Satã.

Ao país mais poderoso do mundo, o fato sangrento serve como lição necessária contra o orgulho exagerado, a arrogância e prepotência e desprezo pelos problemas dos demais. Atingindo os símbolos máximos do capitalismo e do poderio militar da maior potência mundial, feriu-se também o orgulho, fazendo repensar o egoísmo de um povo ou de seus governantes. O presidente que assumiu pisando em tratados de controle ambiental, vira as costas para a fome e a miséria de tantos, ao mesmo tempo que reafirma o desejo de só fazer o que for bom para manter a hegemonia de sua nação, parece que deverá rever pontos de vista. Isto tem também suas explicações e importância na ordenação da sociedade humana com implicações espirituais das mais graves.

Cabe-nos persistir na confiança absoluta e tranquila de que o nosso planeta e todos os seus viajores não estão à deriva no cosmo. Naturais ou não, tragédias assim são lições importantes e necessárias, correspondentes ao estágio em que nos encontramos. Acompanharão a humanidade até que os bons tornem-se maioria e muitos dos recalcitrantes sejam impedidos de aqui reencarnar para perturbar a paz e o progresso.

6. Separação das siamesas e a visão espírita

Difícil assumir um posicionamento definitivo porque ignoramos existir algum livro espírita que aborde esta temática. Muito menos, as obras da codificação trazem à baila tal proposição aos Espíritos. Os médicos ingleses deviam ou não separar as irmãs siamesas?

Até duas ou três décadas atrás, bebês gêmeos que nascessem unidos assim permaneceriam para o resto da vida ou, em casos semelhantes ao de agora, simplesmente morriam porque não havia técnicas suficientemente desenvolvidas para efetuar a separação com sucesso. Hoje a situação é diferente. Quando nas crianças e mesmo já em fase adulta, a união não envolve órgãos internos dos corpos, limitando-se aos membros ou parcialmente pelo tórax, a operação é relativamente fácil. Porém, quando há partilha de órgãos únicos para os dois, torna-se uma intervenção de alto risco. E quando há, por exemplo, dois corpos quase ou completos para uma única cabeça ou, o inverso, com duas cabeças em um corpo, a cirurgia é impossível.

Do ponto de vista médico, os casos de siameses envolvem aberrações genéticas ou malformações parciais decorrentes do desenvolvimento de dois óvulos fertilizados que deveriam gerar gêmeos normais e que por razões pouco conhecidas, de certa forma, se fundem num só.

Do ponto de vista espírita, entendemos tratar-se provavelmente de dois espíritos ligados por ódio extremo, talvez de muitas reencarnações e que renascem nestas condições não por livre-arbítrio nem por punição divina, mas por uma espécie de determinismo originado na própria lei de causa e efeito. Alternando-se as posições como algoz e vítima e também de plano, físico e espiritual, impelidos por irresistível atração de ódio e desejo de vingança, buscam-se sempre e acabam reencontrando-se, por vezes, em circunstâncias que os obrigarão a partilhar até do mesmo sangue vital e do ar que respiram[11].

Com o sofrimento e dores físicas, um pouco das energias

---

11 A obsessão mútua, intensa e duradoura, provoca uma simbiose perispiritual com interpenetração energética de ambas as individualidades, com interferência mórbida nas matrizes ou modelos dos futuros corpos físicos.

deletérias acumuladas em seus perispíritos será drenado. O convívio ensejará a que os dois seres, durante a trajetória, seja mais longa ou muita curta, estabeleçam laços de parceria e apoio, despertando sentimentos de amizade, respeito e início de reconciliação pelo perdão ainda que imanifestos.

No próximo período de permanência como desencarnados e nas próximas reencarnações, terão que lutar contra o assédio mórbido que ainda tentará enredá-los nas mesmas tramas sombrias do passado, revivendo as tristes cenas de paixões incontroladas e de perseguição cruel. Dependerá de seus esforços, apoiados pelos espíritos familiares, simpáticos e socorristas outros para que resistam às tentações de retrocesso e sigam o caminho da regeneração e do amor.

Mas a questão aqui é especialíssima. As duas meninas dispunham-se opostamente, isto é, com as cabeças em sentido invertido e compartilhavam dos mesmos pulmões e um só coração que, em realidade pertencia só a uma delas. Segundo os médicos, a sobrecarga cardiorrespiratória, em pouco tempo levaria ao óbito as duas. A família, oriunda da ilha de Malta e de formação católica, opôs-se à cirurgia, mas o hospital recorreu aos tribunais e uma equipe de 20 médicos foi autorizada a operar a separação, numa cirurgia iniciada no dia 06 de novembro de 2000 e só concluída vinte horas depois. Com isto, estaria se salvando a vida de uma às custas da outra e foi realmente o que aconteceu. A que restou viva ficou em estado crítico e não conseguimos apurar se sobreviveu.

Pessoalmente, não podemos fechar questão. O tema é extremamente raro e polêmico. Precisamos analisar as várias partes envolvidas. Em relação à família, podemos traçar pequeno paralelo do caso com a legislação brasileira quanto à doação de órgãos. A pessoa pode manifestar, formalmente ou não, sua intenção quanto à doação, na prática, porém, a última palavra é da família. Outra situação é quanto à transfusão de sangue não permitida por membros de certo segmento religioso. Houve casos em que a palavra dos médicos prevaleceu; outras não.

Cada caso é um caso, mesmo dentro de aparente igualdade de circunstâncias. Entretanto, quem pode julgar? A justiça, como neste? Mas as leis humanas podem se sobrepor às divinas? Por outro lado, até onde a religião pode se impor acima da razão e da ciência?

Os médicos, por juramento, estão obrigados a salvar vidas. Podem argumentar que é preferível salvar uma, ainda que com graves limitações futuras caso sobreviva, do que perder ambas. Em *O Livro dos Espíritos*, questão 359, esclarecem-nos que em caso de risco de vida à futura mãe, é preferível sacrificar a do feto – "do ser que ainda não existe para preservar a do que já existe". Vida já há desde a concepção, mas se completa no nascimento; o novo ser está em formação. Preservada a da mãe, poderá ela engravidar outras vezes e talvez servir de instrumento reencarnatório àquele mesmo espírito.

Talvez coubesse aqui o raciocínio de que, sob risco de se perder as duas vidas, envidem-se os esforços para ficar pelo menos com uma. Outro ponto a favor dos médicos no cumprimento de seu dever, está na comparação com o soldado que mata na guerra. Na questão 749 da obra citada, os Espíritos respondem que o homem não é culpado quando constrangido pela força. E na 748 explicam que o mesmo se dá com qualquer um em casos de legítima defesa. Portanto, a nosso ver, os médicos estão isentos de culpa, visto que foram movidos pelo sentimento de dever profissional e mesmo humanitário.

Quanto às crianças, independente da anormalidade, devido à idade, não dispondo de livre-arbítrio, não puderam ser consultadas. Os outros decidiram por elas: uma vive, se viver; a outra morre. Mas quem pode adentrar às causas espirituais que enlaçaram dramaticamente corpos, vidas e destinos desses dois espíritos? Não teriam pedido talvez este sacrifício? Por que exatamente a vida de uma ficou tão à mercê da outra? As poucas semanas ou meses que ambas permaneceriam ligadas não seria a execução de uma decisão prévia e voluntária, cuidadosamente planejada para oferecer oportunidade de reajuste e pôr fim a querelas seculares?

O que representa tal intervalo de tempo de sofrimento físico diante da imortalidade do espírito? Elas não têm consciência disso enquanto dentro dos corpos físicos, porém, uma vez libertas pelo sono e depois pela desencarnação, têm-na total. As enfermidades, em geral, provêm do espírito, da mente culpada e em desequilíbrio, refletidas no perispírito. Para a completa liberação, precisam ser drenadas para a periferia da individualidade, o corpo físico.

A priori, não se pode julgar se neste caso os médicos e juízes estão certos e a família errada ou vice-versa. O assunto dividiu a própria classe médica inglesa. Enquanto se insistir em ver só o lado somático, está-se correndo grave risco de cometer equívocos de toda ordem. A vida espiritual, antes e depois da passagem terrena, tem que ser considerada, alargando-se a visão do nosso papel aqui na Terra.

7. AIDS: castigo ou lição?

Segundo estimativas da OMS – Organização Mundial de Saúde, no ano de 2000 houve o registro de 5,3 milhões de novos casos de AIDS no mundo elevando o total para 36,1 milhões de doentes ou contaminados. Deste total, 70% estão na África. Outro dado revelador é quanto às mortes provocadas pela doença: três milhões em 2000 e um total, até então, de 21,8 milhões desde o aparecimento da doença no início da década de 80. Dados mais atuais informam 33,2 milhões de infectados (2007) e, embora o número anual de mortes seja decrescente, quase uma década depois, pode-se estimar o número total delas em 40 milhões.

Percorrendo os olhos por esses números que se aproximam, em termos de vítimas fatais, ao total das duas Grandes Guerras Mundiais e, no número de infectados, ao de feridos e desaparecidos, poderíamos ser tentados a oferecer à doença uma conotação apocalíptica. Mas se assim fosse, por que só a AIDS e não justamente os dois conflitos sangrentos citados? A virada – referimo-nos à data dos dados – de século e milênio, excitando o imaginário popular e de pseudoprofetas? Talvez o misticismo tenha contribuído para essa especulação, principalmente nos primeiros tempos do surgimento da doença. Muito se falou em castigo de Deus e até em fim do mundo.

Participamos de um debate sobre o assunto na redação do jornal *Folha de Londrina*, no dia 23/08/1987, ao lado de eminentes convidados, representantes de vários segmentos religiosos. Além da nossa pessoa, estiveram presentes o pastor Gerson Araújo, capelão do Hospital Evangélico de Londrina; o padre João Braz de Aviz, do Seminário Teológico Paulo VI; o xeque Ahmad Saleh Mahairi, chefe de uma mesquita; e o gnóstico Odácio Manchini, da Associação Gnóstica de Estudos de Antropologia e Ciência. O debate durou três horas e as falas foram publicadas na íntegra pelo jornal nas duas edições seguintes.

Relendo o que cada um disse na ocasião, surpreende-nos tantos pontos em comum em relação a Deus, sexualidade, casamento, livre-arbítrio etc, a despeito também de várias divergências, mais no varejo do que no atacado. Repassando rapidamente os principais pontos, anotamos o que segue.

Pastor Gerson: "sexo é a maior força de energia que possuímos... o final dos tempos é como um ladrão; chegará sem aviso... a AIDS não é castigo de Deus, mas Ele usa as circunstâncias para aprendizado dos homens". Seu raciocínio era de que não podia ser castigo porque há vítimas inocentes, inclusive crianças, até com muitas que já nascem com o vírus, contraído ainda no útero da mãe. Para ele, a doença é consequência dos nossos atos, no caso, a promiscuidade. E aí detectamos a dificuldade do nobre religioso em explicar por que mesmo assim, crianças "inocentes" são contaminadas, visto que não participaram do tal processo de promiscuidade. A menos que retomemos o absurdo católico de impingir culpa aos filhos pelos erros dos pais, numa clara alusão ao dogma do pecado original.

Mais adiante, o pastor Gerson declara-se em dificuldade para entender a homossexualidade – considerada senão como causa, pelo menos como agente principal da propagação da doença –, como uma opção pessoal de vida. "Nascem assim, diz ele, por razões psicológicas, fisiológicas ou por qualquer outra razão". Tateou a verdade. Faltou admitir explicitamente a natureza espiritual do problema. Aqui, como na colocação anterior, não soube ou não quis recorrer à reencarnação para explicar as verdadeiras razões. As vítimas "inocentes", precisava esclarecer, não o são de fato visto que nada sucede por acaso e a justiça de Deus está atenta a tudo o que ocorre conosco. Embora não se possa generalizar, afirmando que todas elas estejam respondendo por consequências cármicas causadas por desregramentos, sexuais ou não, de outras vidas, com certeza a doença não vem de graça.

O rigor da formação muçulmana do xeque, ainda que de forma abrandada, provavelmente em função da versão tupiniquim, fez com que enfatizasse a necessidade de se combater a prática homossexual. "Proibição" foi a sua palavra de ordem, esclarecendo, porém, que não no sentido de punição como se faz no Irã ou no Afeganistão, por exemplo, mas para reintegrá-los como pessoas normais à sociedade. Sua preocupação, além do alastramento do mal, estava com o fato da concorrência às mulheres, aproveitando para expressar a sua complacência para com a poligamia desde que a capacidade financeira e pessoal – leia-se sexual – do marido fosse suficiente.

Ao lado deste ponto de vista com o qual o Espiritismo, naturalmente, não concorda, afirmou o seu entendimento de um Deus misericordioso "que castiga, mas não é vingativo". Para os espíritas o que há é a plena manifestação de leis divinas perfeitas. Toda vez que infligimos uma delas, da ação decorre uma reação mais ou menos idêntica devido aos atenuantes e agravantes e em sentido contrário. O xeque ainda opinou que a AIDS não representava um sinal do fim dos tempos e que nem este estaria por vir num futuro próximo. Enalteceu a necessidade do emprego digno da sexualidade, a valorização do casamento e contra o sexo livre.

O padre declarou que "o homem e a mulher têm o livre-arbítrio e constroem sua história... o casamento e a sexualidade são dons e não posses... o erro está em usar o sexo somente como fonte de prazer sem se preocupar com as consequências do relacionamento – abandono do parceiro, filhos, doença".

Já o gnóstico Odácio também falou da liberdade de ação humana com suas consequências; disse que a AIDS teria como causas 50% o carma e 50% acidentais, o que rejeitaríamos, pois nada sucede por acaso. Contudo, a regra só é válida para os fatos naturais, não incluindo os deliberadamente provocados pelo homem. No caso da AIDS, impossível conjecturar, mas muitas vítimas são contaminadas não por fatores cármicos, provações ou expiações, mas por pura negligência, ignorância ou descontrole dos instintos que as atiram a aventuras de prazer efêmero e que podem simplesmente custar-lhes a vida física.

Sabemos que não são só os homossexuais os responsáveis pela transmissão do HIV e há dúvidas, do ponto de vista espiritual, se as causas, tanto no aspecto individual como coletivo, têm relação exclusivamente com abusos na área sexual. Não é um castigo de Deus, somente mais uma enfermidade como tantas outras que de tempos em tempos assolam a humanidade como convite à reflexão sobre sua conduta e ao mesmo tempo um desafio à capacidade intelectual da ciência na descoberta de vacinas, profilaxia e medicação paliativa. Também exercita a solidariedade entre as pessoas e cooperação entre povos. Por isso mesmo, seu aparecimento não evidencia ligações com prenúncios de fim do mundo, mas de recurso reeducativo dos seres humanos no sentido de dignificação da poderosa energia sexual que procede do espírito e não da expressão periférica do corpo carnal.

8. A morte do dentista Flávio: as explicações possíveis

O dentista Flávio Sant'Ana foi assassinado por policiais militares na capital paulista no dia 03 de fevereiro de 2004. Segundo o Espiritismo o homem reencarna na Terra por uma das três seguintes finalidades: expiações, provas ou missão. Na primeira predominam em sua vida os sofrimentos decorrentes de erros morais ocorridos em vidas pretéritas. Trabalha para corrigir, reconstruir o mal feito, possui liberdade mais limitada e está submetido mais fortemente às injunções de efeitos cujas causas ele próprio engendrou.

Nas provações, o espírito está um passo à frente e atua

no sentido de, conscientemente, exercitar o seu livre-
-arbítrio focado em ações construtivas no Bem para gerar
consequências felizes para si nesta e futuras reencarnações.
Já o homem missionário – apesar de que todos nós, de certa forma, possuímos algum tipo de missão mais ou menos
importante como a paternidade, por exemplo – abraça voluntariamente um compromisso especial de realizações que
beneficiam um grande número de pessoas seja na área social, médica, científica, artística, religiosa ou humanitária.

Colocado assim, pergunta-se: em qual dos três casos
podemos enquadrar a morte violenta do jovem dentista?
Expiação? Teria ele em uma vida anterior cometido algo
pessoal contra os policiais que o alvejaram à queima-roupa
numa abordagem que seria comum não fossem os indícios
de envolvimento do fator racial? Sim, porque os antecedentes-
tes de alguns deles registram outras mortes com características de execução e permaneciam impunes e trabalhando
normalmente nas ruas.

Flávio, negro, foi apontado pela vítima de um assalto
ocorrido pouco antes, como responsável por ele e os policiais, numa demonstração de péssima conduta ética, não
só tiraram-lhe a vida, mas ainda forjaram um cenário de
reação do rapaz: uma arma em sua mão e o sumiço de seus
documentos.

Seria possível que Flávio, em uma vida anterior tenha
sido um branco que tirou a vida de outro negro, autoridade
talvez? Ninguém pode afirmar isso. Embora o Espiritismo
assevere, com razão, que nada ocorre por acaso, esse enredo simplista, especialmente com a conotação da lei de talião, só caberia, sem problemas, em romances.

As expiações aceitas ou solicitadas pelo próprio espírito
que vai reencarnar, podem ser adiadas, atenuadas, comu-
tadas e até mesmo canceladas, a depender da disposição

interior do protagonista. As leis divinas são imutáveis, mas não inflexíveis. Deus é justo, mas é também misericordioso. Não perdoa, porém aceita a transformação de sentimentos e desejo seguido de prática no Bem como prova suficiente de arrependimento. Deus não se compraz com o sofrimento de Suas criaturas e se uma delas já se encontra na vereda do amor e da fraternidade, melhor oportunizar que siga por ela do que lhe provocar aflições inúteis por fatos virados nas páginas do tempo.

Ressarcirá os erros através de acertos e o Mal será compensado pelo Bem. Entretanto, é bom se diga, que em muitos casos, particularmente para espíritos imaturos do ponto de vista moral, recalcitrantes em relação à necessidade evolutiva, a lei torna-se mais rígida e cobrará deles, conforme o dizer do Cristo, até o último ceitil.

Flávio seria um devedor não redimido, isto é, em processo expiatório, visto que se estivesse "transformado" nem teria necessidade de passar pela experiência de morte violenta? Não há como saber, ou melhor, eventualmente a verdade pode até vir à tona por meio de uma comunicação mediúnica, mas em princípio é somente uma possibilidade.

Acrescente-se aqui a grave situação dos policiais. Mesmo que eles tivessem sido vítimas do rapaz no passado, nada justifica sua ação violenta por motivação flagrantemente preconceituosa. Cabe lembrar novamente das palavras de Jesus ao afirmar da "necessidade dos escândalos", isto é, de que o mal moral cujos agentes são sempre os próprios homens, serve como instrumento de reajuste a si mesmos, reciprocamente, todavia, infelizes aqueles pelos quais vêm os escândalos, os promotores desta suposta justiça indireta, enredando personagens num ciclo de vingança e ódio.

Resta-nos brevemente comentar a possibilidade de o ocorrido ser proveniente de uma prova ou missão. Flávio, antes de reencarnar, poderia ter escolhido morrer aos vinte e oito anos do modo como morreu? A resposta é sim, embora pouco provável. Com que objetivo? Mistérios insondáveis da mente humana. Sabemos que, de fato, muitos espíritos que desencarnam como crianças ou adultos jovens, principalmente vítimas de enfermidades, tiveram razões para tal opção, seja porque os poucos anos complementam uma vida anterior interrompida precocemente, seja porque já haviam cumprido certa etapa de aprendizado ou porque envolvia experiências fundamentais aos familiares.

As provações são marcadamente construtivas. A despeito do caráter eminentemente pedagógico da dor expiatória, é pelas provações que o espírito sujeita-se voluntariamente a sacrifícios temporários no educandário terrestre a caminho da perfeição e da felicidade. Se reprovar nos testes terá que recomeçar. No dia a dia, deparamo-nos com um sem-número de pequenos testes. Se a consciência já estiver despertada, são embates da vontade contra as invigilâncias do pensamento, das emoções, das palavras e dos atos comuns, mas desequilibrantes: inveja, cólera, ciúme, ódio, crítica, escárnio, indiferença, orgulho, egoísmo, agressividade, vícios físicos, desonestidade, até condutas mais comprometedoras como corrupção, furto, exploração de coletividades, assassinato.

Seria possível a morte do dentista em tais circunstâncias constituir uma missão? Parece-nos descartada tal hipótese, apesar da repercussão na imprensa e na polícia que pode levar a alguma mudança nos integrantes desta última quanto ao preparo antes e punição depois. Mas logo cairá no esquecimento como tantos outros episódios semelhantes. Geralmente as missões verdadeiras marcam a história da humanidade, gravando nela indelevelmente os nomes de seus autores.

Não estamos aqui na posição de donos da verdade. As

propostas de solução que expliquem fatos como o aqui narrado são apenas possibilidades de exercício especulativo para estudos através da fé raciocinada que reconhece Deus perfeito, bom e justo e, por consequência, leis de igual quilate. A intenção, portanto, não é de julgar "A" ou "B", mas o de analisar com mais profundidade o que acontece à nossa volta, rejeitando soluções padronizadas porque cada caso, como se diz, é um caso.

Era o destino de Flávio morrer assim? Mas o que é o destino? Quem o traça? Depois de delineado, pode ser alterado? Tais questões exigem muita reflexão. O Espiritismo levanta o véu de temas que tratam da origem, natureza e destino dos seres humanos. É preciso conhecer as chamadas Obras Básicas ditadas pelos Espíritos Superiores a Allan Kardec e seguir além delas, incursionando pelas que vieram depois e também beber das fontes da filosofia e da ciência.

Para concluir, deixamos mais uma questão em aberto. Segundo *O Livro dos Espíritos*, o momento e o gênero de morte de cada indivíduo são pré-fixados antes mesmo dele reencarnar. Novamente: como explicar a morte do dentista Flávio? E o fato de ter ocorrido somente cinco dias após a sua formatura na universidade seria uma coincidência?

9. Uma (entre tantas) tragédia pessoal

Em 1993, num ponto de ônibus em Curitiba, a jovem Marilene Froma sofreu queimaduras de 2° e 3° graus ao ser atingida em cheio no rosto por ácido sulfúrico jogado por um motoqueiro que, descobriu-se logo, era seu ex--namorado, Renil de Almeida. O fato causou comoção na cidade e ganhou a mídia nacional. Até aquela data uma moça muito bonita, Marilene teve o rosto completamente desfigurado, traumatizando-a totalmente.

Desde então ela já foi submetida a mais de 100 cirurgias plásticas e mais sete de transplante de córnea na tentativa de lhe devolver a visão parcial, uma vez que o olho direito foi irremediavelmente afetado. A última cirurgia foi no dia 21 de outubro de 2000[12] para recuperação da pálpebra esquerda e melhorar a lubrificação. Hoje ela consegue perceber a claridade e algumas cores. Quatro cirurgias tentaram reconstituir o nariz, mas não lograram êxito.

Atualmente, Marilene e a família moram num porão na periferia de São Paulo. Tentou trabalhos como atendente de *telemarketing*, mas teve que abandonar o emprego devido às constantes cirurgias. A mesma causa afastou-a de cursos iniciados em massagem terapêutica, línguas e redação comercial. Agora trabalha em casa com tele-mensagens. *Tento não pensar sobre isso*, diz referindo-se ao agressor. *Lágrimas e sofrimentos fazem mal. Canalizo todas as energias para mim. Ele tirou minha beleza, mas não a minha vontade de viver.*

Quanto ao criminoso, foi condenado a dezoito anos de reclusão, mas após cumprir cinco e mais três enquanto aguardava julgamento, obteve redução da pena e liberdade condicional há um ano.

Mas do ponto de vista espiritual, o que pode estar por trás de todo este drama? Expiação de vida passada para Marilene e a família e Renil investido de anjo vingador? Provação escolhida por ela antes de reencarnar? Injustiça, acaso? Se por um lado sabemos não haver sorte e azar ou fatalidade no sentido de que fatos ocorram fortuitamente ou impostos por um determinismo cego e aleatório, por outro, com certeza, em casos como esse, as causas devem estar no passado, embora insuspeitas para nós que nos encon-

---

12 Da data do texto (final de 2000) não acompanhamos mais o caso.

tramos como meros espectadores no palco da vida onde se desenrola a trama destas pessoas no tempo e no espaço. Na verdade, estamos presenciando apenas um ato, aqui e agora, mas outros já ocorreram em tempos e lugares diversos e novos desdobramentos sobrevirão no futuro como consequência direta do livre-arbítrio de cada um exercido no presente e em cenários ignorados.

O que poderia ter feito Marilene em outra encarnação para merecer tal desdita? Talvez tenha provocado em alguém, o esposo, um filho, o amante, queimaduras graves já por vingança, ódio ou ciúme. E Renil poderia ter sido a vítima que, perseguindo objetivos de desforra, talvez por séculos, finalmente alcançou êxito na infeliz empreitada. Satisfeito, saciado no desejo cruel, talvez pacifique o íntimo quanto a essa busca, mas além de arcar com as consequências perante a justiça terrena, terá que enfrentar a divina através do tribunal da própria consciência onde aquela se inscreve de maneira inexorável. Experimentará, por seu turno, longos sofrimentos expiatórios, pois diante de Deus, um erro não justifica outro e nela não cabe a pena de talião do olho por olho e dente por dente. Jesus disse *que havia necessidade dos escândalos*, isto é, do Mal e do sofrimento, para fazer o homem crescer espiritualmente pela experiência e encontro da felicidade pela prática do Bem, mas *ai daquele por quem vêm os escândalos*, isto é, dos agentes do mal, fomentadores da miséria, da injustiça, das guerras, dos crimes individuais e coletivos.

Mas pode ocorrer também, embora neste caso, como hipótese menos provável, que Marilene tenha optado por tal duríssima prova para acelerar o seu desenvolvimento espiritual ou como preventivo – o comprometimento de sua beleza – a quedas morais nas quais poderia ter incorrido já em outras oportunidades, tornando-se reincidente.

De qualquer forma, como isso vai acabar? Como ela não parece guardar ódio em seu coração e, portanto, está bastante propensa ao perdão, é possível que o reajuste seja alcançado ainda nesta reencarnação. Mérito para ela se conseguir vencer tão terrível expiação (ou prova). Estará resgatando possíveis débitos e, quem sabe, angariando créditos futuros. Quanto a Renil, já o dissemos, com supostas razões ou não que o levassem a tal ato, terá que, por sua vez, de algum modo se ressarcir do mal cometido, submetendo-se à sabedoria e perfeição da lei de ação e reação (causa e efeito). Não necessariamente sofrendo queimaduras nesta ou em futura reencarnação, mas também, se o quiser, pela conquista de valores expressivos na seara do amor ao próximo. A dor impetrada aos outros pode ser paga igualmente na experimentação de sofrimento idêntico ou pela felicidade que se proporciona aos semelhantes. A justiça de Deus é absolutamente perfeita e alcança a todos, sempre, mas orvalhada pela bondade e pela renovação de oportunidades de trabalho no Bem.

Após estes nove casos principais reproduziremos pequenos trechos significativos de alguns outros, identificando-os e acrescentando notas explicativas, se for o caso.

10. A menina da Lagoa[13]

O artigo com este título foi publicado no jornal O Estado do Paraná de 19/02/2006 e o fato em foco foi outro que comoveu o país.

---

13 A menina tinha dois meses quando foi jogada na Lagoa pela mãe em 28 de janeiro de 2006, dia que saiu do hospital. Em fevereiro de 2008, Simone cumpria pena de oito anos e quatro meses pelo crime.

A reencarnação de Letícia, de fato, começou muito complicada. Até agora não se sabe quem é o pai. Teve que lutar uma primeira vez pela vida durante dois meses na maternidade porque nasceu prematura. E agora já enfrenta a batalha na Lagoa da Pampulha.

Aqui citamos as questões 851, 852 e 853 do LE, destacando que na do meio, à colocação de Kardec de que há pessoas que parecem ser perseguidas por uma fatalidade independente de sua vontade e que assim a infelicidade estaria em seus destinos, os Espíritos ratificam a escolha destes sofrimentos como provas.

Esta afirmação – seguia o artigo – de que "não há nada de fatal, no verdadeiro sentido da palavra, senão o instante da morte" tem-nos provocado muitas reflexões. Por exemplo: uma vítima de homicídio traria já ao reencarnar, além do gênero violento da morte, a data marcada para a mesma se verificar? Como possível se o autor, aquele que provocará a mesma, por se tratar de um fato moral, não vem com tal predestinação, dependendo, pois, de seu livre-arbítrio executar ou não o ato e definir o momento para tal? Uma bala perdida estaria programada para atingir uma pessoa que, aos olhos humanos, era uma vítima inocente? Quando alguém é salvo por uma medalhinha, moeda ou caneta que serve de anteparo ao projétil, foi pela Providência Divina, pois que não havia chegado o momento previsto para sua morte?... há casos que desafiam o bom-senso, por não se encaixar... Talvez exceções à regra...

De qualquer forma, Letícia talvez tenha sido resgatada da lagoa, não para dar continuidade a uma vida de sofrimentos expiatórios cujas causas tenham origem em vidas passadas, mas, como Moisés, para a realização de grandes feitos ou, no mínimo, para sacudir corações e mentes humanos para problemas sociais e os insondáveis da alma. (...) já é uma vencedora, profeta da vida, síntese da ausência do amor materno e presença providencial da espiritualidade que conduziu o casal até ela pela motivação de supostamente dispensar cuidados a um pobre gato.

Seguimos, no artigo, quanto às possíveis razões da mãe para jogar o bebê na água num saco de plástico preso a um pedaço de madeira. Lembrando o "não julgueis para não serdes julgados", arrematamos com um convite a uma oração para que ela encontrasse o arrependimento e a busca da reparação do mal praticado, recordando que, conforme Pedro, o amor cobre uma multidão de pecados.

11. Visão espírita da violência
(artigo publicado no jornal *O Estado do Paraná* no dia 11 de julho de 2004)

Aqui apenas um rápido registro como, aliás, em relação aos próximos títulos. Por ainda não termos citado nesta obra, destacamos a referência que então fizemos sobre as questões 784 e 785 do LE. Na primeira encontramos na resposta dos Espíritos mais uma vez a confirmação de que do aparente mal Deus extrai o bem. Esclarecem eles que "É preciso o excesso do mal para fazer o homem compreender a necessidade do bem e das reformas".

Na outra, apontam o orgulho e o egoísmo como os maiores obstáculos ao progresso ao que aduzíamos que "o medo, a aflição, as agressões, sequestros, estupros e mortes são indícios de atraso moral, mas ousamos afirmar que maior que aquelas falhas de caráter é a ignorância espiritual". "Somos egoístas e orgulhosos, tolos e arrogantes, corruptos e cruéis porque simplesmente ignoramos, de fato, quem somos..., de onde viemos, por que estamos aqui e para onde iremos... Esta é a causa de tudo, a falta de espiritualização do homem... A miséria, crueldade, egoísmo, injustiças, leis imperfeitas, fanatismo, desagregação familiar, ódios, corrupção e tudo o mais não passam de efeitos, mediatos ou imediatos". Concluímos hoje: estas causas, por si só, geram novos erros, sem vínculos diretos com o passado.

12. A corrupção e a lei de causa e efeito

Limitamo-nos a reproduzir somente o penúltimo parágrafo do texto original.

> Quanto aos promotores das desigualdades e das injustiças, dos agentes ativos e passivos da corrupção, dos usurpadores do bem público e da paz alheia, dos exploradores da fé, dos aproveitadores de toda ordem, dos maus ricos e pobres revoltados, dos assassinos de coração de gelo e gênios da tirania de todos os tipos, estes, mãos vazias e consciências aferroadas pelo remorso, recomeçarão – porque a bondade de Deus não lhes negará tantas quantas oportunidades se fizerem necessárias através da reencarnação para avançarem – mas, sob a guante da dor para que resgatem seus débitos contraídos junto aos indivíduos e à coletividade e aprendam a valorizar cada coisa de maneira justa e precisa.

13. Os *serial killers*, as doenças compulsivas e as obsessões espirituais
(artigo também publicado no mesmo jornal em 08/08/2004).

Recortamos alguns parágrafos.

> Diferentemente dos EUA onde tais fatos se repetem com frequência, no Brasil apenas vez por outra surgem os casos

denominados de serial killers ou assassinos seriais. Mesmo assim, neste ano já é o segundo que chega ao conhecimento público. O primeiro, no início do ano, um presidiário foragido e recapturado no Rio Grande do Sul e que confessou a morte de doze meninos entre oito e doze anos, a partir de agosto de 2002. O mais recente, em julho, o do mecânico maranhense acusado da morte de quarenta e um meninos a partir de 1991.

Sociólogos, juristas, psicólogos e principalmente psiquiatras buscam respostas satisfatórias para explicar as motivações de criminosos como eles. Em depoimento, o primeiro disse que "sentia vontade interna, um vício"; já o segundo afirmou que ouvia vozes ordenando para matar e depois era tomado por uma "força exterior" e que "na hora não sentia nada, ficava neutro". Seu relato é muito parecido com os da maioria desse tipo de assassino.

O que nos chama a atenção aqui, e sem desmerecer os diagnósticos dos especialistas no assunto, são as declarações dos acusados sobre vozes, impulsos ora exteriores, ora interior, o que pode ser indício daquilo que na terminologia espírita denomina-se de obsessões.

Observemos dois detalhes. Não são apenas os serial killers que fazem menção a fatores coercitivos exógenos, independentes de sua vontade, que os arrastam irresistivelmente à prática dos crimes. Muitos homicidas atribuem seus atos a agentes misteriosos, nomeando-os de Satanás ou Diabo, simbologia utilizada para expressar seres maléficos. Mesmo descontando espertezas próprias ou de advogados, uma análise mais profunda pode levar à conclusão de que muitos deles estejam sendo sinceros.

Não podemos também deixar de estabelecer um paralelo com os transtornos obsessivos-compulsivos, mal que só no Brasil afeta sete milhões de pessoas. As vítimas são assediadas por "pensamentos intrusos" ou ideias recorrentes que causam medo e angústia e, para evitá-los, como mecanismo de fuga, desenvolvem comportamentos repetitivos. A obsessão estaria caracterizada nos pensamentos e a compulsão nas atitudes e ações.

Frequentemente a doença leva à depressão, ao alcoolismo e às fobias, causando enormes prejuízos à vida das pessoas. Áreas cerebrais foram apontadas como sua sede e finalmente a medicina admite sua incapacidade para eliminar o problema ao reconhecer a impossibilidade de cura. Antidepressivos e psicoterapia podem atenuar os sintomas em até 80%.

Como nosso planeta está ainda muito atrasado moralmente, é natural que prevaleçam os "encontros casuais" com entidades inferiores, num momento de raiva passageira, por exemplo. Mas os maus hábitos prolongados, as paixões desequilibradas, os vícios tornam estes espíritos hóspedes permanentes da nossa psicosfera que se comprazem em nos causar desconfortos físicos e espirituais dos mais variados. Às vezes são seres vingadores, inimigos do passado, que perseguem suas vítimas na atual encarnação. Talvez seja o caso do mecânico maranhense, tido como pessoa afável, risonha e aparentemente inofensiva.

Como se vê, a questão aqui, tangente à lei de causa e efeito, destinação ou predeterminação é a influência dos espíritos em nossas vidas. Embora os dois exemplos brasileiros apresentem tipificação sexual, as ocorrências desta natureza nos Estados Unidos, Alemanha e outros países, comumente estão mais associadas a psicopatologias outras decorrentes de traumas de guerra, frustrações afetivas e distúrbios de comportamento por conta de solidão, revoltas e vinganças por motivos fúteis.

De qualquer forma, acreditamos que muitas vezes podemos estar diante de espíritos gravemente desequilibrados e incentivados por obsessores desejosos de espalhar o mal tanto quanto possível, fato que lhes proporciona profunda satisfação. Presente a necessidade de expiações e provas para tentar neutralizar os efeitos perniciosos de erros já cometidos no passado e alojados nas entranhas do inconsciente e que muitas vezes irrompem em acessos de fúria como as águas de um dique, inutilizando a nova oportunidade de reajuste.

Outra questão pertinente é a tese, ainda hoje defendida por alguns, segundo a qual o criminoso já nasce com essa tendência, isto é, o instinto assassino seria inato como traço mórbido de caráter. O astrônomo e espírita Camille Flammarion adotou estas ideias durante parte de sua vida amparado em estudos da época como a Frenologia e a Fisiognomia, ou seja, a associação do caráter dos indivíduos com a conformação do crânio ou dos traços fisionômicos. Era a chamada Antropologia Criminal.

Os conceitos que relacionavam partes da anatomia à fisiologia cerebral hoje estão totalmente superados. Contudo, com roupagem psicológica ainda subsiste a teoria que sugere a existência do assassino nato, que agiria por irresistível impulso e, consequentemente, não seria responsabilizado moralmente pelo ato praticado, contrariando a existência e preponderância do livre-arbítrio. Daí, tantos julgamentos acabarem por penalizar o autor não com a reclusão em presídios, mas com a internação em hospitais psiquiátricos.

Espiritualmente falando, recordamos que afora certos casos de comprovada insanidade desenvolvida na vida atual que pode servir de atenuante para o comportamento criminoso, apresentar o indivíduo conteúdos genéticos identificados como responsáveis disso ou traços psicológicos inatos ou motivados por desequilíbrios de neurotransmissores, em última análise, tudo representa apenas os efeitos de causas elaboradas por ele mesmo em vidas pretéritas.

De idêntico modo como se propaga, de uma reencarnação para outra, aspectos positivos concretizados na forma de saúde, inteligência e valores morais, as inferioridades e carências também se transmitem. Afinal, somos herdeiros de nós mesmos. Semeamos no passado e colhemos no presente. Portanto, não há acaso ou determinismo senão como consequência natural da resolução da vontade livre de agir num sentido e não em outro.

14. As violências sexuais

Os dois casos citados também possuem conotações sexuais, assemelham-se a outros que citaremos agora e poderiam figurar aqui e vice-versa. Mas os momentos em que foram escritos são diferentes e a intenção lá foi analisar as psicopatologias que desencadeiam homicídios em série, quer em oportunidades sequenciais ou em uma única ocasião, mas com características diversas. Aqui particularizamos os delitos sexuais como a pedofilia e o estupro cuja prática, principalmente deste último, pode ocorrer de modo sistemático ou ocasional.

Há quem argumente que a vítima de estupro coloca-se em sintonia com a mente pervertida do agressor o qual, mediante vontade própria, sempre pode evitar, contudo acabaria substituído por outro.

Sinceramente não concordamos com essa tese que nos parece temerária. Embora em matéria de sexualidade, uma das áreas de maior risco das ações humanas, ninguém possa garantir ausência absoluta de erros, e das possíveis sombras da alma que ocultam da personalidade atual, pelo esquecimento do passado, estes mesmos erros, ainda assim, parece-nos ilógico que todas ou sequer a maioria das vítimas desta violência tenham contribuído de alguma forma para serem escolhidas.

Se é pelas tendências de caráter que melhor se pode deduzir o que fomos em vidas pretéritas, como ver uma alma gravemente comprometida com a lei de causa e efeito por trás de mulheres de conduta irrepreensível, esposas dedicadas e fiéis, mães amorosas, amigas sinceras, profissionais e cidadãs exemplares?

Dizer que o agressor pode evitar, mas a vítima não, significa justificar o primeiro como instrumento de justiça e sentenciar a segunda a um castigo inexorável. Portanto, se e onde houver conotações cármicas, cremos que elas não se dão sempre no mesmo grau. Em grande parte, a motivação do agressor tem a ver com o nível espiritual, notadamente no aspecto moral. Age assim porque o instinto grita mais alto que a razão.

Na mulher talvez as condições gerais de vida escolhidas ou impostas a ela antes de retornar ao palco terrestre, predisponham mais a estes ataques. Por exemplo: a pobreza que determina a moradia em local distante, com deficiências nos serviços públicos como a iluminação de ruas e segurança; necessidade de transitar à noite e desacompanhada nas idas e vindas do trabalho; vizinhança de pouca confiança.

Há violadores sexuais que agem assim a vida toda enquanto outros apenas circunstancialmente como quando, por exemplo, estimulados por excesso de bebidas alcoólicas ou diante de uma fragilidade física ou psicológica momentânea da vítima. Parece-nos que as relações destas violências com a lei de causa e efeito e o destino são bastante diferentes.

Nos casos dos "aproveitadores" de ocasião, em princípio, não vemos necessariamente componentes que possam ser atribuídos ao passado espiritual tanto do criminoso como da vítima. No primeiro, provavelmente, estamos diante de fraquezas de caráter e descontrole ou exacerbação dos instintos mais primitivos. Quanto à vítima, se não foi ela própria que, deliberadamente ou não, estimulou o avanço de sinal, é correto tê-la como vítima sim, de um ato onde o livre-arbítrio está expresso, em geral, na maior força física. Faz-se prevalecer sobre a sua própria vontade impotente para resistir.

Quanto aos casos dos reincidentes há outros aspectos a serem observados. Segundo a revista *Veja* (n° 1924, de 28/09/2005), estima-se que entre os anos de 1950 e 2002, a Igreja Católica tenha sido obrigada a desembolsar um bilhão de dólares em acordos ou condenações judiciais por atos de pedofilia praticados por sacerdotes contra seminaristas. Só a Diocese da Califórnia, nos Estados Unidos (*Veja*, n° 1887, 12/01/2005), teria gasto 100 milhões de dólares nas seis décadas anteriores nos acordos com oitenta e sete vítimas de abusos sexuais.

Este é um caso totalmente diferente do que, por exemplo, o do austríaco de setenta e três anos que em abril de 2008 foi acusado de violentar e manter sob cativeiro a própria filha durante vinte e quatro anos, desde que ela tinha dezoito, cuja relação incestuosa resultou em sete filhos, um dos quais havia morrido por falta de assistência médica. Em março de 2009 o homem foi condenado à prisão perpétua e internação psiquiátrica.

Não é caso único, mesmo só em tempos recentes. Só em março de 2009 foram divulgados mais dois casos semelhantes. Um italiano foi preso pelo cometimento do mesmo delito. Violentou a filha desde que ela possuía nove anos, isso por vinte e cinco anos consecutivos e ainda incentivou a que o filho fizesse o mesmo. O crime perpetuou-se deste último com as suas próprias quatro filhas.

No mesmo mês, desta vez na Colômbia, um homem de cinquenta e nove anos foi acusado de abusar da filha desde os nove anos. Ela teria engravidado quatorze vezes de onde haviam nascido e sobrevivido onze crianças. Se bem que o acusado invocava como atenuante o fato de que a filha era apenas adotiva.

Praticamente quando redigíamos este texto, em setembro de 2009, mais um caso veio à tona. Um australiano de sessenta anos teria violentado uma filha por trinta anos do que resultou quatro crianças, das quais uma morrera e as demais apresentavam graves problemas de saúde.

Em situações como as envolvendo religiosos, sempre tentando examinar os dois lados, pensamos que enquanto as vítimas possam (grifo nosso) realmente estar em expiação por delitos semelhantes, talvez nos mesmos ambientes de claustro, seus autores vejam-se até certo ponto arrastados a tais atos em função do isolamento e votos de castidade impostos pelo clero.

O sexo é uma necessidade biológica poderosa. Se não tem permissão oficial para ser exercida, impõe-se pela força bruta. Para alguns casos deles, talvez a escolha do gênero de vida em convívio com crianças e jovens já obedeça aos impulsos pedófilos em busca de realização ou, num sentido mais elevado, como provação a que se sujeitam tais espíritos no intuito de reerguer-se diante de experiências malogradas no passado. E nas quais, infelizmente, sucumbem novamente.

De qualquer forma, com atenuantes ou agravantes, sempre responderão pelas práticas criminosas, passando pelos mesmos processos do arrependimento, expiação e reparação.

Nos casos de pedofilia e incesto no seio da própria família conjecturamos que possa haver ingredientes mais significativos do ponto de vista cármico. Os violadores não se apresentam à atual existência determinados a tais práticas por livre escolha antes de reencarnar. Isso não lhes faz parte dos destinos. E cremos que do lado das vítimas também não. O que há é uma aproximação compulsória ou até voluntária de ambas as partes para que possam promover o reajuste de graves males causados reciprocamente.

Em família dificilmente podemos separar vítimas de algozes. Talvez, e sempre talvez, o que vejamos seja apenas a representação de papéis invertidos em todos os detalhes, ao menos no geral, envolvendo a área sexual. Entretanto, uma vez mais não podemos desprezar a possibilidade de que tais agressões caracterizem somente a falência de seres que deveriam cumprir com compromissos abraçados na dimensão espiritual de amar, educar e proteger suas vítimas, como forma de apaziguar suas consciências atormentadas por atos semelhantes praticados contra as mesmas ou outras pessoas.

Temos aí todos os ingredientes e variados personagens envolvidos nas tramas dos destinos. Para tanto não devemos esquecer das mães indiferentes ou impotentes que tudo assistem e nada fazem para impedir as ações de maridos ou companheiros. E até dos filhos-netos ou filhos-irmãos, frutos destas tristes uniões incestuosas. Quem são? O que fizeram, se fizeram? Se não é do passado, é do presente e repercutirá dramaticamente no futuro.

No meio termo destes extremos: prática reincidente num seminário, por exemplo, e pelos próprios pais, há muitas outras situações, com familiares ou não. Parentes próximos, vizinhos, professores e estranhos. Em todas elas, os antecedentes espirituais podem se mesclar e ter um peso maior ou menor.

Outro caso muito comentado no Brasil foi o protagonizado pelo chamado "Maníaco do Parque", preso em 1998 e condenado a um total de 147 anos por estuprar e assassinar oito mulheres em São Paulo, em meados da década de 90. Em sua defesa alegou traumas sexuais na infância e na idade adulta e também de ter agido sob influência de "uma força maligna".

Deixando de lado a existência destes fatores, bem como de outras causas certamente presentes do ponto de vista dele, voltemos o olhar para as vítimas. Claro, uma série de detalhes cercou cada investida, mas apenas para encerrar o assunto, todas essas mulheres eram mais ou menos de mesma condição social e estilo de vida, além de certa ingenuidade ou carência afetiva do que ele, inteligente e sedutor, tirava proveito para atraí-las a passeios perigosos onde as estuprava e matava. Mesmo depois de preso recebia cartas apaixonadas e consta que até teria se casado com uma dessas fãs.

O que teriam sido ou feito para merecer tal desdita? Prostitutas? Quantos milhares sempre existiram? Homens estupradores e assassinos expiando em sexo invertido? Não consta que qualquer delas demonstrasse tendências masculinas. Novamente recaímos na situação já descrita em que o plano geral da vida expõe umas mais que outras, ao que se soma fatores como fragilidades psicológicas, pouca instrução, necessidades físicas (não só sexo, mas amizade, companheirismo), financeiras. Em resumo, todos estes casos têm mais a ver com efeitos do que com causas espirituais ou, dito de outro modo, mais com o presente e o futuro do que com o passado.

15. Cúmplices espirituais no assassinato de casal paulistano
(publicado no mesmo jornal em 30/04/2006)

Estudiosos da mente humana e da área do comportamento tentam explicar as razões que forneceram a motivação ao duplo homicídio perpetrado contra um casal paulistano pela própria filha, uma jovem de dezesseis anos. O crime, ocorrido no começo de novembro de 2002, foi planejado pela moça e pelo namorado com no mínimo dois meses de antecedência e para a execução contaram ainda com a ajuda de um irmão do rapaz. O casal foi morto em casa, enquanto dormia, a golpes de barras de ferro. O motivo evocado foi a proibição do namoro. Mas outros ingredientes se fizeram presentes como o uso de drogas e uma mal disfarçada cobiça pela herança. A moça que fora criada com muito carinho e nunca antes demonstrara qualquer tipo de desequilíbrio mental ou desajuste social, após o crime, revelou-se de uma frieza impressionante.

Ouvido numa emissora de televisão, um psiquiatra atribuiu o crime, mais particularmente do ponto de vista da filha, a fatores como paixão exacerbada, drogas e deficiências da educação. De fato, estas são causas comuns para muitos crimes, até mesmo isoladamente. Somadas poderiam levar ao absurdo de exterminar os próprios pais.

Uma análise espiritual da questão nos leva não só a endossar tal opinião como avançar um pouco mais além. O Espiritismo tem na educação uma de suas preocupações centrais. Allan Kardec faz notar esta necessidade de atenção em diversos trechos de sua obra, ressaltando que se fala ali de educação integral do ser humano e não somente a intelectual. Ou seja, não basta fornecer às crianças e jovens boas escolas particulares e com instrução de alta qualidade. A moça em questão cursava o primeiro ano de Direito e fala três idiomas. Nada disto impediu o seu lamentável desvio de conduta.

Os Espíritos Superiores e o codificador, ele próprio notável especialista em pedagogia, esclareceram que o indivíduo precisa receber a educação física, intelectual, social e principalmente moral. Com os dados de que dispomos, não poderíamos afirmar se isto deixou ou não de ocorrer. Mas a superproteção ou, inversamente, o excesso de liberdade pela incapacidade de impor limites já caracteriza a falta de parâmetros na formação do caráter de um filho.

Quanto ao uso de drogas, a que sabidamente era dado o rapaz, razão, inclusive, alegada pelos pais para a proibição do namoro, e possivelmente também de uso dela, dispensa maiores comentários. Drogado, um indivíduo comete atos completamente injustificáveis e que ultrapassam largamente as suas próprias regras morais. Mas acontece que o crime de São Paulo foi premeditado...

O terceiro motivo citado pelo especialista foi a paixão desvairada. Sabemos que quando violenta e arrebatadora, provoca verdadeira cegueira psíquica e moral. Sentimentos de posse, desejo incontrolável, egoísmo elevado ao seu mais alto grau, são capazes de causar muitos danos físicos e morais ao indivíduo. Há perturbação não só dos sentidos, mas também dos valores éticos, do discernimento e da capacidade de julgamento. A razão fica um tanto quanto embotada e prevalece o instinto biológico e a atração sexual premente. Embora esta seja a causa de muitos crimes passionais, mesmo entre pessoas maduras, a imensa maioria controla e supera tais arroubos da paixão, não permitindo que interfiram tão profundamente em suas personalidades a ponto de se transformarem em impulsos patológicos.

Cada um destes fatores tem sua força e seu peso no resultado final. Arriscaríamos, porém, conjecturar sobre a possibilidade de uma interferência de outra natureza, mais sutil, invisível e nem por isso menos perigosa, as chamadas obsessões. Não é raro determinados indivíduos, após cometerem crimes hediondos, alegarem que estavam possuídos pelo demônio, espíritos maus, em verdade.

Importante notar que apelar para esta justificativa no cometimento de um delito, mesmo que autêntica, pois, às vezes, é apenas uma esperteza, não serve como atenuante. Afinal, a influência maligna só se instalou porque sua vítima, no caso o criminoso, deixou-se arrastar pelas tentações, cedeu às sugestões negativas dos elementos exógenos.

Muitos dos nossos atos resultam da indução de agentes espirituais inferiores. Mas há um jogo de influências bem resumido na questão 459 de *O Livro dos Espíritos*. "Dize-me o que pensas e dir-te-ei com quem andas", é a regra.

As obsessões ocorrem também de um encarnado sobre outro. Cremos que no caso em foco, possivelmente, além de eventuais falhas no processo de educação da jovem, a paixão descontrolada pelo namorado e o uso de drogas, um quarto fator, uma obsessão espiritual tenha se manifestado. Aliás, os três fatores anteriores funcionariam, eles próprios, como campo aberto a esta ação de natureza espiritual. Principalmente os dois últimos seriam verdadeiras portas abertas à entrada de entidades que tendo ou não razões especiais para agredir (vingança, afinidade, desejo gratuito de praticar o mal, oportunidade pela fraqueza alheia), reforçaram ou até determinaram a deliberação de executar os pais. A paixão patológica com o exercício de um domínio absoluto por parte do rapaz, implicaria por si só numa obsessão.

Quanto às vítimas, difícil arriscar sobre as razões para o seu fim trágico. Simplista o raciocínio de que pela justiça de Deus, necessariamente eles teriam que sofrer este tipo de agressão. Teriam eles alguma culpa muito grave desta ou de uma vida pretérita para expiar? É possível. Apenas possível. Se é verdade que nada acontece por acaso e não há nenhum ato que não cause consequência, não é menos verdade que muitas coisas que aos olhos dos homens são consideradas desgraças, sob o prisma do espírito imortal pode receber outras interpretações. Uma certeza, porém. Os três autores do crime, quer venham a ser penalizados mais ou menos intensamente pela justiça terrena, não se subtrairão à perfeita justiça divina. O momento e a forma deste processo é que ignoramos.

16. As questões do destino e da morte

Com o título acima publicamos, ainda no mesmo veículo dos textos anteriores, na data de 06/11/2005, comentários gerais em torno do tema central deste livro. Após vários parágrafos, seguimos desta maneira.

> Assim, em tese, as vítimas de hoje podem ter sido os algozes de ontem, resgatando dívidas e reajustando-se com a harmonia universal. Não está escrito na testa quem fomos ou o que fizemos em vidas passadas... No fundo, poucos de nós estão aptos a dimensionar a vida e a morte... Superestimamos a primeira por temer a segunda.
>
> No final de outubro, num acidente rodoviário em Goiás, treze pessoas morreram e vinte e cinco ficaram feridas. Mais um entre tantos, lamentavelmente. Chamou-nos a atenção, entretanto, o detalhe de que os passageiros haviam sido transferidos para aquele ônibus de um outro, clandestino,

apreendido na estrada. Ou seja, o aparente ganho de segurança revelou-se fatal, após o motorista forçar uma ultrapassagem e colidir frontalmente com uma jamanta.

Muitas vezes já ouvimos falar destas "coincidências". Pessoas acidentadas sendo transportadas por ambulância que se envolve, por sua vez, em outro acidente e uma ou mais não sobrevivem. Outra tem medo de água, evita quanto pode entrar no mar e morre afogada numa enchente. Ironias do destino, peças e trapaças contra as quais nada pode se opor...

Há também as situações inversas. Pessoas que têm um contratempo e perdem o voo que termina em acidente; esta é salva da morte porque o projétil sofreu o anteparo de uma moeda, uma caneta; aquela, por uma simples cefaleia deixa de acompanhar amigos a um passeio de barco que naufraga...

O restante compunha-se de explicações já expostas neste capítulo e no anterior. Para enriquecer o rol de detalhes decisivos para se escapar da morte, acrescentamos aqui alguns que, segundo circulou na internet, teriam ocorrido quando do atentado de 11 de setembro às Torres Gêmeas em Nova Iorque. Um homem chegou atrasado ao local de trabalho porque era o primeiro dia de aula do filho no jardim de infância; outro porque era sua vez de levar rosquinhas ao escritório e outro porque o sapato novo fizera bolhas e ele havia parado numa farmácia para pôr um *band aid*.

17. Tragédia no circo

Para sermos imparciais não podemos deixar de incluir aqui um caso muito especial, que demonstraria, que, em algumas situações a lei de causa e efeito – e aqui seria melhor dizer "ação e reação" – cumpre-se de forma inexorável, mantendo a mesma natureza do último em relação à primeira.

A narrativa faz parte do livro *Cartas e crônicas*, do Espírito

Irmão X, psicografia de Francisco Cândido Xavier. Em síntese, conta que no ano de 177, durante o governo do imperador Marco Aurélio, programou-se uma festa macabra onde cerca de 1000 mulheres e crianças cristãs foram supliciadas num circo que atendia exatamente à finalidade de divertir o povo.

A arena fora adredemente preparada com resina para ficar escorregadia e cercada de farpas embebidas de óleo deixando estreita passagem pela qual somente as vítimas mais fortes poderiam tentar encetar fuga. Para completar, cavalos seriam soltos junto para, durante o pânico, contribuir com a matança através do pisoteamento.

Cerca de "mil pessoas ávidas de crueldade" encarregaram-se de conseguir cada uma, capturar uma vítima para o espetáculo da noite seguinte. E assim se fez com as mulheres e crianças perecendo queimadas ou sob as patas dos animais.

Em 17 de dezembro de 1961 ocorreu um incêndio num circo em Niterói-RJ no qual a justiça divina "através da reencarnação, reaproximou todos os responsáveis, que em diversas posições de idade física, se reuniram ... na expiação".

O incêndio foi criminoso, planejado por vingança de um homem que fora dispensado na véspera do serviço de montagem do circo e até agredido. Ele e mais dois comparsas, um ladrão condenado e um morador de rua alcoólatra, mais as companheiras de dois deles, puseram fogo com um litro de gasolina. Eles foram condenados a dezesseis anos de prisão e elas absolvidas. Cerca de 500 pessoas morreram queimadas e pisoteadas pelas outras enquanto tentavam escapar.

Decerto, os outros cerca de 500 responsáveis pelo supliciamento dos cristãos, número segundo a mensagem, devem ter se reabilitado em outras reencarnações, tempo e lugar ou mesmo de uma forma diferente, o que poderia incluir tanto diferentes modos de morte como através de créditos morais que amortizassem os débitos então contraídos.

18. O caso João Hélio

Outro caso, bem mais recente e que comoveu o país, gerou, restritamente, alguma polêmica no meio espírita. Em sete de fevereiro de 2007, o menino João Hélio foi arrastado por sete quilômetros preso, pelo lado de fora do automóvel, ao cinto de segurança. Ele, a mãe, uma irmã e mais uma pessoa voltavam para casa justamente após participar de uma reunião pública num centro espírita do Rio de Janeiro quando foram assaltados. Os ocupantes conseguiram descer, menos o menino.

Cerca de três meses depois começou a circular na internet uma mensagem atribuída ao espírito João Hélio na qual ele dizia ter se preparado por trezentos anos para esta sua nova reencarnação. Na anterior, no início da era cristã, teria sido oficial romano da Legião dos Leões acantonada na Líbia onde exercera o cargo de governador da região correspondente hoje a Cartum, capital do Sudão. Ali, segundo seu relato, divertia-se atrelando crianças, homens e mulheres, novos e idosos, às bigas puxadas por dois cavalos, arrastando-as até que seus corpos se despedaçassem completamente.

Inicialmente a informação dava conta de que a tal mensagem fora recebida psicograficamente no mesmo centro que a família frequentava, mas logo a instituição fez um desmentido formal. Depois se descobriu a real procedência que era um médium umbandista, do tipo inconsciente, pessoa séria e que não tivera qualquer vantagem com o episódio, até pelo contrário. Segundo o filho, eles haviam entregue a mensagem a pessoas ligadas a um centro espírita para que fosse submetida à análise e daí, indevidamente, levada à internet.

O fato é que, a dar-se crédito ao teor da mensagem – e não podemos rejeitá-la pelo simples fato de ter sido recebida por um médium umbandista – estaríamos diante de mais um caso de uma relação direta e implacável de causa e efeito, caracterizando a pena de talião. Notável também – e coincidindo com o caso acima – o intervalo entre uma reencarnação e outra: dois mil anos! Isso quando sabemos que as almas mais atrasadas moralmente são as que tendem a reencarnar mais rapidamente.

19. A gripe suína

Há ainda alguns raciocínios que gostaríamos de desenvolver sobre as mortes coletivas causadas por epidemias como a gripe espanhola que em menos de dois anos (1917-1918) matou entre 20 e 40 milhões de pessoas e tantas outras que, antes da ciência descobrir meios de prevenção e cura, dizimaram populações inteiras ao longo da História. Fiquemos com um caso recente.

Em abril de 2009 surgiu no México o vírus de uma nova gripe que logo foi denominada de gripe suína e, mais tarde, também de nova gripe ou gripe A, provocada pelo vírus H1N1, e de lá se espalhou pelo mundo inteiro. No Brasil chegou poucas semanas depois e fez, até o dia 12 de setembro, 899 vítimas fatais. Estas e tantas outras epidemias e pandemias que assolam a humanidade de tempos em tempos nos remete, quanto às causas espirituais, a uma analogia com a poluição ambiental do planeta. Lixos nos mares e rios provocando sérios danos na fauna e na flora e ao próprio homem tanto na transmissão de doenças como enchentes urbanas etc. Mas, principalmente, serve de comparação à poluição do ar pela emissão de gases tóxicos proveniente das indústrias e das queimadas das florestas.

A natureza sempre cobra preço elevado pelos abusos humanos. O aumento quantitativo e de intensidade dos furacões, ciclones e os desequilíbrios climáticos com alternâncias bruscas e extemporâneas de frio e calor e a ocorrência de chuvas torrenciais e secas devastadoras refletem em grande parte, segundo a ciência, a nossa irresponsabilidade e ganância.

Independente disso costuma-se dizer que as tempestades

possuem o dom benéfico não só de irrigar o solo, mas de promover o saneamento da atmosfera. Grande quantidade da poluição acumulada no ar é lavada pela chuva e pelas descargas elétricas. A violência com que atingem o solo tem um efeito purificador.

Espiritualmente ocorre o mesmo como esclarece a questão 783 de *O Livro dos Espíritos*, aliás, utilizando essa mesma analogia: "(...) O homem não percebe... nessas comoções senão a desordem e a confusão momentâneas... aquele que eleva seu pensamento... admira a Providência, que do mal faz surgir o bem... A tempestade...". André Luiz, em suas obras psicografadas por Chico Xavier, refere-se várias vezes sobre a psicosfera planetária constituída pelas vibrações produzidas pelos pensamentos, emoções, sentimentos e atos humanos que envolvem todos os seres, desencarnados, inclusive.

Como prevalece entre nós as vibrações de teor negativo, o somatório delas, sobrepujando as positivas, tornam-se cada vez mais densas e pesadas. Chegado a um limite máximo, acabam por provocar uma espécie de derrame energético a aparecer na forma de catástrofes, guerras e doenças. Particularmente estas encontram no citado mentor uma explicação especial. Vibriões invisíveis, de origem espiritual e gerados pela invigilância das mentes humanas pululam nesta psicosfera e, de tempos em tempos, acabam por se materializar organicamente na forma de espécies novas de bactérias, vírus e bacilos mórbidos a causar doenças desconhecidas e, às vezes, letais para grande número de pessoas.

O ataque desses agentes patogênicos caracteriza também uma forma de expressão da lei de causa e efeito atingindo as coletividades em caráter expiatório. Em sociedade somos todos responsáveis, em maior ou menor grau, ao que sucede aos demais, tanto fisicamente (poluição material) como espiritualmente (poluição psíquica ou energética). E do resultado total provocado, cada um retira o quinhão correspondente à sua parcela de contribuição.

Essa é a regra geral, mas temos razões para suspeitar que nem sempre é assim. No caso da gripe A, os grupos de risco, indivíduos mais propensos a desenvolver os sintomas eram crianças, idosos e mulheres grávidas, sabidamente pessoas com o sistema imunológico mais vulnerável, além dos portadores de outras doenças como as respiratórias e hipertensão. As suscetibilidades por conta da existência de outras doenças podem refletir componentes cármicos com lesões perispirituais prévias ou sintomatologia natural devido à velhice e consequente desgaste dos órgãos. Mas e os demais?

O fato de ser criança ou a condição de gravidez não é indicativo de dívida moral com necessidade expiatória. Afora eventuais comprometimentos anteriores com a lei divina em relação à vida em sociedade, por que elas? Por que, talvez, um número imenso de outros indivíduos foram contaminados pelo vírus e não manifestaram a doença? E por que entre os que apresentaram sintomas, uns os tiveram mais leves e outros foram levados a óbito?

Cremos que da mesma forma como uma tempestade ao assolar uma cidade ou região não distingue as vítimas pela impossibilidade de isolar umas das outras, com 'tempestades espirituais' ocorre a mesma coisa. Talvez muitas das vítimas desta gripe e de outras enfermidades de natureza infectocontagiosa – descartando aqui as causas puramente de falta de profilaxia, condições de higiene e vacinação que são de responsabilidade dos governos – possuíam, sim, contas a ajustar com as leis divinas.

Porém, muitas outras foram atingidas contingencialmente, isto é, por habitarem um mundo ainda atrasado moralmente necessitado de experiências dolorosas para provocar o seu aperfeiçoamento espiritual. Em outras palavras, seriam provas e não expiações. Não se trata de débitos, mas de esforço para crescimento e aquisição de créditos. De outro lado, muitos outros que estiveram expostos ao contágio, mesmo pertencentes aos grupos de risco e saíram imunes, talvez devam isso a uma proteção maior adquirida por si mesmo ou até pelas intervenções de protetores espirituais como no caso das intercessões que analisamos anteriormente. Resumindo: não seria demérito das pessoas acometidas pela doença e sim mérito das que escaparam ilesas.

* * *

Exercícios

Coloco agora um desafio a você que me acompanhou até agora. Baseado em tudo que foi exposto teoricamente no capítulo anterior e dos casos reais examinados aqui que poderíamos denominar de parte prática, proponho que você resolva ou explique os listados abaixo. Como são ocorrências que dominaram amplamente o noticiário, faremos apenas uma menção rápida aos mesmos. Os desejosos de recordar mais detalhes obterão facilmente os mesmos numa rápida pesquisa na internet ou em outras fontes como jornais ou revistas.

Imagine que você seja interpelado por alguém interessado em conhecer a opinião do Espiritismo a respeito de cada um desses acontecimentos. O que você diria? Como explicaria? Sua opinião pessoal – antes e mesmo agora – possui pontos de concordância com a nossa abordagem?

A cada fato elaboramos algumas questões que devem ser respondidas. Ou escreva um texto próprio colocando todas as possibilidades: carma, determinismo divino, imposição do destino, fatalidade, livre-arbítrio de ontem, de hoje. Para vítimas e autores. Temos certeza que o exercício lhe fará bem.

Primeiro caso: a enfermidade do cantor sertanejo Leandro e a do ex-vice-presidente da República, José Alencar. Leandro morreu em 23 de junho de 1998, apenas 65 dias após ter sido diagnosticado um raro tipo de câncer no pulmão. Primeiro tentou tratamento nos Estados Unidos, depois veio para o Brasil. Demonstrava otimismo e tranquilidade, porém o tumor cresceu veloz e aos trinta e seis anos de idade levou-o à desencarnação.

José Alencar também lutou contra o câncer. Desencarnou aos setenta e nove anos de idade, após quatorze de tratamento da doença e tendo se submetido a dezessete cirurgias que lhe tiraram um rim, parte do estômago e do intestino e a próstata. Nas entrevistas, sempre sorrindo, demonstrava muita coragem, determinação e fé em Deus.

Perguntamos: embora desconheçamos os hábitos de vida de um e outro (uso ou não de cigarro, alimentação etc), é possível associar a enfermidade de ambos à lei de causa e efeito, caracterizando um resgate cármico? Por que um sobreviveu sessenta e cinco dias e outro resistiu quatorze anos? Alencar, pela proeminência do cargo público, em vez de uma expiação, poderia ter desempenhado um papel missionário? Ou as duas coisas juntas? Por que a fé de Leandro não o ajudou a obter a cura? Estas perguntas e muitas outras podem ser feitas.

Segundo caso: a menina Isabella. Quem não lembra? Tinha cinco anos e foi atirada pela janela do apartamento no sexto andar onde morava em São Paulo no dia 29 de março de 2008. O pai e a madrasta foram julgados pelo crime e sentenciados a 31 e 26 anos de prisão, respectivamente. Perguntas: a menina antes de reencarnar, teria escolhido morrer desta forma e naquela data? Ou este destino teria lhe sido imposto pelos Benfeitores Espirituais, em obediência às leis de Deus? Os acusados, se de fato, forem culpados, reencarnaram com este objetivo de servir de instrumentos da justiça divina, assumindo "a missão" de tirar a vida de Isabella? Ou poderia ser uma decisão tomada no momento, desempenhando o casal o papel de agentes de uma grave falta moral, mas sem vínculos com vidas passadas? Neste caso, como ficaria a situação de Isabella: teria morrido injustamente? Por que Deus não a protegeu? Quais as consequências para os espíritos dela e dos autores? Estes últimos terão que obrigatoriamente morrer caindo de um penhasco, por exemplo, numa futura reencarnação?

Terceiro caso: o menino João Roberto. Teve declarada morte cerebral em 07 de julho de 2008, após ser atingido por tiros disparados pela polícia no Rio de Janeiro. Os dois policiais faziam perseguição a um veículo ocupado por suspeitos criminosos. A mãe do menino, ao ouvir a sirene, encostou para dar passagem e os ocupantes da viatura, em vez de seguir em frente, teriam se confundido devido às características semelhantes do veículo e, sem abordagem, alvejaram o mesmo dezesseis vezes.

A mãe ainda jogou pela janela uma bolsa com pertences infantis, mas foi inútil. Ela e o outro filho, um bebê de sete meses, receberam ferimentos leves por estilhaços. Em julho de 2009, um dos policiais foi a julgamento e absolvido da acusação de homicídio doloso. A promotoria ira recorrer.

Perguntas: o despreparo policial é culpa de quem? A incompetência profissional pode ser a causa de uma possível expiação do menino? Se ele não morresse assim, morreria de outra forma na mesma data? Em outra? Da mesma forma em outro dia? Ou a morte de João Roberto aconteceu só para servir de prova ou expiação para os pais? Teria ele assumido o sacrifício só para, juntamente com alguns outros casos, provocar a conscientização sobre a necessidade de se combater melhor a violência urbana, mais especificamente na cidade do Rio de Janeiro? Ou foi apenas uma vítima inocente mesmo?

Quarto caso: a jovem Eloá. Foi submetida a cárcere privado pelo ex-namorado em sua própria casa durante mais de cem horas até que a polícia invadiu o local e ela acabou morta por tiros disparados pelo rapaz. Isso foi em 18 de outubro também de 2008. Uma amiga libertada pelo sequestrador e depois reintroduzida no apartamento, saiu ferida no rosto. O pai de Eloá, descobriu-se, era um ex-policial foragido da justiça sob acusação de homicídio.

Perguntas: novamente a questão da provável imperícia policial. Lembre-se que há graus diversos neste sentido. Alguns são flagrantes demais para ser tolerados, mas errar é humano. O motivo do crime foi ciúme e recusa de reconciliação. Poderia haver aí uma conexão direta entre a morte de Eloá e algum delito cometido por ela no passado? O criminoso teria sido a vítima do pretérito ou um personagem novo na vida dela e que, descontrolado emocionalmente, tomou uma deliberação no presente? Poderia ter sido influenciado ou constrangido em seu livre-arbítrio por espíritos obsessores? Se a polícia não interviesse, Eloá poderia estar viva e, neste caso, como teria ficado o problema da hora e gênero prefixados?

Quinto caso: a morte de Ayrton Senna. Foi em 1º de maio de 1994 numa corrida de Fórmula 1, em San Marino. Todos lembram. Então vamos às perguntas: destino ou fatalidade? Havia chegado a sua hora? Ele escolheu morrer assim? Incompetência profissional de terceiros? Riscos inerentes à profissão? Intervenção dos espíritos para evitar erros, desvios morais ou algum tipo de sofrimento no futuro? Vontade de Deus?

Sexto caso: aqui um grupo de eventos. A I Guerra Mundial (9 a 15 milhões de mortos e 30 milhões de feridos); II Guerra Mundial (entre 33 e 50 milhões de mortos e talvez outro tanto de feridos e mutilados); expurgos, assassinatos e fome provocados por Stalin na União Soviética, entre 1924 e 1953 (20 milhões); Pol Pot e o Khmer Vermelho no Camboja entre 1975 e 1979 (execuções, fome, doenças, trabalhos forçados: 1,8 milhão de mortos); guerra civil entre nacionalistas e comunistas na China de Mao Tse Tung em meados do século passado (40 milhões de mortos); genocídio étnico entre hutus e tutsis em Ruanda em 1994 (800 mil); Idi Amin Dada em Uganda entre 1971 e 1979 (300 mil execuções); Mobuto Seso Seko no Congo, desde 1996 (de 5,4 a 10 milhões de mortos).

Perguntas: todas essas vítimas (só aí temos mais de 130 milhões em apenas um século) estavam em expiação? Qual a causa? Assassinato? Se enquadrarmos na lei de causa e efeito podemos dizer que todas elas seriam efeitos de causas passadas ou poderiam ser também causas novas com efeitos futuros? Dizer que essas desencarnações em massa são indicativos de "separação do joio do trigo", "expurgo" ou exílio de espíritos recalcitrantes no Mal para mundos inferiores seria uma impiedade, porém verdadeiro? Conforme as questões 744 e 744A do LE todas estas guerras poderiam sinalizar liberdade e progresso? Os líderes patrocinadores destes eventos, principalmente os totalmente injustificáveis com a prática de atrocidades inomináveis contra civis, mulheres, crianças, deficientes, terão que reencarnar e sofrer morte violenta em número semelhante ao de suas vítimas? Quantos milhões de anos levaria este processo?

Sétimo caso: fato real ocorrido em Curitiba. Homem casado, pai de dois filhos (onze e quinze anos), acompanhado de uma moça, no final da madrugada, faz uma ultrapassagem proibida, esbarra num ônibus, capota e desencarna em pleno dia do seu aniversário.

Perguntas: se foi uma espécie de punição pelo deslize moral, por que ele e não todos ou ao menos muitos outros que cometem o mesmo ato diariamente? Seu destino estava de alguma forma entrelaçado com o da moça? Se a morte foi decorrência de uma leviandade ou imprudência do presente, sem ligação com o passado, a hora e gênero da mesma poderiam estar determinados? A data foi apenas uma coincidência?

Prezado leitor, não tenhamos medo de fazer perguntas,

estas e muitas outras, sobre tudo e sobre todos. Questionar, debater, buscar respostas, mesmo alternativas, não configura profanação. Afinal, nossa fé só é inabalável porque é "capaz de encarar a razão, face a face, em qualquer época da humanidade".

* * *

Meu caro leitor, poderíamos citar dezenas ou centenas de outros casos, de épocas mais recentes ou de tempos recuados que figuram nos livros de História ou nos arquivos de jornais nas bibliotecas, semelhantes aos citados ou que guardam particularidades importantes.

Ao submetermos à análise sob a ótica espírita, poucas vezes podemos arriscar a enumerar as causas espirituais envolvidas por não possuirmos os históricos pregressos dos personagens que atuaram nestas tragédias individuais, familiares e coletivas. Nossos raciocínios, pela escassez de elementos disponíveis, não passam de meras conjecturas. São soluções hipotéticas aventadas para atender a nossa curiosidade de entender o mundo e a vida. Mas pela pluralidade delas concluímos que não há resposta única que atenda a todas as situações. Devemos sempre desconfiar de soluções-padrão, definitivas e pretensamente indiscutíveis.

Entretanto, não deixam de constituir possibilidades valiosas de exercitarmos nosso aprendizado em torno dos ensinamentos espíritas acerca do destino, fatalidade, determinismo e livre-arbítrio. O exame cuidadoso dos detalhes, das diferenças entre um caso e outro ou das consequências advindas de um mesmo episódio para diversos indivíduos, mostra-nos com clareza que devemos evitar a generalização sistemática.

Cada pessoa é um microcosmo à parte, com seu passado de erros e acertos e exercício mais ou menos acentuado da vontade no presente que a diferencia das demais à sua volta, embora também sem poder se subtrair das influências do meio social. Se há leis ou regras gerais a que a maioria obedece, não significa que para todos é igual. O que vale para um momento já não vale para o seguinte. A vida é extremamente dinâmica sob o império dos pensamentos, emoções e atos de cada um.

Talvez tudo o que estudamos neste trabalho encontre pouco valor prático. É possível que não faça a menor diferença sabermos se uma determinada dor moral representa uma expiação ou prova. Ou se a morte de um ente querido nosso estava programada ou ocorreu graças à força bruta de um carrasco que deliberou provocá-la num momento qualquer de insanidade.

Mas, vemos pelo menos duas vantagens em tentar entender melhor o porquê das coisas. Primeiro que nos libertamos um pouco mais da cegueira espiritual que ainda nos domina. Fazemos avançar, e avançamos com ela, a filosofia espírita, rompendo com conceitos que por terem sido pouco aprofundados até agora, mantêm-nos amarrados a posições que beiram ao dogmatismo.

Em segundo lugar, ao meditar sobre os mistérios do destino humano, deixamos de atribuir culpa a Deus pelos males que nos atingem, tornando-nos seres mais conscientes e responsáveis perante a própria vida e incentivados na busca pela felicidade através das correções de rotas sempre possíveis a cada instante e a cada passo.

Página autobiográfica – destino em minha vida (à guisa de conclusão)

TAL COMO SANTO AGOSTINHO, o grande pensador da Igreja Católica, em suas *Confissões*, este autor comete a ousadia de revelar, ainda que superficialmente, sua intimidade para oferecer testemunho pessoal aos princípios teóricos expostos na parte principal de sua obra.

Para a elaboração deste livro contei não somente com o trabalho pessoal de leituras, estudos, pesquisas e meditações. Embora não possua nenhuma faculdade mediúnica ostensiva, seria leviano e injusto não admitir a interferência da espiritualidade em todo o processo.

Toda vez que me debruçava sobre um tópico, conceito, ideia qualquer ou sobre o projeto como um todo, a atuação sutil dos colaboradores da outra dimensão podia ser sentida. Caminhando na praia, no rascunho sempre à mão, ao deitar, no despertar ou até no meio da madrugada, as intuições surgiam-me do nada, na forma de *insights* ou como torrentes iluminadas fertilizando-me os pensamentos. Aliás, esta mediunidade de inspiração, aplicada à literatura, acompanha-me desde a infância.

Se o leitor prestou atenção a tudo o que acabou de ler neste livro, certamente não julgará presunção de minha parte assumir a condição de missionário. Afinal, todos somos de algum modo. Mas há as peculiaridades que tornam algumas delas, muito mais frequentemente do que os espíritas gostam de admitir, digamos, especiais.

Assumir uma delas no planejamento reencarnatório mediante acordo das sugestões dos tutores espirituais e o livre-arbítrio do interessado, não é motivo para envaidecimento e, sim, de arcar com o peso da responsabilidade. "A quem mais se der, mais lhe será cobrado". Uma vez colocada sobre os ombros humanos, seu portador torna-se um instrumento, um executor dos planos superiores, independente da condição aqui de liderança ou proeminência. No fundo, não passa de um operário a quem foi confiada uma tarefa mais ou menos importante.

Desconheço todos os detalhes desta missão, mas posso deduzi-la após demoradas e profundas análises dos eventos da atual existência, não só os mais marcantes, mas ao surpreender em tantas ocasiões a tessitura suave e caprichosa do destino em ocorrências quase banais. Além do mais, uma ou duas vezes recebi anúncio neste sentido partido da espiritualidade, com grande espaçamento de tempo, geográfico e nenhuma relação entre os mensageiros.

Paralelamente, e de mescla, há inequívocas evidências da presença de muitas provas e algumas expiações que só não são mais numerosas e intensas por questões de parcelamentos ou adiamentos e não propriamente de sua não necessidade. O esclarecimento de Clélie Duplantier em *Obras Póstumas* sobre as três esferas de ação do homem, cabe ao caso. Se há uma missão ligada à área do Movimento Espírita, mais especificamente relacionada ao mundo das letras e da divulgação espírita como um todo, as provas e expiações prevalecem em outros campos da experiência como família, profissão e finanças, ainda que não tenha motivos para maiores queixas em nenhuma delas.

As dificuldades por mim enfrentadas centralizaram-se no

âmbito familiar. Conflitos sérios com a mãe, agradáveis afinidades e diferenças intransponíveis, sempre intensas, com a irmã. Mais tarde, de certa forma a repetição na convivência com a filha, a frieza do distanciamento emocional só quebrada pelo aparecimento de um neto, ator coadjuvante na atual peça do teatro da vida. Mas e ontem quem foi? E os outros? Linhas paralelas ou cruzadas?

Enfim, reencontros solicitados ou impostos, mas de relevância especial para os necessários reajustes e corrigendas. Provações com certeza; expiações provavelmente. E como estas podem servir àquelas e vice-versa, ambas estão bem delineadas.

Os outros filhos certamente ocupam lugar de destaque na composição do núcleo familiar, porém é a esposa que nele se sobressai. Apesar da discreta inclinação para os prazeres intelectuais, é colecionadora de virtudes, pondo-se moralmente à vanguarda. Reencarnou somente dois dias após o autor e se constitui num verdadeiro "achado". Os sábios caminhos do destino levaram-me a conhecê-la no Rio Grande do Sul onde trabalhava numa loja vizinha ao apartamento de solteiros onde vivi por dois anos, tempo suficiente para escolher, ser escolhido ou simplesmente cumprir o encontro marcado.

Profissão é outra área que merece atenção especial. Fui atraído para a vida militar e isto veio ao encontro de preferências e traços de personalidade que se tornaram mais acentuados pela própria experiência vivenciada ao longo de vinte e oito anos. Especialmente a Aeronáutica e, dentro dela, a especialidade de meteorologia, a observação direta da natureza, e, ainda mais, o trabalho em isolamento e a possibilidade de separar extensa quantidade de tempo para leituras, estudos e escritos. Tudo deve ter sido bem pensado.

Porém, nem tudo foram flores. Algumas perseguições gratuitas por parte de chefes, com prejuízos ou guinadas súbitas e remanejamentos de locais e funções denunciam aí também prováveis necessidades expiatórias e provas de disciplina, paciência, resignação e humildade.

Mas façamos uma digressão. Reencarnei em lar pobre e, a partir dos sete e até os dezessete anos, vivi a pior fase – até agora – da minha atual existência. Às necessidades materiais, incluindo as mais elementares como vestuário e alimentação, somaram-se graves conflitos familiares. O desfecho foi a separação dos pais e suas novas uniões e com elas novos problemas, especialmente no lado que fiquei morando. Tempos de carência afetiva, solidão, humilhações e traumas difíceis de superar. Mas algo me sustentava: a fé em Deus, pura, inata.

Os principais personagens estão desencarnados, muitas das pendências, ao menos no que me diz respeito, resolvidas, talvez não plenamente como desejável. Outros reencontros poderão ser necessários para mais amplo trabalho de cooperação, ressarcimento e ajuste afetivo.

Os estudos pagos pelo pai foram só até a 8ª série. Desde esta época era clara a propensão para o uso da palavra escrita. Foi quando realizei os primeiros ensaios de ficção inspirado nas antigas rádio-novelas. E um precoce interesse por livros que versassem sobre o espírito, potencial da mente, meditação. De família católica não praticante e em curso para um Espiritismo à moda da casa, as experiências mais significativas logo se fixaram no esoterismo e até na Umbanda. Com dez ou doze anos devorei um vetusto volume com mais de 400 páginas sobre a filosofia rosacruz.

A infância sofrida e uma estranha motivação interior fizeram-me por algum tempo desejar ser padre. Até hoje me pergunto se toda esta vocação para assuntos filosóficos, religiosos e também científicos não é herança de uma vida passada, talvez na clausura de um mosteiro, compondo fileiras de alguma ordem eclesiástica. Traços de personalidade, nem sempre os mais recomendáveis, que se coadunam com o perfil militar, podem ser facilmente transplantados para os de um sacerdote. Não consigo evitar de conjecturar que tudo aquilo que julgo ser uma missão, talvez não passe de expiações.

O que eu teria feito naquelas andanças – se é que as tive – tão fortemente relacionado com livros, por exemplo? Teria escrito e divulgado ideias falsas? Alimentado sistemas que causaram danos às mentes de muitas pessoas? Ou os teria queimado como no Auto de fé de Barcelona?

Hipóteses viáveis a se considerar dada a insistência com que jornais e livros circulam em minhas mãos. Clube e Feiras do Livro que eu nunca havia imaginado ser incumbido a administrar, colaborações em jornais espíritas ou não – cada uma dessas atividades com suas histórias surpreendentes –, livros como este da própria lavra, campanhas para bibliotecas de escolas, em presídio e muito mais. Não pode ser por acaso.

Um dia, aos quinze anos, um panfleto achado na rua mudaria completamente a minha vida. A informação nele contida literalmente deveria ter caído do céu. A Força Aérea Brasileira tornou-se não uma, mas a única porta. De saída da miséria e do torturante clima de guerra reinante no ambiente doméstico. E de entrada para um novo mundo onde poderia me sentir "gente". Para chegar à escola militar fiz trabalhos de carpina, vendedor ambulante de frutas, corte de lenha para cozinha. O dinheiro pagou as inscrições (três tentativas) e despesas de locomoção até Curitiba, local das provas.

Mesmo não estando adequadamente preparado para os exames, a força de vontade, dedicação, fé e uma explícita colaboração espiritual através de intuições na hora do preenchimento das respostas de múltipla escolha, propiciou ser um dos "premiados" no concorridíssimo concurso nacional.

Mais tarde, mudanças de planos por conta de uma transferência indesejada. "Males que vêm para o bem"? O curso superior que faria ficou inviável por certo tempo e o casamento que deveria demorar, foi improvisadamente antecipado. Para este contribuiu um acidente de automóvel que poderia ter sido muito grave, mas o prejuízo material jogou por terra a intenção de só realizar aquele após ter condições financeiras de adquirir a casa própria.

Enfim, casado, morando de aluguel há 150 quilômetros de distância do local de trabalho e fazendo uma faculdade que antes nem cogitara, estabilizei minha vida. Em questão de semanas, consegui a primeira coluna espírita num jornal leigo em Cascavel-PR. E logo vieram dezenas de concursos literários e algumas premiações.

No início da década de 80, já em Londrina, ofereceram-me rápidas oportunidades de trabalho num dos maiores centros espíritas da região. De aluno a coordenador de grupo em menos de um mês. Depois como expositor, passista, cargo na área doutrinária e a presidência. Nova transferência indesejada e acabei em Curitiba.

Em 1995, meio inseguro, aceitei fundar a Associação de Divulgadores do Espiritismo do Paraná e onde, posso dizer, me achei definitivamente no movimento espírita. Todas as outras experiências foram válidas, tiveram seu momento e importância, mas aquele era verdadeiramente o meu chão. Mas não foi e não tem sido nada fácil. Companheiros dizem que a tarefa estava reservada para mim, de que eu seria o único a conseguir levá-la adiante. Ver nisso uma verdade seria presunção. Somente fui indicado. Se não aceitasse ou falhasse, certamente que em algum momento outro apareceria para desempenhar a tarefa.

Grande desafio para um trabalho nem tanto. Não apenas fundá-la, mas obviamente mantê-la em funcionamento. Recursos humanos e econômicos escassos, muito mais os primeiros; falta de maior apoio por parte do chamado movimento oficial e, no entanto, veio um jornal próprio, o Clube e as Feiras do Livro já citadas, um livro especializado em divulgação espírita, além de rádio, televisão, internet. Trabalho intenso, perseverança, muita renúncia e idealismo.

Mas por que eu relutei em aceitar os novos encargos se estavam em tanta consonância com as minhas vocações? Prevenção inconsciente diante de uma árdua tarefa missionária? Ou insegurança ao me deparar com uma provação difícil, mas para a qual estava designado desde há muito tempo? Ou, finalmente, um inapelável enfrentamento com a consciência culpada que exigia a reparação de erros passados?

De qualquer forma não cremos se tratar de provas ou expiações impostas, mas livremente aceitas, com espaço para descontos, parcelamentos e contrapartidas de anulação obtida pelo trabalho construtivo. Mas mantém a força de um determinismo por respeito ao exercício do próprio livre-arbítrio em momento de consciência ampliada no plano espiritual.

Se a experiência se reveste do caráter missionário, não deixa de possuir mecanismos próprios que impelem à realização, embora preserve o respeito à vontade de, a qualquer momento, protelar ou renunciar. Foi o que ocorreu em certa oportunidade em relação ao principal cargo da Abrade – Associação Brasileira de Divulgadores do Espiritismo. Até certo momento e atendidos alguns requisitos, eu seguiria em frente em obediência ao "seja feita a sua vontade e não a minha", exatamente por ignorar o que, eventualmente, eu teria assumido lá atrás. Porém, chegou o momento em que me julguei pronto para dizer não. Certo ou errado.

O esquecimento do pretérito é benéfico até certo ponto. Em alguns casos atrapalha. Ficamos angustiados tateando no escuro, remexendo lembranças impossíveis para poder nos enxergar no espelho. Se recordássemos exatamente das propostas que fizemos antes de reencarnar, talvez não sofrêssemos tantos abalos na hora de "pegar a nossa cruz' e conduzi-la até o ponto combinado.

Gostaria de narrar um último fato marcante do livro da minha atual reencarnação mencionado no capítulo terceiro no tópico "Efeito dominó". Aquele ano de 2008 foi, por vários motivos, um dos mais difíceis e o pior – ou otimistamente falando "o menos bom"– dos últimos dez.

O medo e a apatia provocados pelo atentado de 11 de setembro nos Estados Unidos em 2001, fez com que o governo local baixasse os juros facilitando os investimentos, inclusive o imobiliário. O crédito ficou abundante. Os bancos passaram a ter remuneração muito baixa nos empréstimos. Então passaram a oferecer créditos para clientes de risco a juros mais altos. Tudo ia bem até o governo resolver aumentar a taxa de juros, para controlar a inflação. As primeiras a ficar inadimplentes foram aquelas emprestadoras e depois mesmo outras instituições financeiras não conseguiam quitar seus financiamentos e nem se livrar dos imóveis que perderam valor. Os bancos emprestadores haviam transferido suas dívidas para outras instituições que ficaram com o prejuízo e começaram a quebrar. Todos eles suspenderam as operações de créditos, levando a uma desaceleração da economia e aumento do desemprego.

Durante muitos meses os investimentos em ações aqui no Brasil foram excelentes. No momento que resolvi "ganhar um dinheiro fácil" – o que nunca conseguira, pois todas as aquisições materiais sempre haviam sido obtidas à custa de muito sacrifício e economia, eis que as Bolsas despencaram no mundo inteiro. Desde o primeiro dia só vi os valores encolher drasticamente em mais de 60%. Inexperiência, falta de precaução, livre-arbítrio, vítima do efeito dominó ou da lei de causa e efeito ou tudo um pouco. E o Bin Laden, como causa mediata levou a culpa também por isso, embora, depois dele tenham aparecido os especuladores que criaram a bolha imobiliária e, por fim, como causa "imediata" a ação da minha própria vontade.

O dinheiro, como seria esperado num espírita consciente, foi tratado de modo secundário, mas o conjunto de fatores – até um assalto – causou perturbação, constituindo-se numa provação apreciável. Um ano depois, boa parte daqueles prejuízos havia sido recuperada, mas a lição ficou.

Caro leitor, tenho certeza que tal como a minha vida, sublinhada aqui em uns poucos eventos, a sua também é especial e daria um livro. Cada dia apresenta surpresas, acontecimentos bons e outros tristes, mas todos eles não são frutos do acaso. Fazem parte de um arranjo determinado por forças importantes, entre elas a vontade individual, o livre-arbítrio contido nos limites impostos pelas leis divinas, oferecendo-nos o desafio de entender em que ponto do caminho evolutivo nos encontramos e o que devemos fazer para o mais rapidamente possível deixar para trás as expiações, superar as provações e abraçar missões cada vez maiores, selando um destino de felicidade.

Iniciamos e concluímos com o mesmo convite à observação e estudo contínuo. As pessoas e a vida são complexas demais para serem reduzidas a afirmações padronizadas e raciocínios preguiçosos. Se quisermos realmente progredir, notadamente no socrático autoconhecimento, temos que aprender a derrubar barreiras, lançar luz onde só há dúvidas, atacar a própria ignorância.

Precisamos assumir o gigantesco esforço intelectual de quem corajosamente se debruça sobre si mesmo revestido com a capa da humildade para, ao final, conseguir, como agora fazemos, concordar com o sábio grego e descobrir que... somente nada sabemos!

Bibliografia:

ABREU, Canuto. *O Primeiro Livro dos Espíritos de Allan Kardec*, publicado aos 18 de abril de 1857, em Paris. São Paulo, Companhia Editora Ismael, 1957.

AGOSTINHO, Santo. *Santo Agostinho*. Coleção *Os pensadores*. São Paulo, Nova Cultural, 2000.

AMORIM, Deolindo & MIRANDA, Hermínio C. *O espiritismo e os problemas humanos*. 1ª ed. São Paulo, USE-SP, 1985.

AQUINO, Tomás de. *Tomás de Aquino*. Coleção *Os pensadores*. São Paulo, Nova Cultural, 2000.

ARISTÓTELES. *Aristóteles*. Coleção *Os pensadores*. São Paulo, Nova Cultural, 2000.

ARMOND, Edgard. *O livre-arbítrio*. 1ª ed. São Paulo, Aliança, 2002.

AUTORES DIVERSOS. *Pré-Socráticos*. Coleção *Os pensadores*. São Paulo, Nova Cultural, 2000.

BACON, Francis. *Bacon*. Coleção *Os pensadores*. São Paulo, Nova Cultural, 2000.

BALDUINO, Leopoldo. *Psiquiatria e mediunismo*. 2ª ed. Rio de Janeiro, FEB, 1995.

BARSA. *Espiritualidade – temas essenciais para a vida*. 1ª ed. São Paulo, Planeta, 2001.

_____. *Livro do ano*. São Paulo, Planeta, 2004.

_____. *Livro do ano*. São Paulo, Planeta, 2008.

BOBERG, José Lázaro. *O código penal dos espíritos*. 1ª ed. Capivari, EME, 2007.

BOZZANO, Ernesto. *Os enigmas da psicometria*. 4ª ed. Rio de Janeiro, FEB, 1998.

_____. *Os fenômenos premonitórios*. 2ª ed. Rio de Janeiro, CELD, 2002.

CAJAZEIRAS, Francisco. *Eutanásia – enfoque espírita*. 3ª ed. Capivari, EME, 2001.

CIAMPIONI, Durval. *O perispírito e o corpo mental*. 1ª ed. São Paulo, FEESP, 1999.

COMTE, Auguste. *Auguste Comte*. Coleção *Os Pensadores*. São Paulo, Nova Cultural, 2000.

CZERSKI, Wilson. *Espiritismo – uma visão panorâmica*. 1ª ed. Matão, O Clarim, 2006.

DE ROCHAS, Albert. *As vidas sucessivas*. 1ª ed. Bragança Paulista, Lachâtre, 2002.

DENIS, Léon. *Depois da morte*. 15ª ed. Rio de Janeiro, FEB, 1989.

_____. *O problema do ser, do destino e da dor*. 13ª ed. Rio de Janeiro, FEB, 1985.

DESCARTES, René. *Descartes*. Coleção *Os Pensadores*. São Paulo, Nova Cultural, 2000.

ESPINOSA, Baruch de. *Espinosa*. Coleção *Os Pensadores*. São Paulo, Nova Cultural, 2000.

FRANCO, Divaldo Pereira. Joanna de Ângelis (espírito). *Plenitude*. 7ª ed. Salvador, LEAL, 1998.

FRANCO, Divaldo Pereira. Manoel Philomeno de Miranda (espírito). *Tramas do destino*. 1ª ed. Rio de Janeiro, FEB, 1981.

FRANCO, Divaldo Pereira. Victor Hugo (espírito). *Párias em redenção*. 1ª ed. Rio de Janeiro, FEB, 1976.

GAMA, Zilda. Victor Hugo (espírito). *Almas crucificadas*. 1ª ed. Rio de Janeiro, FEB, 1982.

GARCIA, Wilson. *Kardec é razão*. 1ª ed. São Paulo, USE, 1998.

HUME, David. *Hume*. Coleção *Os Pensadores*. São Paulo, Nova Cultural, 2000.

KANT, Emanuel. *Kant*. Coleção *Os Pensadores*. São Paulo, Nova Cultural, 2000.

KARDEC, Allan, *A gênese*. 13ª ed., São Paulo, Lake, 1981.

_____. *O céu e o inferno*. 3ª ed. São Paulo, Lake, 1979.

DESTINO: DETERMINISMO OU LIVRE-ARBÍTRIO? | 335

_____. *O evangelho segundo o espiritismo*. 93ª ed. Rio de Janeiro, FEB, 1999.

_____. *O livro dos espíritos*. 34ª ed. São Paulo, Lake, 1975.

_____. *O livro dos espíritos*. 72ª ed. Araras, IDE, 1991.

_____. *O livro dos médiuns*. 4ª ed. São Paulo, Lake, 1975.

_____. *O que é o espiritismo*. 26ª ed. São Paulo, Lake, 2001.

_____. *Obras póstumas*. 2ª ed. São Paulo, Lake, 1979.

_____. *Revista Espírita – Jornal de Estudos Psicológicos*. Vols. 1862 a 1864 e 1866 a 1868. 1ª ed. Brasília, Edicel,1985.

LEIBNIZ, Gottfried Wilhelm. *Leibniz*. Coleção *Os pensadores*. São Paulo, Nova Cultural, 2000.

LISSO, Wlademir. *Clonagem à luz do espiritismo*. 1ª ed. São Paulo, FEESP, 2002.

LOCKE, John. *Locke*. Coleção *Os pensadores*. São Paulo, Nova Cultural, 2000.

MAQUIAVEL, Nicolau. *Maquiavel*. Coleção *Os pensadores*. São Paulo, Nova Cultural, 2000.

MENEZES, Milton. *Terapia de vida passada – distância e aproximações*. 2ª ed. Rio de Janeiro, Leymarie, 1999.

MIRANDA, Hermínio C. *A memória e o tempo*. 4ª ed. Rio de Janeiro, Lachâtre, 1993.

MONTAIGNE, Michel de. *Montaigne*. Vols. I e II. Coleção *Os pensadores*. São Paulo, Nova Cultural, 2000.

MONTESQUIEU. *Montesquieu*. Vols. I e II. Coleção *Os pensadores*. São Paulo, Nova Cultural, 2000.

NEWTON, Isaac. *Newton*. Coleção *Os pensadores*. São Paulo, Nova Cultural, 2000.

NOUSIAINEN, Saara. *As profecias para os próximos anos*. 1ª ed. Fortaleza, Logos, 1998.

PALHANO JR., L. *Viagens psíquicas no tempo*. 1ª ed. Rio de Janeiro, Lachâtre, 1998.

PERALVA, Martins. *Estudando o evangelho*. 1ª ed. Rio de Janeiro, FEB, 1996.

PEREIRA, Yvonne do Amaral. Camilo Castelo Branco (espírito). *Memórias de um suicida*. 7ª ed. Rio de Janeiro, FEB, 2008.

336 | WILSON CZERSKI

PINHEIRO, Flávio Távora. *Interferências dos espíritos – aprendendo sobre o espiritismo*. 1ª ed. Rio de Janeiro, Lorenz, 2003.

PINHEIRO, Luiz Gonzaga. *O perispírito e suas modelações*. 1ª ed. Capivari, EME, 2000.

PIRES, Herculano. *O verbo e a carne*. 1ª ed. São Paulo, Cairbar, 1972.

PLATÃO. *Platão*. Coleção Os Pensadores. São Paulo, Nova Cultural, 2000.

ROUSSEAU, Jean-Jacques. *Rousseau*. Vols. I e II. Colcção *Os pensadores*. São Paulo, Nova Cultural, 2000.

SANTOS, Jorge Andréa dos. *Enfoques científicos da doutrina espírita*. 1ª ed. São Paulo, Samos, 1987.

_____. *Forças sexuais da alma*. 6ª ed. Rio de Janeiro, FEB, 1987.

SÓCRATES. *Sócrates*. Coleção Os pensadores. São Paulo, Nova Cultural, 2000.

SOUZA, Élzio Ferreira. Deolindo Amorim (espírito). *Espiritismo em movimento*. 1ª ed. Salvador, Circulus, 1999.

TINÔCO, Carlos Alberto. *O modelo organizador biológico*. 1ª ed. Curitiba, Gráfica Veja, 1982

VIEIRA, Waldo & XAVIER, Francisco Cândido. Espíritos diversos. *A vida escreve*. 1ª ed. Rio de Janeiro, FEB, n/d.

_____. André Luiz (espírito). *Sexo e destino*. 6ª ed. Rio de Janeiro, FEB, 1978.

_____. *Evolução em dois mundos*. 3ª ed. Rio de Janeiro, FEB, 1971.

XAVIER, Francisco Cândido. André Luiz (espírito). *Ação e reação*. 27ª ed. Rio de Janeiro, FEB, 2006.

_____. *Missionários da luz*. 14ª ed. Rio de Janeiro, FEB, 1981.

_____. *Nos domínios da mediunidade*. 8ª ed. Rio de Janeiro, FEB, 1976.

XAVIER, Francisco Cândido. Augusto Cezar Neto (espírito). *Falou e disse*. 1ª ed. São Paulo, GEEM, 1981.

XAVIER, Francisco Cândido. Emmanuel (espírito). *A caminho da luz*. 9ª ed. Rio de Janeiro, FEB, 1978.

_____. *Nascer e renascer*. 1ª ed. São Paulo, GEEM, 1999.

_____. *O consolador*. 13ª ed. Rio de Janeiro, FEB, 1986.

ZILLI, Ercília. *O espírito em terapia*. 1ª ed. São Paulo, DPL, 2001.